21世纪经济管理新形态教材·公共基础课系列

秘书实务精讲与实训

林 静 ◎ 著

清华大学出版社
北京

内 容 简 介

"秘书实务"是文学院文秘专业和管理学相关专业下设的核心必修课程，也是即将和已经踏入职场的各行业从业人员提升专业技能的学习重点。本书借鉴国际先进的情境案例实训教学理念，根据教育部 2021 年 11 月 25 日颁布的《秘书学本科专业教学质量国家标准》要求，融合最新修订的各类法律、法规，结合市场对人才的能力需求和高校教学改革的发展趋势，用情境导入、方法精讲、实训引导、案例分析、课后延展、一线工作人员现身说法等更生动、更具体、更具实操性的编排方式保证学习者能够扎实高效地学习到秘书工作需要的相关技能。本书在内容和体例上都进行了创新，全书分为职业素养篇、职业能力篇和职业拓展篇三大部分，涵盖了职业认知与发展规划、职业形象与自我塑造、公关表达与人际沟通、公文写作与处理技巧、事务性工作技能、会议管理能力以及秘书人员应该懂得的管理学工作智慧和思维方式、实用法务和财税常识板块的重要知识和技能，配套了丰富的课后拓展学习资源以及教学和培训需要的精美 PPT 课件、教学大纲、考试大纲和教案等相关资料。本书采取立体学习资源配套的方式为学习者提供更好的服务，不仅能够满足高校文秘类本科专业、高职技校的秘书课程的教学需要，也是众多机关、企事业单位人才培训的重要参考教材。

本书封面贴有清华大学出版社防伪标签，无标签者不得销售。
版权所有，侵权必究。举报：010-62782989，beiqinquan@tup.tsinghua.edu.cn

图书在版编目（CIP）数据

秘书实务精讲与实训/林静著. —北京：清华大学出版社，2023.2（2025.2 重印）
21 世纪经济管理新形态教材. 公共基础课系列
ISBN 978-7-302-61315-2

Ⅰ.①秘… Ⅱ.①林… Ⅲ.①秘书学－高等学校－教材 Ⅳ.①C931.46

中国版本图书馆 CIP 数据核字(2022)第 122346 号

责任编辑：左玉冰
封面设计：汉风唐韵
责任校对：王荣静
责任印制：宋　林

出版发行：清华大学出版社
网　　址：https://www.tup.com.cn, https://www.wqxuetang.com
地　　址：北京清华大学学研大厦 A 座　　邮　编：100084
社 总 机：010-83470000　　邮　购：010-62786544
投稿与读者服务：010-62776969，c-service@tup.tsinghua.edu.cn
质 量 反 馈：010-62772015，zhiliang@tup.tsinghua.edu.cn
课 件 下 载：https://www.tup.com.cn, 010-83470332

印 装 者：三河市人民印务有限公司
经　　销：全国新华书店
开　　本：185mm×260mm　　印 张：17.25　　字　数：339 千字
版　　次：2023 年 3 月第 1 版　　印　次：2025 年 2 月第 2 次印刷
定　　价：59.00 元

产品编号：091514-01

前言

在十几年的秘书教学生涯中，我无数次地听到来自学生们关于课程改革的要求和最真实的心声：

有没有办法让课程的学习与今后的求职实践及职业规划相联系，能够实现自我技能的提高和完善？

有没有可能在课堂中除了听老师教授理论知识，还能有机会听到来自一线秘书工作从业人员的心得和体验？

有没有办法舍去部分冗长多余的理论说教，多一些精当而智慧的实践指导？

有没有可能在课程中给我们更多富有实效的方法，帮助我们更好地面对激烈的竞争、尽快融入来之不易的工作？

……

其实，众多教授这门课程的教师也有着同样的困惑。众所周知，没有哪个企业能够拿出太多的时间来进行员工素质的培训。因此，用人单位希望教师能把最精当的理论讲解和最富实效的训练提高融为一体。秘书课程在普通高校管理类和文秘类本科中虽是专业必修课，课时却很少，一般是36学时，也就是仅开设一个学期，一周只有两节课。然而，课程中所涵盖的知识和技能却是学生将来无论从事什么工作都必须掌握的，"你可能不从事秘书工作，但是能做好秘书的人所具备的素养也一定有助于做好其他的工作"。文秘技能是学生们在大学阶段所能接触到的与职业素养和从业能力结合最为紧密的一门课程，所以，学生们对这"36学时"寄予厚望。因此，"如何在极其有限的时间里提供给学生或单位受训人员最好的秘书职业素养和技能的学习"是困扰每一位教师的难题。当看到学了秘书理论的学生在实习中还不知道怎样有效地接听电话，甚至不能得体和规范地着装时，当听到越来越多的老总抱怨"好秘书难找！以后绝不要应届毕业的书呆子"时，我多么希望每一名学生都能认知自我、提升素养、成功就业、快乐工作呀！

时光飞逝，教学相长，带着这些困惑和希望，我决心写一本这样的书，因此这本书也就有了自己的特色：

内容上，写作前进行了充分的调研，走访了企业，探究了广大学生亟待掌握和提高的技能薄弱点，不仅系统地提供了秘书实务的一般知识，还重点安排了"秘书口才""秘书写作""秘书心理""形象塑造"与"职业规划"等难点问题。当今，秘书工作早已不是简单的端茶、倒水、收发文件，而常常是领导的"智囊"和"臂膀"，工作内容繁杂，需要懂得一些管理、财税和法务知识，因而本书专门写作了职业拓展篇。体例上，本书采取了"目标—任务"启发式设置，编写了最新的原创性案例，特别设置了"理论精讲"和"实训提高"部分，理论更为精当，训练更为及时，一节课讲方法，一节课练技能，实现了课堂上深入理解秘书理论与扎实掌握实务技能的结合。针对学习的需要，设置了即测即练、课后拓展，其中包括技能训练、讨论思考，还特别邀请了众多单位的优秀管理者和秘书人员"现身说法"，给出了丰富实用的"资料链接"。针对学生们普遍反映的"工作中经常想不起所学知识，感到紧张"的问题，特别把秘书实务的知识点用"脑图法"进行呈现，这样不仅可以帮助记忆，还能把零乱的知识联系起来便于准确、深入地理解。为了满足高校授课和企业培训需要，本书配有完备的教研资料和精美的课程 PPT。本书在版式上也进行了创新，摒弃了传统教材严肃死板的面孔，采用了适合秘书课程讲授的富有亲和力和情境感的编排方式，使之能够在轻松自然的讲授中带给大家最具实效和启发性的文秘实务知识。

恳请广大读者反馈使用心得，提出宝贵意见。

著者

2022 年 5 月 18 日

目 录

职业素养篇

目标一 定位准确 不惧未来——职业认知与发展规划 ········· 3
    任务一 工作认知与角色定位 ········· 4
    任务二 自我认知与发展规划 ········· 18

目标二 专业得体 值得信赖——职业形象与自我塑造 ········· 29
    任务一 自我塑造与形象设计 ········· 30
    任务二 日常压力与情绪管理 ········· 43

目标三 游刃有余 沟通高手——公关表达与人际沟通 ········· 58
    任务一 言语表达与人际协调 ········· 59
    任务二 情境沟通与应对心理 ········· 76

职业能力篇

目标四 公文达人 职场无忧——公文写作与处理技巧全面提升 ········· 99
    任务一 公文写作能力提升 ········· 100
    任务二 公文处理能力提升 ········· 119

目标五 滴水不漏 又快又好——事务性工作技能全面提升 ········· 135
    任务一 公务接待与宴请礼仪 ········· 136
    任务二 日程安排与信息管理 ········· 147
    任务三 办公管理与检查监督 ········· 168

目标六 线上线下 周全高效——会议管理能力全面提升 ········· 179
    任务一 线上会议管理能力 ········· 180
    任务二 线下会议管理能力 ········· 195

职业拓展篇

目标七　统筹管理　助力发展——秘书实用管理常识 ······················ 213
　　任务一　管理学中的工作智慧 ······················ 214
　　任务二　认知秘书管理与工作 ······················ 222

目标八　知法懂法　长治久安——秘书实用法务常识 ······················ 231

目标九　通晓财税　精打细算——秘书实用财税常识 ······················ 255

参考文献 ······················ 266

职业素养篇

"士不素养,不可以重国","气不素养,临事惶遽"。素养,是长久努力达成的内在与外在的修养,需要不断自我认知、自我管理与自我塑造。

目标 一

定位准确　不惧未来
——职业认知与发展规划

一名优秀的秘书，要科学认知职业职责，准确定位职业角色，从内心深处真正理解和热爱自己的岗位。

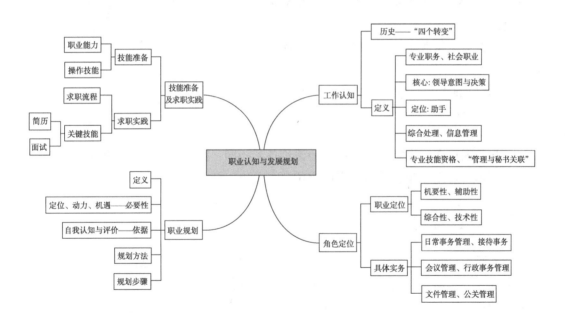

任务一　工作认知与角色定位

情景导入

职场新人的困惑

刘强从名牌大学毕业后，应聘到一家大企业做了部门经理的秘书，对于他的选择，大家纷纷给出评价，有人说："秘书，就是给老板打工、打杂的人，没有很好的发展前景。"有人说："秘书，是年轻人的职业，上了年纪还要提前想好别的出路。"有人说："秘书是领导跟前的红人，权力可大了，管着很多人，是一份美差。"有人说："秘书工作很琐碎，女人做似乎更适合。"……

听到大家对秘书职业的不同评价，刘强也很困惑：

"秘书"到底是一份什么样的工作呢？

解析

刘强的困惑在于大家对秘书职业的评价各不相同，因此刘强急需对秘书工作进行全面的了解，对工作角色进行科学的定位。

理论与方法精讲

随着我国社会主义市场经济体制的不断完善和发展，"秘书"已经成为社会上最普遍的职业之一，而具备优异素质的秘书人才也在各行各业发挥着巨大的作用，成为现代职场的佼佼者。要成为一名优秀的职业秘书，首先应该对秘书职业的定义、工作特点和职业素养等方面有一个全面和明晰的了解。

◆ 知识点一　认知秘书工作

一、秘书的内涵及历史

（一）秘书内涵的发展变化

"秘书"一词的内涵从古至今是不断发展变化的，详见图1-1。

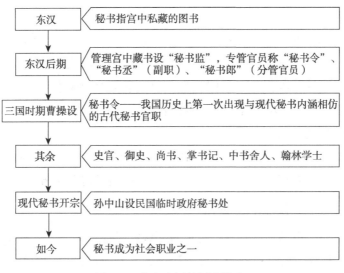

图 1-1　秘书内涵的历史演变

（二）秘书工作的"四个转变"

秘书工作的"四个转变"是由中央秘书工作负责人在 1985 年 1 月全国秘书长会议上提出来的，如图 1-2 所示。

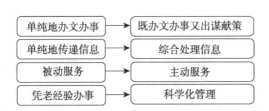

图 1-2　秘书工作的"四个转变"

"四个转变"的提出，表明秘书工作的参谋作用得到了充分的肯定。秘书工作人员不仅是办事员、工作助手，而且是参谋人员。同时"四个转变"也对秘书工作、秘书人员提出了三方面的更高要求，即综合处理信息、主动服务与科学化管理，这也是中国式秘书与国际接轨的必要条件。

二、秘书的定义

随着现代经济的发展，秘书职业不断被赋予新的意义和价值。对于秘书工作的基本界定，古今中外众说纷纭、各有侧重，综合来看，在以下要素上基本达成了共识，这些要素也是我们理解秘书职业定义的重点。

（1）秘书是一种专业职务和广泛的社会职业。

（2）秘书工作是针对领导及与领导相关的各项工作，核心是"领导意图及决策"。

（3）秘书工作的定位是辅助、协调、参谋，是领导进行各项事务处理、决策、执行的助手。

（4）秘书活动的基本方式是综合处理各项事务并进行相关的信息管理。

纵观整个秘书学的发展历程，尤其是西方国家秘书职业化的发展过程，结合国内外学者对"秘书"的基本界定，我们认为：现代意义上的秘书，是具备专业技能职务资格、围绕着领导层或个人进行各项事务的辅助决策和管理，帮助组织或个人实现"效能最大化"的管理类应用型技术人才。

在我们对"秘书"进行定义描述的时候，除了学界对秘书工作达成的共识，还特别强调了秘书的专业技能和"管理与秘书"之间的关联这两个方面。

（一）秘书的专业技能职务资格

从秘书学专业建设的角度，我们可以看到国家对秘书人才教育专业化发展的重视。20世纪80年代开始，我国高校开始设立秘书相关专业或方向，培养专业化秘书人才。2012年，教育部将秘书学列入本科目录（代码 050107T），秘书学成为独立专业。截止到2022年，我国有150余所高校开设秘书学本科专业，承担着为社会培养复合型、创新型秘书人才的重任，以及促进秘书队伍的专业化、职业化和国际化建设的重要功能。为了提升秘书专业人才的培养质量，中国高等教育学会秘书学专业委员会编制的《秘书学本科专业教学质量国家标准》简称（《秘书学国家标准》），于2021年11月25日由教育部审定印发，对秘书学专业知识、培养模式、课程设置、素养要求、实习实践都给出了明确规范。其中，在知识要求中明确指出：秘书学专业学习者要牢固掌握秘书学专业知识和语言文学、管理学基本知识，熟悉哲学、历史学、社会学、传播学、心理学、逻辑学等相关学科知识；具备外语、计算机及信息技术应用、数据库应用、文献检索等工具性知识；对本学科的历史和前沿信息有一定的了解。在能力方面明确要求：秘书学专业学习者应具有应用写作、沟通协调、参谋咨询的能力，具备文档、会务、办公室管理及接待、服务等从事秘书相应工作的基本能力，在书面和口头表达方面具有一定优势，具有运用现代化设备和信息化方法进行信息处理的能力，具有专业教学和一定的专业研究能力。在专业素质方面提出：秘书学专业学习者要热爱祖国，遵纪守法，具有良好的人文与科学素养，具有较高的审美品位、健康的心理与体质，具备良好的秘书职业道德，具有持续获取和更新专业知识的基本素质。

从秘书职业资格认证的发展历程中，我们可以看到社会和市场对秘书学人才专业化的要求。1994年，我国开始建立并实行职业资格制度，分别是持证上岗的准入类职业资格和自愿参加技能鉴定的水平评价类职业资格。1997年，劳动和社会保障部推出全国统考的秘书职业资格证书，很多企事业单位开始把国家秘书职业资格证作为秘书行业的入门证书。2000年，劳动和社会保障部颁布实施《招用技术工种从业人员规定》，秘书等90个职业实行持证上岗的"就业准入"制度。2000年，劳动和社会保障部颁发秘书国家职业标准（职业编码 3-01-02-01）；2003 年，劳动和社会保障部修订《秘书国家职业标准（2003 年版）》；2006 年，劳动和社会保障部修订《秘书国家职业标准（2006 年版）》，这些标准对秘书职业的专业化要求做了明确规定。为了激发市场和人才的科学配置，鼓励创新创业，解决招工难等一系列问题，2015 年 11 月 13 日，国家人力资源和社会保障部决定废止劳动和社会保障部《招用技术工种从业人员规定》，对秘书等 90 个职业不再实行就业准入制度，秘书从业者的专业成长路径更加灵活，可以在工作过程中不断提升学习，加强专业技能。随着市场竞争的加剧，各类机关、企事业单位，对秘书人员的专业技能要求越来越高。虽然不再要求持证上岗，但职业水平评价类考试仍然存在，可以提升秘书从业者的专业素养。另外，各高校的秘书学专业和管理类、经济类专业下设的秘书学课程，都要求系统学习秘书相关职业技能。我国现有的职业水平评价类的秘书职业考试，证书等级为初级（三级秘书）、中级（二级秘书）和高级（一级秘书），分别对应三级、二级和一级秘书。另外，还有一些国际秘书专业技能的评价类考试可以提升专业素养。比如，伦敦工商会（LCCIEB）秘书证书、剑桥办公管理国际证书（剑桥秘书）、IAAP（国际职业秘书协会）秘书资格证书、国际商务秘书职业资格证书都是高水平秘书专业技能的体现。其中，被称为秘书职业"绿卡"的伦敦工商会秘书证书设置的考试科目有 100 多门，涉及商务、文秘、语言、信息工程四大类，每个科目又分一级、二级、三级。该证书尤其获得英联邦国家和东南亚国家企业的青睐。剑桥办公管理国际证书（剑桥秘书）由教育部考试中心中英中心从英国剑桥大学考试委员会引进，是按国际标准开发的秘书技术和职业培训课程，此证书为国际、国内双认证证书，是较高层次的秘书资格认证项目。IAAP 秘书资格证书，需有工作经验才能报考，考试科目包括企业法、企业行为科学、企业管理、人际学、秘书会计学、秘书技能、办公室秘书工作程序等，业内称其为"博士级"资格证书。国际商务秘书职业资格证书，由国家商务部中国对外贸易经济合作企业协会认证颁发，分为国际商务秘书与高级国际商务秘书两个等级，该认证可提高从事商务秘书工作者对专业知识和工作技能的掌握程度。

（二）管理科学与秘书工作的紧密关联

（1）秘书工作的主要实施范围是围绕着组织的管理和决策层展开的，现代秘书工作越来越体现出管理科学的基本内涵。

管理科学中的计划、组织、领导和控制等核心方法与准则几乎贯穿秘书工作的全过程，优秀的秘书人员必须具有敬业精神和服务意识，更要具备在特定的环境下对组织所拥有的资源进行有效的处理和利用，以便达到既定的组织目标的管理技能。秘书职业需要运用管理学的知识才能科学有效地完成各项事务的处理和信息的综合管理。以秘书工作中常见的会议管理为例，参见表 1-1。

表 1-1　秘书会议管理工作全过程与管理科学的关系

会议工作	具体事务	管理科学	关键理念	管理能力
会前管理	确定议题	计划组织（目标管理）	有预见性和针对性地选择和确定科学可行的程序流程	决策力
	准备材料			
	会场布置			
	组织分工			
会中管理	会务内外协调（内：各司其职、统一指挥；外：会议相关各单位、部门协调）	领导协调（沟通管理）	高效率及富有成效的问题沟通模式	协调力
会后管理	会后反馈（决议的贯彻落实、跟踪检查）	控制（绩效管理）	促进绩效产生的信息督查和反馈机制	执行力

（2）秘书工作中辅助领导所进行的各项管理事务的实践又在实际操作中升华了管理科学的理论、实现了管理方法的探究，对培养和塑造新型的专业管理人才起着重要作用。正因为如此，很多从事秘书工作的人经过多年的磨砺，最终走上领导和管理的岗位。

教育部在《中国普通高等学校本科专业设置大全》中规定在公共事业管理、行政管理等管理类专业之下开设"管理文秘"作为必修课程。社会上日益兴起的机关企事业单位的管理能力的提升培训及"白领充电"的内容也大多集中在秘书人员所需的职业技能即"办文、办事、办会"等综合技能的学习和训练上，这些都充分说明了秘书所需要的工作技能和职业素养需要的管理科学。

（3）从国际秘书职业发展的趋势来看，秘书职业自身的发展也体现了秘书与管理科学紧密的关联性。

成立于1942年的美国"国际专业秘书协会"于1998年改名为"行政专业协会"，即"国际行政管理者协会"（International Association of Administrative Professionals，IAAP），可见秘书工作与管理科学的关系越来越密切。

（4）除了具体的工作实践与管理科学的密切关联，秘书工作的特性要求从业人员具备较强的自我管理技能。

在工作中，秘书比其他职业工作者更需要合理的自我规划、自我调整和自我完善，也更需要具备目标管理、时间管理、心理及情绪管理等方面的技能。

◆ 知识点二　秘书的职业角色定位

一、秘书工作所需的职业素养和工作特点

要对秘书工作进行科学的职业角色定位，就要了解秘书工作的基本特点、作用、职业素养以及要具备的基本职业道德，综合理解秘书职业的各个要素，才能准确地进行"秘书"工作角色的定位，见表1-2。

表 1-2　秘书的职业角色定位

特点	作用	角色定位	职业素养	职业道德
机要性	信息枢纽	参谋	严谨自制	良好的职业作风：保守机密
辅助性	辅佐辅助	助手	谦虚谨慎	明确的职业意识：不越级越位
综合性	统筹协调	组织者、公关者	沟通合作	正确的职业态度：科学公正
技术性	高效优化	管理技术人员	精益求精	卓越的职业理想：敬业精业

（一）秘书工作的机要性

秘书的主要工作是围绕领导和管理层来进行的，又是"上情下达、下情上报、沟通内外、联系左右"的重要枢纽，经常充当决策者的"参谋"，因此要具备严谨自制的职业素养，言谈举止时刻要符合工作职责的要求，养成保守机密的良好工作作风。

秘书的基本素质中，最重要的莫过于"嘴紧"了。我能把饭碗保到今天，全靠"哑三年，聋三年，瞎三年"。这个口诀本来是古韩国女性出嫁当儿媳的训诫信条。作为秘书，即使是对一句话、一封邮件、一页文件也不能大意，不能说的决不说，不能透露的决不透露，做到守口如瓶、滴水不漏。秘书应该将"秘密"看得和自己的命一样重要。

——金圣姬. 沈夫人致后辈书[M]. 关启锐，译. 北京：现代教育出版社，2010.
（金圣姬是韩国最高龄的秘书，是秘书界的"教母"）

（二）秘书工作的辅助性

秘书作为领导工作的直接"助手"，经常要辅助领导进行文书处理、政策决议、事务管理，并能够辅佐和协助领导完成各项具体工作，因此要树立"服务意识"，养成"谦虚谨慎、戒骄戒躁"的职业素养，具备明确的职业角色定位，甘当幕后英雄，绝不能在工作中"越级越位"。

（三）秘书工作的综合性

秘书工作事务性工作多，管理对象复杂广泛，需要处理和协调各种工作关系。作为综合办公部门，秘书部门的工作涉及其他各个部门的职责范围，因此在工作过程中，秘书经常既是工作的统筹组织者又是工作的协调落实者，要正确处理个人及部门之间的分工与协作，科学条理地进行各项工作的安排，经常充当组织者和公关者的角色，因此要具备善于沟通合作的职业素养和科学公正的职业道德。

对于任何事情，你都要能够在短时间内抓住重点与核心、看透本质，然后有的放矢地进行筹备。我说要掌握各部门的具体工作，并不是说要干涉他们的工作，而是指在充分了解各部门职能的基础下，灵活整合业务资源，把CEO交代下来的任务进行最有效率的分工，以达到事半功倍的效果。

——金圣姬. 沈夫人致后辈书[M]. 关启锐，译. 北京：现代教育出版社，2010.

（四）秘书工作的技术性

秘书在工作过程中要具备特定的专业技能、技术知识，掌握必要的科学管理方法，秘书工作看似琐碎繁杂，其实各个环节大都需要严谨有序的程序，这些程序有的是在工作中总结出来的科学系统的工作流程，有的是法律规章规定的工作规程，有的是根据上级的指令和要求制订的工作程序，有的是必须遵照的技术性操作程序。要科学地完成秘书工作，就要像管理技术人员那样，对工作程序进行认真的学习和实践，具备善于钻研、精益求精的工作素养，不断学习、不断完善，真正达到"敬业精业"的境界，并树立"从优秀走向卓越"的职业理想。

业务能力出众的人，往往都是对自己的业务不懈钻研的人。我们每天都在重复着同样的工作，有的人属于"当一天和尚撞一天钟"型，每天只管完成任务，从来不思进取；而有的人则会在工作中不断思考、研究，努力寻求更好的工作方法。久而久之，这两种人的差距便会显现出来。后者通过对业务的不懈钻研，最终会成为这方面的专家，从而在激烈的职场竞争中崭露头角。

——金圣姬. 沈夫人致后辈书[M]. 关启锐，译. 北京：现代教育出版社，2010.

二、秘书工作的分类及具体实务

随着市场需求的增加和秘书职业化的推进，秘书的种类越来越多，有独当一面的全能手"综合秘书"，也有精于某方面工作的"专业秘书"；有在国家机关、企事业单位工作的"公务秘书"，也逐渐兴起了为私人事务服务的"私人秘书"。不同类型秘书的定位，关键要看在具体工作中的职责范围和从业要求。不同的标准有不同的分类，这里我们只关注工作业务不同带来的不同划分，以便大家对今后的工作倾向有所考虑。

秘书实务包括以下内容（图1-3）。

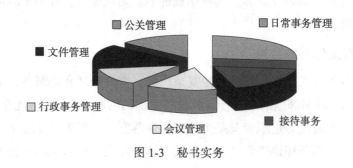

图1-3 秘书实务

（一）日常事务管理

日常事务管理包括办公室管理、通信管理、值班事务、日程管理、印章管理。

（二）接待事务

接待事务包括来访接待、安排服务等。

（三）会议管理

会议管理包括会议安排、会场布置、会议服务、会议文件的处理等。

（四）行政事务管理

行政事务管理包括信访事务（群众的来信来访或顾客的投诉处理等）、调查研究事务（收集信息，提供可行性的方案供领导选择）。

（五）文件管理

文件管理包括文书档案事务（文书撰写、制作、处理和档案管理）、写作事务（各种文体的写作）。

（六）公关管理

公关管理包括协调工作（政策、工作、地区、部门、人际关系等）、督察工作（督促、检查领导交办批办工作的落实情况）。

实训提高

实训目的

在实训中深刻理解和掌握秘书职业特点及角色定位，为下一步学习打下基础。

实训形式

讨论、发言

一、根据案例拟定公司招聘秘书人员的招聘书。

案例

嘉美集团是一家集家居设计、家具制作、室内外装潢于一体的大型公司，为了广泛吸纳优秀人才，加快集团公司发展，适应市场改革需求，根据实际情况拟招聘秘书类岗位人员共3人，其中总经理秘书、综合秘书及前台接待秘书各1名。

如果你是人力资源部经理，为了招聘到优秀的秘书人员：

1. 请你根据对秘书职业的了解，撰写一份招聘书，重点要写出对不同秘书岗位人员的从业资格、职业素养及技能的要求。

招聘
招聘岗位：
主要职责：
资格要求：
（示例）

2. 拟定面试流程及题目。

二、在你所在的班级或团队中,你认为谁最适合从事秘书工作?列出至少 6 个特点并进行评价说明。

我认为____最适合从事文秘工作,因为
1)
2)
3)
4)
5)
6)
综合看来,我认为_____
_____(示例)

三、谈谈你所知道的人们对于秘书工作的常见误解,并给予评价。

常见误解	分析评价(我的观点)
误解一	
误解二	
……	
	(示例)

目标一　定位准确　不惧未来——职业认知与发展规划

四、讨论"男性更适合做秘书还是女性更适合做秘书"。

□ ♂ 男性更适合	□ ♀ 女性更适合
原因：	
	（示例）

实 训 总 结 表

实训心得：_____
_____

通过实训发现的问题：_____
_____

自我勉励：_____
_____

课后拓展

◆ 技能训练

采访一名秘书人员，找出秘书实务工作中三个常见的难题，并找出解决的方法。

受访者	受访时间
难题一：	解决办法：
难题二：	解决办法：
难题三：	解决办法：
	（示例）

◆ 讨论思考

"秘书"究竟是什么样的工作？请阅读下面的材料，针对"当代秘书的自我认知与定位"问题作出深入的思考并讨论分析得出综合结论。

材料一 微软公司成立之初录用了已经42岁、有着4个孩子的妈妈露宝，也正是这位中年女性凭着卓越的工作能力和独有的风格赢得了比尔·盖茨的高度称赞，当她不得不离开时，比尔·盖茨依依不舍，并表示随时欢迎她回来。最终露宝克服了困难又回到了微软公司，成为微软成功的首要功臣。当时比尔·盖茨才21岁，作为微软总裁的他在生活中就像个拼命工作的大男孩，露宝以一个成熟女性特有的缜密与周到，考虑起自己今后在"娃娃公司"应尽的责任与义务。比尔·盖茨通常中午到公司上班，一直工作到深夜。假如偶尔要在第二天早上会客，他就在办公室睡到天亮。比尔·盖茨睡觉的习惯很特别，他从不在床上睡觉。累了的时候，只要拉过一条毛毯盖在头上，不管何时，也不管环境如何喧闹，他总能马上进入梦乡。细心的露宝就适时地为他准备毛毯，特别是出差的时候，无论时间多紧张，比尔·盖茨想睡觉时总能随手拉出毛毯。比尔·盖茨每次出差时，为了使工作尽可能满负荷，他往往要在办公室处理事务到最后时刻才准备赶往机场，为了赶时间，他常常超车甚至闯红灯。这样的事多了，露宝难免为他担心，便请求他每次多留出15分钟的时间去机场，并且每次她都要加以督促。

材料二 老板让你做什么，你就做什么，除此以外一概不管——这样的被动工作者，是不可能成为"金牌秘书"的。我为了做好秘书的本职工作，学外语学了一辈子了。当公司打算和日本企业合作时，我便未雨绸缪地去学日语；当公司开始和法国企业开展业务时，我就跑去学法语。后来公司打算进军中国市场，我便又开始学起中文来。在加拿大待的那两年时间，我为了提高我那拿不上台面的英语能力，便跑到当地的高中和那些十几岁的高中生一起上课——当时我已经50岁了。对于会长，我总是随时待命。即使是下了班，我也会一直保持手机开机，就怕会长有急事的时候找不到我。因为担心会长在下班时间给我打电话会有些不好意思，我每次接电话时，还会特别注意自己的语气，做到平和、亲切。每次会长去国外出差时，我反而更紧张了。有不少人一听到会长出差就很高兴，认为会长一出差他们就"解放"了。正因为如此，我才不得不在会长不在的这段时间加倍留意公司里的情况。除此以外，我对于会长出差地的政局、天气、社会情况也会天天留意……我在给会长写报告、制作提案书时，总是设法想出点新创意让这份报告与众不同。因为我无论做什么，总是希望能够做到"最好"。如果在内容上绞尽脑汁也想不出好的点子，那就在格式上花些工夫，让会长有一种耳目一新的感觉。就连煮咖啡、发邮件、打电话之类的小事，我也总想，能不能做得更好呢？但凡发给会长的邮件，即使只有简简单单的一句话，我也要反复检查，绝不能有一个打错的字。除此以外，对于邮件内容我也会反复审核。

——金圣姬. 沈夫人致后辈书[M]. 关启锐，译. 北京：现代教育出版社，2010.

材料三 成功学大师拿破仑·希尔曾聘用一名年轻女孩艾莉当助手，替他拆阅、分类信件，她的薪水与相关工作的人相同。有一天，拿破仑·希尔口述了一句格言，要求她用打字机记录下来："请记住，你唯一的限制就是你自己脑海中所设立的那个限制。"艾莉将打好的格言交给老板，并且有所感悟地说："你的格言令我深受启发，对我的人生大有价值。"这件事并未引起成功学家的注意，但是，却在女孩心中打下了深深的烙印。从那天起，艾莉开始在晚饭后回到办公室继续工作，不计报酬地干一些并非自己分内的工作，譬如替老板给读者回信。艾莉认真研究成功学家的语言风格，以至于这些回信和自己老板写得一样好，有时甚至更好。她一直坚持这样做，并不在意老板是否注意到自己的努力。终于有一天，成功学家的秘书因故辞职，在挑选合适人选时，老板自然而然地想到了艾莉。在没有得到这个职位之前已经身在其位了，这正是艾莉获得提升最重要的原因。

材料四 如果一个秘书像只穿山甲一样，一天到晚只知道干活，既不动脑子去想问题，也不会想问题，没有一点灵气，领导肯定不怎么会喜欢这种秘书，这种秘书即使不被炒鱿鱼，也永远只能给同事充当办公室里的佣人。相反，一个秘书像只狐狸，不踏踏实实干活，一天到晚打别的主意，这种秘书虽然聪明乖巧，但老板却不一定欣赏。

一个真正优秀的秘书，既要像穿山甲，立足现实，有埋头苦干的精神，又要像狐狸，胸怀全局，有勤于思考的习惯，才有可能成为优秀的职业秘书。

——谭一平. 一个外企女秘书的日记[M]. 北京：学苑出版社，2003.

材料五 在机关工作的朋友告诉我，他无意间在单位食堂门口有两个发现，虽然是细微的行动和用心，却很能体现一个人的素养。

第一件事是撩门帘的时机。去食堂吃饭的时候，走在前面的年轻人，通常会回头看一下，为后面的长者撩一下门帘。这个动作的时机非常重要。食堂门口有五级台阶，有的年轻人回头一看，后边来人了，就顺手撩起门帘。后面的人很不好意思，必须急急忙忙跑上台阶，气喘吁吁地表示感谢并进入食堂；有的年轻人会比较贴心，他先上了台阶，到达门口，此时不着急撩门帘，而是略停顿一下，等到后面的人最后一只脚稳稳地迈上台阶，此时就自然微笑着撩起门帘，大家一起进入食堂就餐。同样是礼貌的行为，第一种情况，让人仓促间很不舒服，第二种情况就更好一些。

第二件事是打招呼的方式。食堂门口常常听到有人这样打招呼:"李处,吃完了!"对方回答:"完了,你刚来哈。"或者就是"完了!"还有的人表达同样的意思,会这样说:"李处,吃好了?"对方回答:"好了,你刚来哈。"一个"完了",一个"好了",看上去没什么不同,但从人们的表情上还是能够看到由于心理暗示带来的差别。回答"完了",就是不如回答"好了"更加开心一些。

听完朋友告诉我的这两个食堂门口的发现,我想,作为秘书人员,应该比普通人更加贴心和温暖,懂得换位思考,于细微处传达善意,体现出专业的素养。

根据上述材料,完成答题纸上的题目。

优秀秘书应有的职业素养是什么		
材料一	主题:	
	启示:	
	结论:	
材料二	主题:	
	启示:	
	结论:	
材料三	主题:	
	启示:	
	结论:	
材料四	主题:	
	启示:	
	结论:	
材料五	主题:	
	启示:	
	结论:	

(示例)

◆ 现身说法

秘书工作的加与减

于波
原山东商业集团董事长秘书

　　一般来说，秘书工作对专业不是很苛求，不像企业中的战略规划、项目分析、运营管理等工作那样必须由专业的人做专业的事，文科的、理科的、工科的都可以从事秘书职业，并没有孰优孰劣之分。但秘书工作涉及的范围比较广泛，如对内与对外，上传与下达，文字、会务、接待、信息、协调、督办，等等。可以说从事秘书工作，除德才兼备之外，还要有奉献精神和服务意识，工作中需做到谦虚谨慎、细致耐心、踏实认真。

　　秘书工作是距离领导最近的工作，要围绕着领导和单位的重心与中心展开服务，从事的工作是必需的却又是不太容易出成绩的，但工作事无巨细，都要做好，如果做不好可能会影响到全局。好的秘书可以成长为领导的助手和参谋，自身的能力也会得到很大的提升。这里就自己的工作体会，浅谈一下秘书工作的"加减法"。

　　"加法"就是多看、多做、多思考。从事秘书工作要注重平时的积累，业务知识方面要加强学习，处理问题方面要多虚心请教，对领导的工作风格和工作方式要多领会、多适应，对领导处理问题的思路和方法要多揣摩、多思考。一位老主任给我的有益教诲是"近水楼台先得月"，既然在领导身边服务，就要以领导为老师，取法其上，得其中也，对照差距才会提高自己。作为秘书，要把工作想在前头、做到细处，不要怕累、怕麻烦，努力把工作做到极致。比如我们在接待港台客人时，准备的席签最好用繁体，以示对客人的尊重。再比如我们一位车队的队长，在每一次重大的用车接待任务之前，他都会亲自走一遍路线，怕的是道路的临时关闭或维修，他会设计备用的路线，可谓是未雨绸缪。

　　"减法"就是少说。少说和多做，也就是《论语》所讲的讷言敏行的意思。秘书工作中会接触到很多信息，甚至机密，我们要做到该说的要凝练，删繁就简；不确定的不要猜测，不要自以为是；不该说的要守口如瓶，保守秘密。还要把握好说话的分寸，甚至学习一些外交的辞令，含蓄、婉转、客气、得体，在最大程度上维护好单位的机密和利益。谚语说，"成熟的麦穗总是低着头"，少说一些，低调一些，成熟一些。

　　还有一点值得注意的是，秘书的定位是服务，不需要自己做决策，遇到问题要多请示、多汇报，虽然可以提出自己对问题的看法和解决的方案，但最终决策的权力还是要归属于领导。秘书工作要

延伸阅读

做到张弛有度，到位而不越位，不能擅自做主，更不能狐假虎威。领导的秘书，一定程度上关系着单位的形象和领导的形象，提高自身修养必不可少，日常工作中待人接物要心怀谦逊，对内热情有礼，对外不卑不亢，为自己营造良好的工作环境，环境也是生产力。

任务二　自我认知与发展规划

情景导入

职场达人修炼记

孙强考入自己理想的名牌大学，入学后老师请每个同学根据自身的特点写了大学生活规划书，孙强认真地分析自身素质的优势和不足，给自己制订了大学阶段的自我完善计划。根据计划，孙强在大学中注意加强优势、完善不足，孙强还根据自己的职业理想——做一名高级秘书，进行了科学的职业能力发展计划。他针对高级秘书所需要的能力制作了表格，对照自己目前的能力素质，找出了不足和差距，利用在校学习和假期实习，孙强有针对性地锻炼和学习，同时把高级秘书所需要的专业技能、英语和计算机及现代化办公能力也作为自己学习的重点。大四毕业时，孙强针对不同的应聘职位制作了不同的特色简历，凭着自己优异的成绩和充分的准备，当其他同学还为工作一筹莫展的时候，孙强就收到了三家大公司的录用意向书，孙强经过认真了解和

比较，选择了适合自己的一家。善于规划和准备的好习惯一直伴随着他，工作中，孙强也适时地制订了相应的职业发展规划，对自己的工作目标进行长效积极的管理。孙强经过不断的努力，获得了很多令人羡慕的工作机会。多年以后，孙强应邀回母校给深受就业压力困扰的大学生做报告，他深有感触地说："一定要在大学学习生活中充分认识自我，制订完善计划并坚持实施，分秒必争地增加未来的筹码；工作后，也要善于规划，为未来的每次机会做好充足的准备。"

解析

孙强的优秀在于合理地做了自我完善的计划并以坚定的毅力去实践，他成功，因为他志在成功！

理论与方法精讲

◆ 知识点一　成为秘书的技能准备及求职实践

一、秘书职业技能的准备

随着我国经济、社会的发展，秘书职业化进程迅速推进，社会分工日益精细，市场对各类秘书人员的需求量逐年递增，"三百六十行，行行需秘书"，秘书职位成为人才需求的热点，秘书就业也呈现多元化、专业化和国际化的新趋势。与此同时，随着工作领域的扩大及办公自动化水平的迅猛发展，对秘书的综合能力要求越来越高，不仅秘书职业的"门槛"不断提高，从事秘书工作所需要的知识素养和工作技能也越来越丰富，几乎涵盖所有职业所需的基本能力要求。因此"拥有秘书的资质与素养，并不一定非要做秘书工作；但一个拥有秘书资质与素养的人，无论他做什么工作，都不会差到哪里去"。如果我们在学习过程中能够针对秘书从业所需的职业能力要求作为自身素质完善的参照，并做好相应的求职准备，将是走向事业成功的第一步（表1-3）。

表1-3　秘书的职业技能

内　容	要　求	说　明
职业能力	阅读与写作的能力	掌握速读、摘要技巧，文字功底扎实，熟悉各类文体写作、文字编辑知识
	言语表达能力	口齿清晰、语言规范、逻辑条理，语言具有亲和力和感染力，当众讲话和即兴发言的技巧
	协调能力	善于统筹全局、理顺关系，熟悉基本办公程序
	管理能力	具备管理科学常识，善于确定绩效目标并按计划组织领导
	信息处理能力	善于收集、整理和利用各类信息
	公关交际能力	善于沟通交流，熟练掌握和运用各种礼仪知识，懂得公关技巧和交际原则
操作技能	计算机应用能力	熟悉常用办公软件及程序数据处理软件、网页制作软件、反病毒软件和压缩工具软件等常用办公软件的使用方法和操作技巧
	办公自动化设备应用能力	能熟练操作和使用计算机、各种打印设备、各种图像输入设备、文件复制设备、办公通信设备、局域网设备和互联网设备
	速记与笔记、听记复述能力	能够熟练掌握速记和笔录及听觉记忆和复述表达能力
	财务辅助能力	熟悉财务管理制度，熟练运用财务管理软件
	通信工具的使用技巧	交互式电话会议、网络视频沟通、移动电话等
	掌握驾驶技术	具备安全驾驶的基本能力

二、成为秘书的求职实践

（一）一般求职流程

秘书职位一般求职流程如图 1-4 所示。

图 1-4　秘书职位一般求职流程

（二）关键技能

1．简历的制作

简历是求职成功的重要因素，应掌握制作简历的基本技巧。

1）简历的要素

随着求职竞争的激烈，简历的制作越来越多样化，互联网上有很多制作简历的创意模板和个性化简历的设计指导，都可以作为求职简历制作的参考，但"万变不离其宗"，必须牢记简历制作的关键要素才能够做出一份好的求职简历。秘书岗位一般要求应聘者较为稳重和严谨，因此，简历的制作不宜太过花哨，而应以平实简练、规范准确作为主要风格（图 1-5）。

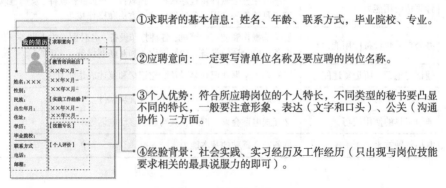

图 1-5　简历的要素

2）求职简历的写作技巧

简：简单明了、一目了然。

明：重点突出、层次分明。

真：内容真实、令人信服。比如特点+事例（一句话），在阐明特长时可以准确地表明熟练程度或附上证书。

准：针对性强、岗位意识清晰。要针对工作需要阐明自己的特长，充分说明对所申请的工作及岗位的资格和能力。

3）求职面试注意事项

求职面试，要做到"投其所好，巧妙包装"，需要特别注意以下几点。

（1）有选择地重点准备。求职时会发现招聘信息铺天盖地，要学会甄别真伪优劣，并有选择地重点准备。可以通过打电话咨询，并尽可能找到熟悉的人了解情况，或者通过暗中实地考察的方法细致了解用人单位的相关情况，选择自己要应聘的职位时要从实际出发，客观地分析自己和竞争者的情况以及招聘单位的要求，要选择那些招聘要求说明较具体的单位，结合自身特点有重点地进行应聘准备。

（2）言辞要有针对性。不同的岗位在求职信和简历语言的措辞上应有不同。比如应聘文书秘书应强调文字功底及写作能力，而应聘公关秘书则应强调沟通交际能力等。应聘一般文秘职位则要充分阐明与秘书工作相关的性格特点及特长。

（3）简历投递要稳妥。电子邮件投递时，避免把简历以附件方式投递，要在主题处写明姓名和应聘职位。可以通过大型求职网站的统一格式模板进行发送，避免被作为可疑或垃圾邮件删除。

（4）积极主动多联系。投递简历后不要干等，要主动用电话或其他形式进行沟通联络，及时掌握情况，积极争取进一步的面试机会。

2. 面试

面试是求职中决定成败的关键环节，招聘者要通过面试对求职者在求职简历（信件）中的优势进行进一步的了解，对求职者的仪表、谈吐及应变能力给予综合评定和考察。求职者要在有限的时间内推销自己、展示自己，给招聘者留下良好的"第一印象"。

面试秘书职位应注意以下几点。

1）衣着

简洁、大方、朴素、得体，给人干练、整洁的印象。比如应聘高级秘书时衣着应该在整洁纯朴中透出经验和成熟的气质，要着淡妆给人以清新自然的感觉（图1-6）。

2）语速

研究表明，让人舒服的语速是每分钟180～220个字，逗号停0.5秒，句号停1秒。面试中回答问题时，语言表

图1-6　衣着、语速

达要适中、语速不可过快,因为要措辞严谨、注意问题回答的条理性,语速过快很难给思维留有余地。回答问题时,可以重复所问题目,以镇定自己和争取思考时间,要牢记:所有的面试题目都没有所谓的标准答案,只是用问答的形式考查求职者的逻辑思维能力及语言表达水平,所以,从容自信的态度、条理明晰的形式更为重要。

3) 非语言信息

肢体语言的得体运用会为你的面试表现增色和加分,如坐姿应优雅大方,面带平和安静的微笑,眼神友好专注,眼光可以集中在招聘者的额头和眉心之间(图1-7)。

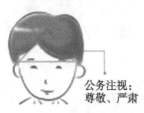

图1-7 非语言信息

4) 态度、风度

诚恳、谦虚、谨慎的态度,平和、优雅、稳重的气质风格符合秘书职业要求,可以作为面试中展现出来的态度和风度的参照。回答问题时尽可能用条理和能展现自我特点的语言,要诚恳地表达出你对所应聘工作的热爱和向往,并透露出敬业的态度,不要给人"无所谓"的态度。

5) 回避敏感话题

应聘之初的面试中话题的内容要一直围绕"你能为这个单位或集体贡献什么"及"你如何能够胜任和出色地完成工作",不要出现与本职业无关的话题,待遇、晋级制度等涉及未来你从职业中所得的问题应放在抓住机会后再详细了解和沟通。

6) 始终如一的表现风格

面试中不管遇到什么问题都应保证语音语调的平稳,面试结束时,不要一下子松弛下来,还应该保持一贯的风度和气质,要有礼貌地感谢招聘者:"辛苦您了!谢谢您给予我的机会!如果能入选,我一定不负所望。"抓住最后的机会表现出有教养、知分寸、举止得体的良好形象,也会给人深刻的印象。

7) 消除紧张,调适心态

面试中适度的紧张,可以帮助求职者发挥自己的潜力,但过分的紧张会带来负面的影响。因此,要进行积极的自我暗示,专注于自己的目标和表现,不受任何其他因素的影响。

如何消除紧张:深呼气、搓热手掌按摩面部、减缓语速、保持微笑。最重要的是,提前对面试岗位充分了解,对自我介绍精心设计并充分演练,做到心中有数(图1-8)。

图1-8 缓解紧张按摩操

◆ 知识点二 秘书的职业发展规划

一、职业规划的内涵与意义

(一)职业规划的定义

社会学家麦克·法兰德指出:职业生涯是指一个人依据理想的长期目标,所形成的一系列工作选择以及相关的教育和训练活动，是有计划的职业发展历程。职业生涯也是个人一生职业、社会与人际关系的总称，即个人终身发展的历程。

秘书职业生涯规划是指秘书从业人员在对自我能力素质及性格特性全面剖析的基础上对所从事的职业进行全面的认识，树立自我发展目标，有针对性地制订合理的自我职业发展中长期计划的职业管理行为。

（二）职业规划的必要性

1. 利于分析自我、成功定位

秘书工作是需要不断学习和进步的"成长型"职业，科学地进行秘书职业生涯的规划，能够确立职业发展目标，在工作中有重点、有计划地进行自我素质的完善，从而能抓住机会，更好地实现人生价值。

2. 增强工作的信心和动力

科学的职业规划可以给秘书繁杂的工作注入活力和动力，鼓励秘书人员把每一点滴的付出都看作向成功目标迈进的一小步，从而能够实现自我激励。

3. 抓住机遇、实现理想

科学的职业规划还可以降低职业发展的成本，辨明发展道路上真正的机遇，集中精力干好对职业发展最有利的事情，从而取得不断的进步，实现自己的理想。

（三）制订职业规划的科学依据

依据：

明确的自我认知和自我评价：个人的性格特点、优势特长、工作环境、岗位特点及目标职位的能力要求，找到自己最擅长的领域和职业发展方向。

基础：

对当前工作过硬的工作能力、竞争实力和胜任岗位的本领，不能表现出好高骛远的态度，以做好本职工作为前提。

二、把握秘书工作的职业成长机会

（一）制订职业规划方法

（1）分解任务、制订中长期发展计划、及时修订、针对性地充电学习和自我完善，如参加增强专业技能的培训等。

（2）善于展示和推销自己，要注意抓住机会、证明自己的能力。

（二）秘书职业规划的步骤

秘书职业规划的步骤如图1-9所示。

图 1-9 秘书职业规划的步骤

（三）实现规划目标的技巧

1. "以终为始"的奇迹提问

理想目标的达成，关键在于我们如何通过正确的选择，持之以恒地塑造自我。我们可以从"最小一步"开始行动，把大目标拆解成小目标，并在达成目标的细微环节作出提高成功率的决定。每一次小小的改变和成功，都是下一次改变的基础。我们可以通过回顾的方法，问一下自己："假如我已经实现了我的目标，我真的做到了，我需要迈出的第一步是什么呢？"从目标倒推最小行动步骤，可以帮助自己更有信心地实现改变。

2. 建设一个实现目标的"场域环境"

研究表明，不同的场域环境对人的心理和行动有很大的影响。比如，学习外语，我们就要去外语角开口说话，而不是闷在屋子里学习哑巴英语；工作电脑最好不要装载娱乐休闲和游戏的软件；学习和办公环境中的一切因素都应该符合你达成目标所需要的场域环境，一旦进入，就能专注地朝着目标迈进。

3. 爱和认同，增强行动力

面对改变的挑战和压力，我们常常自责，越是自责，越是没有勇气和力量，越是会放纵自己进入拖延的状态，然后又陷入新一轮的自责。职场成长的终极目标，不论是成就梦想，还是实现人生价值，都是为了更加美好地生活，当我们有能力付出更多时，我们也会收获更多的满足感和幸福感。在这个过程中，不断给自己正向的鼓励、温暖的爱和发自内心的认同感非常重要。有时，先要自我接纳，在当下状态中认真地工作和实践一段时间，才能发现自己真正需要成长的地方在哪里，作出有效的改变，而不是无效的焦虑。

实训提高

实训目的
掌握秘书求职及职业生涯规划技巧。

实训形式
模拟演练

案例
五环国际商贸有限公司根据业务发展需要,招聘一名总裁秘书和一名公关部秘书。

1. 根据招聘岗位分组准备5分钟,列出面试中自我介绍的要点,并上台演练。

2. 认真进行自我分析,填写下表,为自己制订一份职业规划书,填完后,请以"我的职业理想"为题目进行 3~5 分钟发言训练。

职业规划书	
姓名	性别
年龄	学历
专业	职业
人生目标	
岗位目标	
技术等级目标	
收入目标	
实现目标的战略要点	
长期目标	
岗位目标	
技术等级目标	
收入目标	
实现目标的战略要点	(示例)

实训总结表

实训心得:_____
_____
_____

通过实训发现的问题:_____
_____
_____

自我勉励:_____
_____
_____

课后拓展

◆ **技能训练**

如何更好地针对计划进行自我管理?

除了有计划的学习和锻炼,坚持改掉不利于目标实现的不足,心理和行动专家指出"21 天的坚持利于形成一项新的习惯",请按照下表提示进行有效的自我完善。

时　间	自我诊断	改进措施	坚持完善
第 1 天			☺
第 2 天			
⋮			
第 21 天			

◆ **讨论思考**

三星集团,47%的社长是秘书出身!

在三星集团 30 多个子公司的 45 名社长中,有 21 名曾经在秘书室任职。也就是说,左右三星集团大权的高层领导中,将近一半是秘书出身。

韩国《每日经济》周刊是一本专业致力于工商企业研究的杂志。它曾对商界秘书出身的职员的工作活跃性做过抽样调查。调查主要针对 2006 年后在国内 30 家大集团中晋升为社长的人,共 33 名。通过对他们履历的分析,不难看出,这些毕业于工商或理工系的人中大部分都直接或间接地做过秘书工作。而现在,他们已经是管理生产现场的首席执行官了。

例如,三星物产的池星河社长、韩华开发的金光旭社长、Kolon Chemical 的韩俊秀社长、东部株式会社的赵永哲社长、东部韩农化学的崔盛来社长、Powercomm 的李政植社长、CJ 株式会社的金振洙社长、三星社团的李海振社长、I-pak 酒店的李治森社长、韩国轮胎的徐胜华社长等,他们曾经都是集团内社长秘书室的工作人员。一个企业的兴盛是与企业掌门人的英明决策分不开的,而在工作中与掌门人直接对盘的往往是有过秘书经验的职员,能最快、最直接地领会掌门人决策意图的也是他们。因而,这类人能得到领导的赏识和重用应该是理所应当的事情。这也是有秘书经验的人占据企业内重要岗位的主要原因。

——赵宽一. 像秘书一样行动[M]. 千太阳,译. 北京:中国友谊出版社,2009.

讨论:秘书人员的职业发展前景有哪些可能性?

思考:如果你是一名三星集团的部门秘书,你有什么样的职业理想?请依照程序做出你的职业生涯规划。

◆ 现身说法

我规划，我成功

曲婕
山东济南知味书屋儿童悦读馆经理
2008年起自主创业

小时候我有一个小小的梦想，就是有一间自己的店。上大学后，我开始考虑自己的方向，因为对书的热爱和想把更多的好书介绍给更多孩子的使命感，我对于图书尤其是童书的营销管理产生了浓厚的兴趣，于是我认真地给自己做了规划。在大学学到的知识理论性很强，但实践性较弱，我的长处是动手能力强，于是我在规划中针对自己的优势进行了分析，并且按照计划在假期恶补猛学，开始学习各种电脑设计软件，读了大量商业管理的著作。大四实习期我没有选择去学校，而是找机会毛遂自荐到杂志社去，我的目的不是赚到钱，而是希望通过实习，观察并参与整本书的设计和制作流程，并提高与人交际沟通的能力。其实很多时候我都会有放弃梦想的冲动，因为忙碌的日子总比不上休闲自在舒服，同学们有的留在学校考研，有的已经开始朝九晚五地稳定工作，而我经常要在电脑前处理图片到凌晨。每当动摇的时候，我都赶紧打开自己的规划书，并且一条一条地进行分析，看看自己做到了多少、差距在哪里。这是我的法宝，很管用的理性思维条理法，我总是能够看到自己在成长，把希望找回来，让努力的自我重新回来。在不断的学习中，很快我自己能动手制作很好的动漫作品、简单的宣传和精致的图书版面设计，这一切是按照我的规划目标来做的，等将来做自己的事业的时候，宣传和包装不仅可以省下一大笔费用，而且更有能力来表达心中的梦想。毕业后，我按照规划并没有马上踏上创业之路，而是像其他同学一样找了份工作打工。我的目标是历练自己的能力，尤其是与人沟通的能力，同时考察童书市场为自己的事业做好准备。在实习期和工作中，因为努力，我学到了很多东西，比如说时尚的排版风格，比如说，与采访人的交流技巧，还有如何处理与同事和领导的关系，这让初出校园生涩的我成熟起来。在经济上我也做了财务预算，时刻准备着实现我的创业梦想。终于在2008年，当各方面条件非常成熟之后，我辞掉了工作，开办了济南知味书屋儿童悦读馆，现在已经有会员300多人了，虽然还刚刚起步，但我相信我一定能成功地实现自己的梦想。在创业过程中，我的体会是，做任何事情一定不能盲目，要认真规划，当时机具备时，就能一举获胜。我想对我的师弟师妹们说："不要抱怨梦想太遥远，也不要抱怨前途太渺茫，要坚定信念，从每一天开始，认真规划好自己

延伸阅读

的每一步，只有好的规划也是没有用的，关键是要管得住自己。我坚信，一个管得住自己的人才能抓得住机会，赢得了未来！"

思考题

扫描此码 即测即评

目标二

专业得体 值得信赖
——职业形象与自我塑造

良好职业形象是内修和外塑的结果，一举一动，每一个细节都诠释着专业和规范的职业内涵，展现出富于亲和力和感召力的高尚人格。

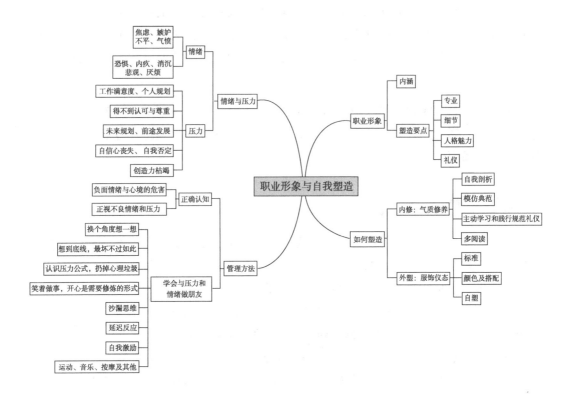

任务一　自我塑造与形象设计

情景导入

职场上，我为啥得不到尊重

小宇在大学成绩优异、素质全面，应聘进了一家教育出版集团做办公室文秘。小宇工作很努力，可不知为什么大家总把她当作小孩子来看，很多人还叫她"丫头"，小宇很苦恼。有一天，办公室里一位过去做过秘书工作的老同志提醒她："小宇，你看你还像上学一样，衣服都是休闲风格的，还戴着卡通猫咪的手表，毛衣吊饰那么长、亮晶晶的，

这样像逛街的学生，可真的不太像秘书呢！"小宇恍然大悟，她只知道自己穿着休闲舒服、漂亮，忘记了自己的职业形象，怪不得大家老把她当刚来的小孩呢。小宇咨询了形象设计顾问，针对自身的特点，慢慢做了改变，虽然不是天天穿着笔挺的套装，但是大家开始夸小宇成熟了、稳重了，小宇也从上司那里得到了很多重要的任务。

解析

职业形象是从业者在他人眼中的基本"职业印象"，绝不仅仅关系着外貌的美观得体，还会直接影响别人对专业能力的评价，因此，作为秘书，塑造"专业"的职业形象永远是最重要的。

理论与方法精讲

职业形象是指从业者的仪容仪表及言谈举止所塑造出来的形象能够体现出其所从事职业的特点及需求，良好的职业形象是一个人职业素质的良好体现，是对其所从事职业的尊重，也是获得职场身份认同的重要环节。

形象，并不是一个简单的穿衣、外表、长相、发型、化妆的组合概念，而是一个综合的全面素质，一个外表与内在结合的、在流动中留下的印象。形象的内容宽广而丰富，它包括你的穿着、言行、举止、修养、生活方式、知识层次、家庭出身、你住在哪里、开什么车、和什么人交朋友，等等。它们在清楚地为你下着定义——无声而准确地在讲述你的故事——你是谁、你的社会位置、你如何生活、你是否有发展前途……形象的综合性和它包含的丰富内容，为我们塑造成功的形象提供了很大的回旋空间。

——英格丽·张. 你的形象价值百万[M]. 北京：中国青年出版社，2008.

◆ 知识点一　什么是秘书的职业形象

一、秘书职业形象的内涵

秘书的职业形象是指秘书在公众面前树立的印象，它是通过衣着打扮、言行举止反映出的专业的态度、知识、技能等。同时，也是与社会沟通并使之接受的方式。秘书作为一种规范严谨的职业，职业形象的塑造至关重要。良好的职业形象不仅能够提升个人品牌价值，而且能增强自己的职业自信心。良好的仪容仪表及言行举止不仅对工作环境中的人和事产生重要的影响，还直接体现其所在单位的基本形象。

香港女作家梁凤仪有一句话：一个秘书的形象与教养可以代表上司的地位和分量。我们经常会从一个秘书的身上看出其单位及负责人的风格及面貌。作为秘书，必须主动对自己的形象进行管理，学会塑造良好的职业形象。

二、秘书职业形象塑造的要点

（一）规范严谨的专业形象

专业的秘书形象要求以尊重工作活动中的基本规范为前提，仪容仪表的修饰、穿衣搭配的选择都要主动体现出维护职业形象的意识。在不同的场合和地点可以选择不同的表现形式，但一切的原则都要符合工作活动的基本需要，体现规范严谨的专业素养。

世界著名形象设计师英格丽·张在《你的形象价值百万》一书的封面上选用一张神情严肃的黑色职业装照片，有人担心"没有亲近感"，英格丽·张认真地说："结合这本书的内容，要求我展现给人们的是一种权威化的印象，我在讲述商业活动的规范化要求，因此，美是我最后考虑的环节。"

（二）让细节为自己加分

形象设计大师们认为，细节的疏忽会为我们带来不可弥补、不可言传的尊严的损害。精心装饰自己，保持干净、整齐，不但是对自己的尊重，也是对别人的尊重。良好的秘书形象体现在每一个细节之中。每一个细节都应该为良好的职业形象加分。接待中一次规范的握手、接电话时一声礼貌的问候、公文处理时精益求精的措辞以及着装时衣衫得体的色彩搭配，都会影响到专业形象的塑造。细节处见功夫，据调查，人的行为95%以上都是受习惯的影响。关注细节，就要养成好的习惯，没有人天生就具备秘书的专业形象，而是靠后天不断的训练和对自我的严格要求，才能完成"从勉强到习惯、从习惯到素质"的飞跃。

（三）展现独特的人格魅力

秘书是一项与个人的性格气质联系极为密切的职业，成功的秘书职业形象塑造除专业和规范之外，还应该体现出从业者独特的人格魅力。无论是穿衣打扮还是言行举止,都与内在的涵养和外在的气质密切相关。最成功的秘书职业形象塑造应该通过不断的自我完善,把自我性格中的真、善、美加以提升,把对职业的热爱和对未来的信念加以提炼,最终体现出专属于你的特别的形象品牌,使自身具有独特的人格魅力和无比的亲和力。

(四)让礼仪成为习惯

礼仪是举止行为的科学指南,是成功人际交往的纽带。得体的礼仪,不仅向他人传递着真诚和尊重,还会给人留下美好的印象,是塑造职业形象不可缺少的"法宝"。秘书是单位中内外交流的"窗口",礼仪规范在秘书的身上应该成为一种行为准则和举止习惯,秘书要时刻用适当的礼仪来规范自身的行为,展现出良好的职业素养和彬彬有礼的人格魅力。

我们每个人都受到习惯的束缚,习惯是由一再重复的思想和行为所形成的,因此,只要能够掌握思想,养成正确的习惯,我们就可以掌握自己的命运,而且每个人都可以做到。

——成功学大师 拿破仑·希尔

◆ 知识点二 如何塑造良好的秘书职业形象

秘书职业形象的塑造要坚持"内修"和"外塑",二者缺一不可。内在修养是根本,外表塑造是保证,两方面的努力才能成就良好的职业形象(图2-1)。

图2-1 良好的秘书职业形象

一、秘书职业形象的"内修":秘书的气质修养

秘书的气质修养主要指的是通过不断的性格修炼和自我完善,养成高尚的品格、独特的气质以及丰富的内在涵养。外在的美可以通过穿衣打扮来进行装饰,外表的瑕疵可以通过化妆等方法加以掩饰,而内在修养的拙劣却难以遮掩,不会受到真正的认可。心性品格和气质修养所折射出来的人格魅力要在"内修"上下功夫,才能真正塑造出优秀的职业形象。

(一)秘书职业形象"内修"评价表

不同的气质类型的人在从事文秘工作的过程中会呈现出不同的个性特征,见表2-1,每一种个性都有其优势和不足,人的气质具有稳定不易改变的特点。但是,气质有可塑性，并非一成不变，秘书应了解自己的气质类型，加强修养完善，适应工作的要求，塑造出秘书工作所需的专业形象气质，保证工作的顺利开展。

（二）秘书养成良好气质修养的方法

良好的气质修养，关键是要准确判断自己的气质类型，加强内在修养。内在修养包含个性心理的修养、品质道德的修养和能够促进自身不断完善的学识内涵的修养。

表 2-1 秘书职业形象"内修"评价表

气质特点		多血质秘书	黏液质秘书	胆汁质秘书	抑郁质秘书
优势		思维敏锐，擅长交际，对于维护组织的形象自有一套	踏实肯干，沉默寡言，不喜空谈，不爱显山露水，展示自己的才华，适合办公室工作	坦诚直率，容易接受他人观点，处理问题大胆、泼辣	观察细致，感受力强
不足		活泼好动，略显轻浮，交际浅薄，工作能力强但不踏实，注意力易转移，易见异思迁，往往不安于枯燥的办公室秘书工作	办事不求新，缺乏生气	易于冲动，办事急躁，感情用事，不善于处理人际关系，常与同事甚至领导发生争吵	办事拖拉，孤僻多疑，缺乏信心，办公室秘书工作往往给自己造成心理上的压力
内修	个性心理	自我意识强，宜宽容、谦虚；稳定性差，宜培养坚定意志及耐心	克服盲从心理，宜更加自信、乐观，增强交流意识和合作观念	克服盲目急躁，宜平和、凡事多商量、请示、汇报	克服悲观，宜培养坚强肯定的自我形象、克服犹豫，宜自信果断、要更加宽容
	品质道德	要更加谨慎自制，注意办事分寸和举止得体，培养坚忍不拔的毅力	要加强创新意识和工作的主动性思维，养成精益求精的钻研和探索的工作习惯	要更加谦虚谨慎、保持耐心合作的开放沟通，要善于学习和欣赏他人优点，建立共赢思维	增强责任心，培养忠诚敬业意识、坚持未雨绸缪的计划性和正向积极的个性品质
	学识内涵	1. 多读：文学作品；秘书工作经验类；历史、传记类。 2. 多问：多请教有经验的前辈和同事，养成追根溯源、善于钻研的品质。 3. 多记：多做读书笔记、工作笔记、培养博闻强记的好习惯。 4. 多思：总结归纳并进行深入思考，总结工作的规律和方法			

（1）自我剖析。秘书要善于自我剖析，勇于正视性格缺陷，将自身性格导向完美。大学时期一定要尝试塑造个人性格。大学是个"小社会"，从跨进校门时，每个人就应该进入历练性格的阶段。要剖析自己性格中的缺陷，及时改正或克服。事实上，我们每做一个行为，就加强了做这个行为背后的意念和动机，哪怕一个善解人意的微笑、一声主动热情的招呼，都会对我们的气质塑造产生积极的影响。自我剖析和认知是完善自身的基础，可以通过记录日志的方式增强自我认知和改进（表 2-2、表 2-3）。

表 2-2　综合自我剖析

我是一个_____样的人。

我喜欢的"自我"	我讨厌的"自我"	是否可以改变	完善自我的措施

像接受礼物一样接受你不可改变的，对于可以改变的讨厌的"自我"因素，从现在即刻进入改变状态，坚持下去，从"别扭"到"习惯"，你就拥有了更加完善的自我形象。

表 2-3　自我评析日志

年　月　日	心情指数☆☆☆☆☆	收获指数☆☆☆☆☆
今天主要做的事情是		
今天的所得		
今天的遗憾		
自我总结		

性格箴言：

性格，既不坚固也不是一成不变的，而是活动变化着的，和我们的肉体一样也可能会生病。

——爱略特

每个人都有三重性格：他所表现出来的性格，他所具备的性格和他认为自己所具有的性格。

——阿方索·卡尔

一个人失败的原因，在于本身性格的缺点，与环境无关。

——毛佛鲁

你不能凭梦想形成自己的个性，你一定要千锤百炼为自己构成个性。

——夫鲁德

性格是一种副产品：它产生于完成日常事务的伟大过程之中。

——伍·威尔逊

（2）模仿典范。秘书要为自己寻找一个典范，自觉地加以模仿（表2-4）。秘书日常生活中应留心观察具有良好修养的人，总结出在不同情境下什么样的言谈举止更得体和受人欢迎，在细心观察和总结中，要留心学习他人"受人欢迎"的一面，向具备良好职业形象的人学习待人接物的方法、人际交往的技巧，辅助参谋的方式，久而久之，便会在潜移默化中加强自身的修养。

表 2-4　模仿典范

我要树立的学习典范	
我的学习计划	

一个聪明的人非常善于总结别人的教训，而只有一个傻瓜才会总是总结自己的教训。　　　　——俾斯麦

（3）主动学习和践行规范礼仪。秘书要处处用规范的礼仪来要求自己的言行举止，长久的坚持会使规范成为习惯，自然体现出良好的职业形象（表2-5）。

表2-5 秘书应该注意的礼仪规范

礼 仪	要 求	修 炼 关 键
形象礼仪	衣着合体和谐、化妆淡雅得体、举止优雅大方、气质亲切和蔼	TPO原则：与时间（time）、地点（place）目的、（object）相一致
接待礼仪	事先准备，了解对方、保持微笑、注意称呼、言辞谨慎礼貌交谈、热情周到、态度不卑不亢	3S原则：起立（stand up）、微笑（smile）、目视（see） 介绍原则：五先五后——将男士介绍给女士、年轻介绍给年长者；地位低的人介绍给地位高的人、未婚者介绍给已婚者、客人介绍给主人
处事礼仪	坦诚相见，尊重对方的地位，理解对方的处境，同情对方的困难，赞赏对方的成就等。取得对方的信任，积极沟通、化解误会	换位思考原则：己所不欲，勿施于人 有效沟通（4C）原则：可信赖（credibility）、语境（context）、好内容（content）、明确（clarity）、连贯（consistency）

某次，你突然急需一样东西，于是火急火燎地跑到附近的小卖部去买，但在整个过程中，有一条"铁律"，你可千万不能忘记，那就是"举手投足，勿失风度"。要做到这一点，你一定要记住，任何时候，都要挺直你的腰板，这样会显得你更自信、更干练。弯腰驼背的人会给人一种畏畏缩缩、没精打采、底气不足的感觉。姿态端正的人，会让人对你更有信赖感，让别人觉得你更有竞争力，并给人一种从容不迫的感觉。所以，记住随时挺起你的胸膛，堂堂正正做人吧。还有一点，表情要温柔。特别是像我这样短发、薄嘴唇的人，总容易给人一种冷漠的感觉。所以估计不少人见到我都会觉得"这个人肯定挺难相处的"吧。也许正是因为我对这一点特别加以留意，平时待人处事都不忘把笑容挂在嘴边，所以至今真正在背后说"沈夫人很难相处"的人一个都没有。可见事在人为，外表的很多缺点是可以通过自己的细心来弥补的。

——金圣姬. 沈夫人致后辈书[M]. 关启锐，译. 北京：现代教育出版社，2010.

（4）多阅读。多阅读可以使自己拥有广博的学识和丰富的内涵，一方面，要多阅读有经验的秘书工作者所撰写的对秘书工作的体会和心得，这类"经验书"，可以帮助反观自身、汲取经验；另一方面，要多阅读有助于完善自身知识结构的各种人文社科书籍，广泛的阅读积累可以形成坚实的学养根基和文化背景，"腹有诗书气自华"，读书不仅可以陶冶性情、汲取智慧、提升气质，还可以在实践中践行和丰富书中的各种知识，在工作中也能更加准确和深入地理解与分析问题，成为领导得力的参谋助手。

综上所述，良好的秘书修养并非一蹴而就，需要秘书在日常生活与工作中不断地学习、积累，加强内在修养。总的来说，秘书应有的放矢，尽量朝着自尊自强、沉着稳重、踏实苦干、默默奉献、谈吐优雅、风度翩翩、仪态万千、广闻博学的目标加强自身修养，成为集魅力与实干于一身的现代化秘书。

二、秘书职业形象的"外塑"：服饰仪态

（一）秘书的服饰仪态标准

作为领导的助手和单位枢纽部门的代表，秘书合适的衣着打扮和优雅的举止言行非常重要。穿衣戴帽、举手投足、言谈举止都要时刻树立"为了成功的职业形象"的观念。如果要在形象上为自己加分，塑造优秀的"职业秘书"的形象，就要遵照秘书职业形象塑造所要求的服饰仪态标准。

秘书服饰仪态的标准包括以下几方面。

1. 仪表仪容（表2-6）

表2-6　秘书仪表仪容塑造自测表

自测提示	具 体 要 求
头发	不遮掩面孔，发型好；头发清洁，无头屑
耳朵	清洁，身后干净，不佩戴夸张的耳饰
眼镜	合适，镜片干净；胸前不要挂眼镜
牙齿	光亮、洁白整齐
口气	清新（无异味）
指甲	干净
体味	香水、须后水等用量适当
男士	面部清洁，不留胡须，修剪鼻毛和耳毛，裤子拉链拉好
女士	口红不要沾到牙齿上，化妆恰到好处，不浓妆艳抹，指甲油光洁不剥落，色泽淡雅大方

2. 服饰礼仪

TPO：T（time）P（place）O（object）——着装、化妆、首饰佩戴要与时间、地点、目的相适应。

TOP：T（tidy）——整齐；O（occasion）——适应场合；P（pleasant）——令人舒适愉快。

这是一个两分钟的世界，你只有一分钟展示给人们你是谁，另一分钟让他们喜欢你。

——罗伯特·庞德（英国形象设计师）

只有留给人们好的第一印象，你才能开始第二步。

——海罗德·杰宁（勒依斯公司总裁）

3. 服装的颜色及搭配（图 2-2 和图 2-3）

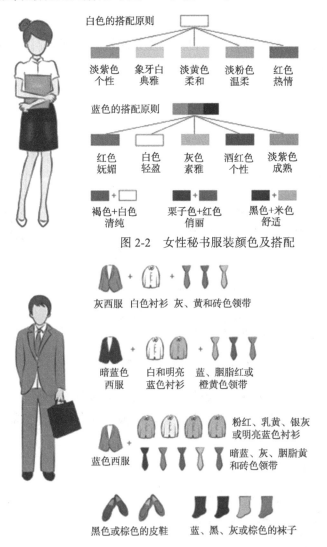

图 2-2　女性秘书服装颜色及搭配

图 2-3　男性秘书服装颜色及搭配

4. 秘书仪态举止要求（图 2-4）

图 2-4　秘书仪态举止

(二)秘书服饰仪态的自塑

1. 女性秘书的服饰仪态

(1) 适当化妆提升魅力。适当地修整自己的容貌是对别人的尊重,女性秘书可以准备一些简便实用的化妆工具和化妆品(图2-5)。

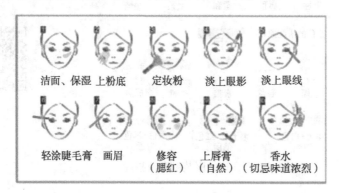

图 2-5　女性秘书容貌及发型自塑

(2) 适当保守,严谨专业。秘书的着装避免过于透、露的性感表现,下身裙装不可过短,并应着合适颜色的丝袜,一般为肉色、黑色两种,鞋子前面尽可能是包脚设计(图2-6)。

图 2-6　女性秘书服饰自塑

2. 男性秘书的服饰礼仪

男性秘书着装的基本原则是内敛和朴素,要选择剪裁合体的衣服,面料以自然挺括为好，不要选择闪闪发光的面料或花色繁杂艳丽的衣服。

1）正装以领带为核心的搭配

衬衫和领带的搭配是一门学问，如果搭配得体，会提升整体的着装效果；如果搭配不妥，则会破坏整体的感觉。因此领带与西服上衣的搭配十分重要，在搭配过程中，上衣的颜色应该作为领带的基础色进行搭配选择，而领带的颜色应该含蓄、简单，色彩保守（图2-7）。

经典搭配：白色或浅蓝色衬衫配单色或有明亮图案的领带

彩图参考

职场男性必备：
白色或浅蓝色的领部扣衬衫
纯藏蓝色或葡萄酒红色的领带（白天使用）
丝质织花领带或纯黑色领带（正式晚宴等场合使用）

图2-7 男性正装及领带搭配

2）穿西服应注意的细节（图2-8）

西服通常搭配配套的西裤，尽量避免混穿。

穿西服一般应该打领带，如果在不打领带的非重要场合，衬衫的第一粒纽扣应该打开。

衬衫下摆要放入裤子里，衣领要比西服领高出2 cm以上，衬衫的袖口应露出于上装袖口1~1.5 cm为宜。

西裤的长度以裤管轻轻自然地盖在鞋面上为基准。

西服胸前的胸袋是装饰性的，不要剪开。衣袖上的商标可立即剪掉。

穿西服最好不要穿毛衣，可在西服外面加穿大衣以御寒。

领带的下端不可以从西服下摆缝中露出来。

配套西装的袜子一定要是正装袜，皮鞋、皮包的式样、颜色要搭配西服颜色。

图2-8 穿西服应注意的细节

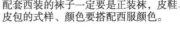

实训目的

学会自我职业形象塑造的方法与技能。

实训形式

讨论、发言

1. 请男、女生各一名根据设定的场合进行形象塑造和服饰礼仪示范,其他同学点评。

2. 认知自我、为自己确立的形象完善目标。

他人态度中的自己	
与别人比较中的自己	
通过工作成果认识自己	
自我评价	

3. 在心中仔细想想你的朋友或者同学中你最欣赏的形象、气质、修养等方面的五个特点,对照自己,确立形象完善的目标。进行即兴演讲:"我心目中的典范形象"。

我心目中的典范形象是:	
形象特点一	
形象特点二	
形象特点三	
形象特点四	
形象特点五	

实训总结表

实训心得:_____

_____

_____

通过实训发现的问题:_____

_____

_____

自我勉励:_____

_____

_____

课后拓展

◆ **技能训练**

仪态、气质修炼操（图2-9）。双臂尽量向两侧伸展，以培养挺拔身姿。

图2-9　仪态、气质修炼操

◆ **现身说法**

快乐地工作　工作的快乐
——我看职业形象塑造

万思彤

蓝海大酒店市场部

好的职业形象就是单位的窗口，也是工作中给别人的最直接的印象。酒店的管理和服务行业是对职业形象塑造要求最高的职业之一，因此，我对于职业形象的塑造有很多自己的心得。我认为良好的职业形象不是在一个人穿上笔挺的工装之后就完成的，而是一个长久的修炼过程。如果没有科学的岗位角色认知和定位、素质过硬的专业技能、积极向上的工作心态以及不断地学习、完善和良好的沟通及交际能力，优秀的职业形象就不可能塑造出来。所以"形象"往往指的是外在的东西，但"职业形象"却包含丰富的内涵。

科学的岗位角色认知和定位：平时我们常说"干什么的要像干什么的"就是这个意思。在蓝海集团工作的过程中，我担任过不同岗位的工作，从最基层的服务员到蓝海职业学校的培训师、班主任再到市场营销部的餐饮销售，每一个岗位对职业形象都有不同的要求，所以要树立良好的职业形象，先要弄清楚岗位所需要的形象要求，履行岗位职责很重要的一点就是要把一切行为举止都定位到岗位所需要的角色上，要时刻提醒自己目前的身份和角色，根据要求尽力地去做，哪怕是细节都不能够忽视，包括说话和做事的表情与态度。这样，职业的素养就会自然在身上体现出来。

素质过硬的专业技能：自信源于专业，如果想让别人看到自己最好的一面，就要从骨子里对自己从事的工作全面地了解，不说外行话、不做外行事，用过硬的专业技能塑造最专业的形象。面子不是别人给的，而是自身用点滴的努力争取到的。我初到蓝海大酒店，在陌生的环境中觉得自己好像什么都不懂，我能够做的就是把工作需要的技能一遍遍练习，把每一个服务的细节做得更完美，把每一句话说得更恰当，把每一次的公众表现都看作对自己技能的考核。就这样，短短几个月的服务生涯，我每个月都被评为集团的"蓝海明星"，得到了同事和领导的认可。

积极向上的工作心态：工作之后，我最大的感悟就是，心态决定形象，也决定未来。好的工作心态是塑造良好职业形象很重要的内在要素。我觉得一个穿着再专业的人、一个笑容再灿烂的人，如果不能从心里热爱自己的工作，是很难塑造出好的职业形象的。我在最初工作时，没有奢望很多，就是希望自己从最基层做起，从平凡走向不平凡。我相信工作的平台不论高低都一定是磨砺自己的机会，我对工作充满感恩。当很多人看不起服务岗位，抱怨工作太累、随时准备离开时，我就坚定信心要用享受的心态来喜欢自己的工作，所以，每天我都觉得自己学到了很多，从站姿到微笑，从说话到沟通，对客人的每一次言谈举止我都因为热爱酒店和服务工作而表现得自然和周到，因为投入，因为主动，反而不觉得累了。我觉得最大的工作动力在于自己的喜欢，发自内心地去做，就能做到最好。我在蓝海的每一天，虽然也有困惑和疲惫的时候，但都能够很快地调整，因为我喜欢自己的工作，我热爱蓝海。

自身不断的学习和完善：职业形象要好，就要表现得专业和规范，这就需要不断地学习和充电，就像我们蓝海的学习理念：学习改变人生。我刚到酒店时，也曾经认为酒店工作很简单，是一种简单劳动，但由于投入地去做，很快就发现酒店的工作充满了学问。于是我没有像很多人那样干完自己的工作，事不关己、高高挂起，没有拿工资混饭吃的心态。我觉得每一次服务、每一次与人沟通都是学习。留心观察会知道什么样的举止和办事风格是受人欢迎的，自己如果做得不好就赶紧模仿和弥补，集团的新闻和发展的每一步我都密切关注，就像一个船员应该关心和知道大船前进的方向，要让自己融入企业的文化中和企业一起进步，才会塑造卓越的职业形象。我们蓝海集团有着深厚的企业文化，给员工提供了很多机会和平台进行学习与交流，经常邀请名家来做讲座，如李强老师的《为自己工作》、于丹老师的《论语》，我都从中受益很多。还有每年的蓝海艺术节，我也抱着锻炼自己的态度进行过多次表演，而且每次都受益匪浅。总之，不要抱怨没有时间学习，时时刻刻都可以让自己学习。

良好的沟通和交际能力：沟通和交际能力对塑造自我在他人心目中的形象很重要。我爱运动，在进入蓝海之前就考取了瑜伽、拉丁舞、搏击操等各类操舞的教练证书，因为做过教练，我锻炼出了开朗直率的沟通风格。在与人交往中，我的风格是毫不矫揉造作，最自然地展现自己，跟别人真诚地沟通，真诚地表达自己的心意，有错的时候就真诚地道歉。在市场部工作，经常要与各种人打交道，沟通能力很重要，我的经验是要找准切入点。好的切入点和谦虚的姿态，别人就比较容易接受。另外要注意言辞得当。热情但不过，客气但不俗，要掌握好和别人交往的分寸。有时候沟通需要主动，我曾经找到集团老总进行自荐，这在很多人看来很难，很多人觉得与领导沟通好像不好意思，我觉得领导也希望听到来自员工的最真实的心声，比如我们蓝海有多种沟通渠道，就是为了了解员工各方面的困难和情绪思想的波动，这也源自蓝海浓厚的企业文化。在与客人的交流中，如果有客人当面提出问题和批评是最好的、最珍贵的，因为可以改进工作，所以我积极沟通、解答客人的疑问，尽一切可能让客人满意地离去，把意见留在酒店而不是带走。

延伸阅读

我觉得良好的职业形象塑造不是一朝一夕的功夫，我会继续努力，为了自己的未来，为了集团的明天。

任务二　日常压力与情绪管理

情景导入

从踌躇满志到暴瘦20斤，如何找到工作中的"小确幸"

刘峰是大学应届本科毕业生，经过省委组织部的考试和选拔，终于以优异的成绩考入当地镇政府工作。为了做好工作，刘峰来到乡党委办公室锻炼，当起了乡长助理。刘峰工作热情、态度认真，大家都很认可他，可就是有一点，刘峰爱激动，经常感情用事，有人说他是"急脾气"，有人说他是"小公鸡"，好几次在处理群众纠纷时，刘峰脸红脖子粗，急得直蹦高。有一次，一名群众来反映问题，刘峰听到她一把鼻涕一把泪地喊冤，还没有弄明白事情的来龙去脉，就拍案而起，指着自己说："别怕，有我们给你做主！这件事包给我们了！"事后，仔细了解才明白是来访者理亏，可她一口咬定"领导说了给俺做主！"刘峰很难解释，问题变得更加棘手了。刚刚工作的刘峰从没有想到基层的工作这么复杂，自己这个小"领导"还真难当，想想在校园中踌躇满志，如今却天天动不动就要东家长、西家短地做工作，心中总像塞满了一大块铁一般沉甸甸的。刘峰经常想着工作中的琐事，睡不着觉、吃不下饭，几个月就瘦了 20 多斤。刘峰很苦恼，为什么自己压力这么大呢？

🔍 解析

刘峰的苦恼是很多秘书都有的。秘书的工作离领导最近，经常需要辅助领导开展调研、进行管理决策，同时还要做好各种事务性工作，处理好方方面面的关系，遇到突发事件，秘书也要冲在前面，及时汇报、组织协调、应急处理，面临很多的压力；作为单位的"窗口"，秘书还要"笑迎八方客，礼待四周宾"，需要很强的情绪和压力管理能力。

理论与方法精讲

◆ 知识点一　秘书的情绪和压力管理内涵

一、什么是情绪和压力管理

良好的秘书形象，一定是平和得体的，离不开对情绪和压力的科学管理。美国耶鲁大学心理学家萨洛维和新罕布尔什大学梅耶尔教授最早提出了情商的概念。情商，即"情绪商数"（emotional quotient），它主要是指人在情绪、情感、意志、耐受挫折等方面的品质。后来哈佛大学心理学博士丹尼尔·戈尔曼进一步提出了情绪智力的理论。

"情绪管理"是"如何有效地控制自己的情感达于心、身平衡的状态"，也就是在日常的工作和生活中能够将喜、怒、哀、乐等各种情绪表达得恰到好处，一个人没有"情绪"是不可能的，因此情绪管理不是情绪的压抑，而是一种适当的内外行为平衡的展现与调适。心理学研究证明，情绪管理是可行有效的自我情绪调适方法。

"压力管理"是对精神和心理上持续出现的紧张、焦虑、疲惫、不安等负面表现通过适当的方法给予缓解、调整和放松的过程。在当今快节奏的工作和生活状态下，越来越多的人需要进行"压力管理"，增强抗压能力。在国外，大型企业对员工的"精神按摩关爱"已经成为福利项目中必备的要素，员工帮助计划 EAP（employee assistance program）是由企业为员工设置的一套系统的、长期的福利与支持项目。EAP 起源于 20 世纪 20 年代，因工作人员酗酒影响个人健康和企业发展，由企业聘请专家进行干预，逐渐扩大到对员工的个人心理健康、压力疏解、家庭成员心理疏导、各种心理相关问题咨询的专业服务项目。20 世纪 70 年代，世界 500 强企业对员工的 EAP 援助应用超过 90%。EAP 项目在中国已有 20 多年的实践历程，普及率逐步上升。目前，积极心理学的发展，让越来越多的个人和企业重视积极心理状态带来的意义和价值。哈佛大学著名心理学者、幸福课设计者肖恩·埃科尔对来自 48 个国家、275 000 人、225 个子课题的研究数据有力证明，幸福是最强的生产力和竞争力。2020 年第 50 届世界经济论坛达沃斯年会发布了新版《达沃斯宣言》，主张企业要与客户、员工、合作伙伴、社区、股东价值共生，这不仅能给企业带来独特的竞争力，还能引领生态链变得更加美好。2020 年 10 月，中组部印发《关于改进推动高质量发展的政绩考核的通知》，强调要把人民群众的获得感、幸福感、安全感作为评判领导干部推动高质量发展政绩的重要标准。《中国幸福企业建设白皮书》中发现：压力不是幸福的决定因素。2018 年数据显示，压力大（压力指数超过 70），但幸福指数高的员工达 20.65%；压力小（压力指数低于 60），但幸福指数低的员工达 10.93%。目前，我国 EAP 不断发展的同时，也有越来越多的组织和研究者开始致力于提升员工的幸福感，开始探索和实践 HDP（Happiness Development Program，幸福发展计划）项目，致力于将压力转化为幸福，提出了"让管理有温度，向幸福要绩效"的目标。（参考资料：经和幸福企业研究院郭金山：《从 EAP 到 HDP：员工帮助计划可以这样升级》，《国企》2021 年第 7 期）

目前，从全球范围来看，虽然自 2020 年以来，国际局势动荡加剧，新冠肺炎疫情发展尚不稳定，但我国人民在党中央的坚强领导下，从中央到地方政府都在积极为企业和群众解难纾困，用切实可行的具体措施激发组织和个人潜能，展现出"人人争做逆行者"的良好风貌，正如习近平总书记所说："奋斗者是精神最为富足的人，也是最懂得幸福、最享受幸福的人。"（习近平总书记 2018 年 2 月 14 日在 2018 年春节团拜会上的讲话）

二、秘书常见的情绪和压力问题

秘书工作的从属性、服务性、辅助性决定了秘书工作的繁、杂、忙、累是不可避免的，正是这一复杂的工作特点，使秘书较易出现情绪和压力方面的问题（表 2-7）。

表 2-7　秘书常见的情绪和压力

情　绪	表　　现	压　　力
焦虑	我怎么才能让领导满意呢	工作满意度、个人发展
嫉妒	为什么他被提拔了	心理失衡、境遇比较
不平	我凭什么给他服务	自尊、虚荣心
气愤	辛苦一顿还遭批评忍无可忍	得不到认可和尊重
恐惧	我要好好表现不要被炒鱿鱼	基本生活来源保障
内疚	又要应酬不能陪女儿过生日	亲情缺失、指责
消沉	永远没有我的机会	未来规划、前途发展
悲观	我什么也做不好	自信心丧失、自我否定
厌烦	怎么天天都是这一套，真受不了	程式化的状态、创造力枯竭

◆ 知识点二　情绪和压力管理的方法

一、正确认知自己的情绪

（一）负面情绪与心境的危害

1. 损伤身体

有的秘书对我说，本来工作很累，好不容易回到家躺在床上想好好休息一下，结果呢，心里又钻牛角尖了，这事憋屈，那事烦躁，反而怎么睡也睡不着。不良情绪是我们身体的第一大危害。长寿学家胡夫兰德在《人生长寿法》中说："一切不利的影响因素中，最能使人短命夭亡的，莫过于不良的情绪和恶劣的心境，如忧虑、颓丧、惧怕、贪求、怯懦、嫉妒和憎恨等。"

2. 危害工作

不良情绪和压力控制下的人不可能做好工作，在危害人际关系的因素中，不良情绪是首要的原因。秘书如果天天愁眉苦脸、牢骚满腹，就会很快失去在同事中的威信和领导的欣赏，工作也一定会错误百出。

3. 伤及家人和朋友

不良情绪和压力具有很强的影响力与感染力，如果不加控制，任其发展，一定会伤害身边的人，而且往往是最爱你的亲人和朋友。

（二）正视不良情绪和压力

秘书处于各管理系统的中枢，地位特殊，事务繁重，角色复杂，经常处于巨大的压力和复杂多变的情绪状态中。要想管理好自己的情绪，时刻保持良好的心态，首先要对自己的情绪和压力状态有客观科学的认知。

自己往往能够清楚地意识到不良情绪和压力的存在，如果能够及时面对、悉心分析和调适，就会得到改善。最怕的就是不能正确认知自己的情绪，处于不自知或者不愿自知的状态，所以正确认知自己的情绪是情绪管理的第一步。

秘书工作中常见的不良情绪之一是嫉妒，嫉妒是人普遍存在的一种不良情绪，当看到各方面条件与自己相似或不如自己的人却比自己优越时，往往就会产生地位、荣誉、权力和业绩等方面的嫉妒心理，这是一种正常的现象。如果发现是"嫉妒"这种不健康的心理让自己变得很偏激，带有心理紧张和攻击性意欲的时候，提醒自己正处于"嫉妒"之中，并积极暗示自己，不再和别人进行比较与衡量，正视自己的差距，看到别人的优点，认识到每个人都会"自得其所"，就会重新把注意力转移到对自身发展的规划和潜力的发掘上，产生积极的影响力。

秘书工作中常见的不良情绪之二是焦虑。正常的焦虑是一种心理紧张状态，焦虑的时候，工作中就会更多地抱怨他人，把事情想得很糟糕，对人对事充满疑虑，一点小事就惶恐不安，常常长吁短叹，甚至有胸闷、心悸、头昏、呼吸困难等异常感觉，这时候就要特别提醒自己进行调适，适当地放松、找朋友倾诉或者找出焦虑的根源重新认识和解决，就会得到一定的改善。

秘书工作中常见的不良情绪之三是压力。压力的存在也一定有其根源，要正视压力的存在根源，面对才能解决。因此，有不良的情绪和压力的存在是很正常的现象，关键是要正确合理地认知，要面对，不要逃避。

一个情商高的人，常常自我反省，并从不同的角度了解自己、认识自己，为自己正确定位，会很清醒地看到自己的优点和缺点。既不会因为成绩好，受到领导的赏识就骄傲，也不会因为自己某些方面不如人而自卑。

二、学会与压力和情绪做朋友

心理学家凯利·麦格尼格尔在 TED 演讲中指出，我们可以学会与压力做朋友。我们在面对压力时的身体反应，如心跳加快、呼吸急促，身体冒汗，我们通常认为这些反应是紧张的表现，但是，如果我们将这些表现看作身体进入备战状态的表现，我们的反应就会更加积极而正向。在哈佛大学的一项研究中，实验参与者进入社会压力测试之前被告知，他们面对压力时的反应是有益的。心跳加速是为下一步行为做准备。如果你的呼吸变急促，没关系，它会让你的大脑获得更多的氧气。那些被如此告知的参与者反倒比较不那么崩溃、比较不紧张，更加自信，但更让人欣喜的发现是，他们的生理反应也随情绪有了变化。

关于压力还有一项研究，在美国 1 000 个年龄在 34 岁到 93 岁的人，他们通过一个问题开始了该研究："去年的你，感受到了多大的压力？"他们还问了另一个问题："你花了多少时间帮助朋友、邻居和社区里的其他人？"接着他们用接下来 5 年的公共记录来跟踪每个人的情况。结果表明，虽然生活中每个重大的压力事件，如财政困难或者家庭危机，会增加 30% 的死亡风险。但是，那些花时间关心其他人的人完全没有体现出压力相关的死亡风险。关心让我们更有韧性。

压力对于健康的有害影响并不是不可避免的。如何对待和应对压力可以转变你面对压力的体验。当你选择将压力反应视为有益时，你会在生理上变得有勇气。当你选择压力下与他人沟通，你的生命会更有韧性。

（一）换个角度想一想

很多不良情绪和压力都是人在认知偏见的情况下形成的，所以要经常提醒自己从正反两面看问题，辩证地分析问题，就会解开心中许多疙瘩。

有人常询问我是否吃了不少苦，其实我自己从来没感到真正吃过什么苦头，因为从 9 岁到大阪当学徒至今，我一直抱着积极乐观的心态去工作。在大阪码头当学徒时，寒冷的早上，手几近冻僵，仍要用冷水擦洗门窗；做错事挨老板打骂，有时简直吃不消，但随即转念一想，吃苦就是为了自己的将来，这样的痛苦反而变为喜悦了。当学徒时养成的乐观想法，给我后来的职业人生带来很多正面影响，例如企业发展不畅时，我仍不会叹气，反而积极地认为，不景气正是改善企业体制的好机会。

——日本经营之神松下幸之助

（二）想到底线，最坏不过如此

在秘书工作中，有很多工作或事务往往本身并不困难，但由于思想压力过大，自己无形中放大了困难和障碍，如很多秘书总是担心领导不满意，这样的担心太多了，主要的精力不能用在工作上，反而是放在揣摩领导心思、观察领导脸色上了，其实领导的情绪好坏也有很多因素，有时候情绪不好也不一定与秘书的工作直接相关，有时候学会想想问题的底线，"最坏不过如此"，心中就会释然，更能够全身心地投入工作。比如"领导不高兴，最坏就是批评一顿，还能怎么样呢？如果不是自己的错，过后领导自己就会反省和惭愧，干吗拿别人的错误惩罚自己呢？"再如，"文件写不好怎么办，最坏的打算就是重新写，那就现在尽力去写好了，没什么大不了"。

有一个复习考研的学生，因为报考名校，所以很担心考不上，天天背着一个巨大的包袱，紧张得几乎睡不着觉。后来，老师告诉他，想想最坏的结果就是今年考不上，那么就早一天开始工作或者积累了经验明年再战，不会有比这些更坏的结果了，他想了想确实是这样，心里轻松下来，全力以赴，最终成功了。

（三）认识压力公式，扔掉心理垃圾

中华全国员工帮助计划发展研究中心心理师崔璨在多年的员工心理咨询经验中发现，人的压力，可以用一个公式表现，即压力＝负载÷自我功能。负载等于卡车上所载的东西，自我功能就好像这部卡车的承载能力。如果上面负载的东西并没有增加，可是你感到压力很大，状态很差，这就表示，一是你的自我功能减弱了，二是你在上面加了太多不必要存在的垃圾。这个时候我们就要扔掉心中的垃圾，具体做法可以利用国际上比较流行的职业压力管理倡导的减压原则——"3R"原则：放松（relaxation）、缩减（reduction）及重整（reorientation），就好像我们重新审视承载在我们心灵的东西，如果是太过杂乱带来的"承载不适"，就重新把"货物"分类码放整齐；如果是很多没有实际价值的垃圾，如别人的情绪影响导致的胡思乱想，还有自己不必要的担心等，都可以视为"心灵垃圾"，要果断地倒掉，为自己的承载减负，这个过程真的可以形象地想象成上面的情景，不妨操作一遍看看自己有没有"超载"的心灵垃圾。

（四）生活是镜子，笑着做事，开心是需要修炼的形式

作为秘书，当我们奉行"3S"（IS：standing 站立迎宾；2S：see 注视来者；3S：smile 面带微笑）原则，看着他人起立微笑致意的时候，是不是也注意到了对方眼中的

喜悦和脸上的微笑呢？当我们微笑着接受领导的任务时，你会发现领导的脸上也写满了舒心和肯定。当我们微笑着面对心存芥蒂的来访者时，他是不是可以更加平和地向你诉说问题呢？微笑着做事，生活也在对我们微笑。有人说，"如果一个人长得不漂亮但总是微笑，就比长得漂亮但不笑的人可爱多了"。开心有时是需要修炼的一种形式，人们忧愁的时候才会哭，恐惧的时候才会发抖。但恰恰相反，人们会因为哭而发愁，会因为发抖而感到恐惧。人可以通过控制行为的方式来控制自己的情绪。当你在生气的时候，可以找一面镜子，对着镜子努力做出笑容来，持续几分钟之后，你的心情会变得好起来。当我们尽量表现出开心的样子，每天进办公室前，就深深吸一口气，笑起来，松开眉头，热情地打招呼，哪怕是假装的，行为影响情绪，人真的会慢慢快乐起来。

（五）"沙漏思维"，确定优先次序，一个阶段只抓一个重点

第二次世界大战时，有位心理医生曾经用"沙漏思维"治愈了很多焦虑过度的士兵。他说："你把人生想成一个沙漏，上面虽然堆满了成千上万的沙粒，但它们只能一粒、一粒，缓慢平均地通过瓶颈，你我都没有办法让一粒以上的沙粒通过瓶颈。你我每一个人都是沙漏。每天早晨，我们都有一大堆该办的事，如果我们不是一件一件慢慢处理，像一粒粒沙粒通过瓶颈，我们可能对自己的生理或心理系统造成伤害。"作为秘书，很多的压力来自成堆的工作和无休无止的诉求，此时要学会"沙漏思维"，科学地安排自己的时间和工作，有时候我们可以从眼前成堆的工作中抽身出来，让自己放远眼光，问问自己："我今年内最重要的事情是什么？我 5 年内最想实现的愿望是什么？"当我们把眼光放长远看的时候，大部分危机都没有想象中那么严重了。

（六）"延迟反应"，加强情绪锻炼，不要轻易被控制

要加强情绪的锻炼，不要一次又一次轻易地让情绪左右了我们的理智，左右了我们的生活，当我们想发怒时，有多少人能迅速暗示自己"延迟反应"，即先离开5~10分钟，或者在心中默数 10 个数字，抑或是马上在眼前想象接下来可能发生的糟糕一幕。其实，通过情绪锻炼逐渐达到的对情绪的管理和掌控是一个人心理成熟与有修养的标志，秘书要加强情绪的锻炼，不要放任自己被情绪控制。英国政治家、外交家、文学家查斯特菲尔德曾经在写给儿子的信中特别告诫他："如果我们无法克制自己的脾气，让狂热或不良的情绪左右自己的言谈、行为，甚至面部表情，那么我们就要承受不可估量的损失。不发脾气、头脑冷静、面露真诚的人无论在伟大的事业上，还是在普普通通的事情上，都具备了让我们仰慕的无限优势。"因此，他告诫自己的儿子要"控制自己的脾气和面部表情"。（参考：查斯特菲尔德·查斯特菲尔德勋爵给儿子的信[M].北京：中国发展出版社，2002。）

（七）自我激励，培养自己坚强肯定的自我形象

秘书在工作中的很多压力来自他人对工作的满意和认可度的评价，我们要关注自己在他人眼中的形象，也要在乎他人对工作的评价，因为可以借鉴他人的评价进行自我完善和工作的改进。但过分地在意他人的评价，放弃了自己内心的基本原则，就很容易陷入不安、焦虑和悲观的情绪中。西方有句谚语：20岁时，我们在意别人对我们的想法；40岁时，我们不理会别人对我们的想法；60岁时，我们发现别人根本就没有在意我们。因此，自我激励是不能放弃的基本态度，要先学会培养自己坚强肯定的自我形象，改进可以改进的，暂时不能改进的方面要学会暂时接受下来，看到自己的进步和收获，还要注意远离经常抱怨的人，因为抱怨是一种放弃自身原则的表现，不利于培养自己乐观向上的生活态度和工作态度。态度决定一切，每天早晨不妨挥动手臂为自己的一天加油，每天晚上要记得认可自己一天的努力和付出。记日记也是非常好的自我肯定方式。

自信来自建设性的自我评估，让自己站起来，我因而增强了自信，今天我不太在乎别人对我怎么想。更重要的——非常重要的是——我自己怎么看待自己，真正坚强的人并不需要自我吹捧。自信，是建筑在自己对自己公正的评估之上的。

——查斯特菲尔德

爱岗敬业也是一种态度。不要问，企业为我们做了什么？而要问，我们为自己的企业做了什么？当我们接到领导交办工作的时候，是讨价还价、能推就推，还是尽职尽责、努力完成、不讲任何理由？当我们在工作中遇到困难和挫折的时候，是等待观望、半途而废，还是自我激励、攻坚克难、无往而不胜？当我们自觉晋级升迁没有达到期望值的时候，是牢骚满腹、怨天尤人，还是自我反省、加倍努力、厚积薄发？有句话说得好：只要你依然是某一机构的一部分，就不要诽谤它，不要伤害它——轻视自己所就职的机构就等于轻视你自己。如果因为看到缺点就大肆抱怨，不顾大局，不讲团结，并在不知不觉中养成了抱怨环境、不思改善的习惯，最大的受害者就是自己。集体肯定有自己的缺点，但也会有优点，正因为优点大于缺点，所以才有很多人选择留在集体。所以请大家永远记住：成功的人一定爱岗敬业，失败的人始终在寻找客观理由。

——陈金花（山东金都大酒店 营销总监）

（八）你可以选择的很多方法：运动、音乐、按摩及其他

情绪和压力管理专家还给我们提供了很多好的方法与建议，如运动，当运动达到一定量时，身体产生的内啡肽效应能愉悦神经，有氧运动能使人全身得到放松。再如听舒缓优美的音乐、自我按摩、在瑜伽中冥想或者通过深呼吸来减压等，还可以在心

烦意乱的时候选择睡一个大觉等,秘书可以选择适合自己的方法积极进行情绪的调适和压力的缓解。

实训提高

实训目的

了解和掌握情绪和压力管理的一般方法。

实训形式

主题讨论、案例分析

1. 探索情绪面孔——认知自己的情绪(表2-8)

表2-8 自我情绪认知表

心理感觉	根　源	自我解析
焦虑		
嫉妒		
气愤		
恐惧		
内疚		
消沉		
悲观		
厌烦		

每位同学随机抽取写有不同内容的字条,然后用自己理解的情绪表现出来。

我找到了新的工作。

我离开了原来的朋友。

你对我的评价是不公正的。

我要给老板建议年终加薪。

2. 案例分析

请阅读以下案例,谈谈你对秘书工作压力的认识。

案例一: 中新网7月28日电 台湾一位30多岁的女秘书,平时客气温柔,唯独每周一开部门协调会时变了个人,一脸不耐烦,说话大声,有次竟拍桌子骂人,失控行为仿佛"母老虎",吓坏所有人。医师指出,她因工作压力大所致,而且每逢周一上班,就更加严重。

据台湾某报报道,女秘书陆续出现失眠、焦躁不安等症状,她先看一家医科,再转到临床心理科,原来她工作压力太大,负面情绪压抑到心底,直到周一于会议中爆发。医师通过心理咨询,搭配随时放松的手指体操,才使她远离了周一情绪风暴。

"周一开会，常惹人焦虑。"静和医院临床心理科主任陈大哲说，开会要协调不同意见，上班第一天开会，很容易火气大、吵架，事倍功半，所以他们医院就排周二开会。陈大哲说，这名女秘书因失眠，半年前到医科看诊，后来转到心理咨询，她感到工作压力大，经常焦躁不安、偏头痛，甚至常失眠，而且每逢周一上班，就更加严重。她因压力大，每到周末就想放松、犒赏自己，常到外县市玩儿个痛快，如果没出门，就在家睡大头觉，但周一要起床上班，就像泄气的皮球，一点动力也没有。

陈大哲发现，秘书工作复杂，得协调琐事与各部门意见，平常把压力摆在心底，但每到周一上班就倍感焦虑，无法再承受开会的种种压力，才会个性突变，这都是压力造成的。

资料来源：中国新闻网. 2008 年 7 月 28 日，《女秘书开会变"母老虎"心理医生传授解压》，http://news.sohu.com/20080728/n258431559.shtml.

案例二：不快乐的优厚生活

淑娟　女　29 岁　大型企业秘书

"收入是不错，可都是尊严换来的呀。唉，受够了窝囊气。"一见面，淑娟就牢骚满腹。身上高档的职业套装，以及脸上无可挑剔的淡淡妆容掩饰不住她的愁容和倦意。

淑娟是一家大型企业分公司的老总秘书，收入不菲，待遇优厚。除了每月的工资，平日里，奖金、置装费、物业费、餐费、过节费、车费补贴等林林总总加起来，淑娟平均每月税后能拿到一万五六千块钱，从薪水的角度看，这份工作堪称理想，但她并不快乐，主要原因是她觉得自己受尽了屈辱。

淑娟是名牌大学毕业，从小到大她觉得自己都是凭个人奋斗得来的。出身工人家庭的她好学上进，从来都是学校的佼佼者，不需要向任何人低头。高高兴兴进了现在的单位，她没想到自己却要干为领导端茶倒水的事儿。淑娟的老总是位 50 多岁的女性，作为秘书，淑娟要做帮领导挡电梯门、开车门、拎包等小事。出去应酬则要负责点菜，照顾到在场的每一位，帮领导挡酒之类。所有这些事还要做得不露声色，不能显得刻意和笨拙。对从不看他人眼色行事的淑娟来说，完全不熟悉这一套，所以总是显得缺乏眼力见儿，经常被领导批评。"这些事有的人一看就会，很简单，对你来说怎么就这么难呢？"领导常发这样的感慨。淑娟无奈，每次做得不妥时她只能扮可爱蒙混过关，领导只好嗔怪地说她"傻丫头"。

一次，淑娟和领导一起出差，住进宾馆，淑娟及时帮领导开门，本以为自己做得已经不错了，没想到领导坐在沙发上不高兴了，说："我也是从你这会儿过来的，做秘书的应该给领导把拖鞋递到脚边。"淑娟听了，气愤极了，觉得特别屈辱，虽然勉强赔着笑脸做了，但当时就有个强烈的念头想辞职。但终归难舍优厚的待遇，况且父母也不同意，最后还是忍了下来，每月依然拿着高薪，过着不快乐的生活。

资料来源：http://www.360doc.com/content/09/0327/17/19782_2935467.shtml.

案例三：学会爱自己

在台湾，黄美廉的名字可以说是家喻户晓。她出生时因为一次意外而患上了脑性麻痹，在6岁之前，全身的运动神经和语言神经受到伤害，面部畸形，口水还常常不停地向外流，而且也失去了发声讲话的能力。在旁人的眼里，她就像是一个丑陋的怪物，但黄美廉没有让这些外在的痛苦击败她内在奋斗的精神。小学二年级时，在老师马怡江的启发下，她找到了自己人生的目标，确立了当一位画家的志向。中学毕业后，黄美廉分别进入洛杉矶学院和加州州立大学修读艺术，身体的残疾丝毫没有打败她的信心，反而让她更加坚定自己的意志。在付出比常人十倍百倍的努力之后，黄美廉最终获得美国著名的加州大学艺术博士学位，而她的画展也轰动了世界。有一次演讲会上，一个中学生问她："黄博士，你从小就长成这个样子，请问你怎么看你自己？你难道从来都没有过怨恨吗？"在场的很多人都责怪这个学生提出了这么不敬的问题，担心黄美廉难堪和受不了，出乎众人意料的是，不能说话的黄美廉嫣然一笑，十分自然地在黑板上龙飞凤舞地写下了这么几行字：

①我好可爱！②我的腿很长很美！

③爸爸妈妈那么爱我！我会画画，我会写稿！

④我有一只可爱的猫！⑤上帝这么爱我！⑥还有……

最后，她以一句话做结论："我只看我所有的，不看我所没有的！"掌声在学生中经久不息。

资料来源：http://www.med66.com/html/2008/11/fu236240141421180021468.html.

案例一	主题： 感受： 你的观点：
案例二	主题： 感受： 你的观点：
案例三	主题： 感受： 你的观点：

3. 学习减压操

（1）"肌肉松弛疗法"减压操分解动作（图2-10）：

①头尽量后仰，闭目，咬紧牙齿，均匀呼吸，持续紧张1分钟。

②头尽量前倾，下巴抵住胸脯，双眼尽量向上看，均匀呼吸，持续紧张1分钟。

③双拳紧握，双上肢屈曲，感受整个上肢肱二头肌紧张感，持续1分钟。

④双臂包裹抱紧胸部，体会胸腔挤压而产生的呼吸紧张感，持续1分钟。

⑤收紧臀部，绷紧背部，双腿抬高，双足尽力向前绷紧，持续1分钟。

图2-10 "肌肉松弛疗法"减压操分解动作

以上训练，当肌肉紧张持续约30秒后，应深吸一口气，屏住呼吸30秒，感受心率加快，肌肉酸楚，然后彻底放松，呼气。

（2）"十巧指"放松运动（图2-11）：

第1式"指缝交错"　　第2式"虎口交错"　　第3式"手刀互砍"
掌心朝内，指缝用力　　两虎口用力互撞　　以双手掌内侧外缘
交错再放开　　　　　　　　　　　　　　　相碰撞

图2-11 "十巧指"放松运动

第1式"指缝交错"；第2式"虎口交错"；第3式"手刀互砍"。

（3）减压按摩操（图2-12）：

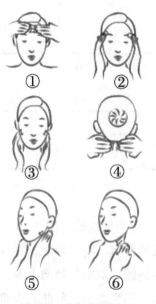

图2-12 减压按摩操

①按摩额头，抚平皱纹。用两手的食指、中指和无名指分别置于眉毛稍稍靠上的部位，然后从中间渐渐向外按摩。

②按摩太阳穴，解除脸部疲劳感。用食指、中指和无名指轻轻按摩太阳穴的位置，以画圈的方式轻触穴位。

③指压颧骨下方，来回按摩法。两手的三指在靠近颧骨下方的位置左右来回指压按摩，位置在嘴角靠上部位到颧骨上方之间。

④按摩后颈，疏络全身筋脉。在靠近后颈凸出的颈椎部位，用两手的三指轻轻地从下按摩到发际处。

⑤耳下与下巴的按摩，减轻脸部肌肤压力。两手的手掌从两侧耳朵的下方渐渐按摩到下巴处。

⑥最后的按摩，锁骨也很关键。两手从脖子处再往下按摩至锁骨的位置，然后在锁骨的位置停留 3 秒钟做按压按摩。

实训总结表

实训心得：_____
_____
_____

通过实训发现的问题：_____
_____
_____

自我勉励：_____
_____
_____

课后拓展

◆ **技能训练**

减压操自我练习。

◆ **讨论思考**

关于减压和情绪调适的方法，你有什么妙招？

让自己快乐起来的方法	让自己舒缓压力的方法

◆ **现身说法**

秘书工作的情绪调节与假想的解决办法

于波

原山东商业集团董事长秘书

　　从事任何工作都会遇到压力和挑战，秘书工作也不例外。秘书岗位对人的要求比较高，加之工作强度大、协调的环节多、经常加班加点，承受着非同寻常的工作压力。比如，领导认为秘书对工作考虑得会更加细致，汇集的信息会更加全面，当秘书被问到领导认为他应该知道却不知道的事情时，便会产生自责、困窘的心理反应。有人戏言说办公室工作无过即功，不挨领导批评就是成绩，与其他部门的独立性工作相比，秘书工作是辅助性的，是默默奉献，不会走到聚光灯下受人瞩目；一向是工作在前、成绩在后，同样的恪尽职守、勤勉工作，总结起来却鲜有值得夸口的成绩出现，这在比较中也会让人产生心理失落感。再如，工作中时有被人误解、遭受委屈、顾不上照顾家人、身体劳累等问题出现，难免会令人产生巨大的压力。这些压力和问题，不仅仅是从事秘书工作会遇到的，面对压力，我们可以用诗人里尔克的话来鼓励和肯定自我："有何困难可言，挺住意味着一切"，要学会进行积极的自我心态调节，化解压力，丰富和提升自己。

　　常识告诉我们，越是富于挑战性的工作越会有价值。

　　首先，我们要相信自己从事的是一份有价值的工作，是学习与锻炼的捷径。

　　秘书围绕服务领导展开工作，培养了大局意识和宏观视野，这是难能可贵的。与水平较高的领导一起共事，近朱者赤，要相信自己收获到的是耳濡目染的工作熏陶和能力培养。一分耕耘，一分收获，只要用心，必有提高。即便遇到压力使自己情绪发生波动，也不要灰心、不要动摇，要相信自己工作的价值所在。工作中有不足之处是不可避免的，但要善于总结经验，勤于向上级和同事请教，尽快使自己进入工作角色。世事洞明皆学问，人情练达即文章，做秘书工作，从适应到熟悉，再到创造性地开展工作，是一个渐进的提升过程。当工作做到游刃有余、举重若轻的时候，水平自然也会上一个层次，面对压力时的心态也会豁达泰然了。与此同时，也要在工作的推进中规划好职业发展路径，找到自己未来的发展方向所在，志当存高远。

其次，找到工作与家庭的平衡点。

工作是重要的，但并不是人生的全部，两者如同跷跷板的两端，都是不可偏颇的。在工作中我们一丝不苟，不能懈怠，这根紧绷的神经之弦在家庭中要得到保养、放松和恢复常态。家庭是幸福的港湾，是让自己最为放松的领地，可以融化压力、化解烦恼、增添动力。如果家庭关系处理不当，自然会影响到工作，甚至会因此分心，城门失火殃及池鱼。家和万事兴，时间会让这句话变得越来越真实。

再次，要培养工作之外的爱好与怡情。

不论是喜好音乐、运动、阅读或艺术等，都可以培养兴趣，放松自我，抒发性灵。我认识的一位报社总编辑工作可谓繁忙，他的减压方式是喜好国学并身体力行，在工作之余，习书法、读典籍、弹古琴、练太极，都达到了极高的造诣。这与工作又相互促进，办的报纸可读性强，富有文化底蕴。的确，生活是丰富多彩的，既要有工作的打拼之忙，也要有闲情逸致之美，这样的一张一弛，也是中和调节吧。

还有就是参与公益，让"小我"关心"大家"。冰心说："墙角的花，你孤芳自赏时，天地便小了。"有时我们需要把目光延伸，别拘囿在自我的小天地里，自己的压力烦恼如果放置在一个更为广大的空间中审视，似乎就是微不足道。想象一下在宇宙飞船上观看地球，人类也只会是小小的想象符号，我们个人的阶段性的压力又算得了什么？这很有些阿Q的精神胜利法的色彩。如果出个建议的话，那不妨参与一下公益事业，为那些需要关爱的群体倾注一下自己的爱心，赠人玫瑰，手有余香。帮助别人也是一种很愉悦的体验，这种体验要远远大于自己的小小压力和烦恼。

延伸阅读

思考题

扫描此码　即测即评

目标 三

游刃有余　沟通高手
——公关表达与人际沟通

> 秘书需要面对形形色色的部门和人员，处理和协调内外各种关系，良好的沟通和表达能力必不可少。

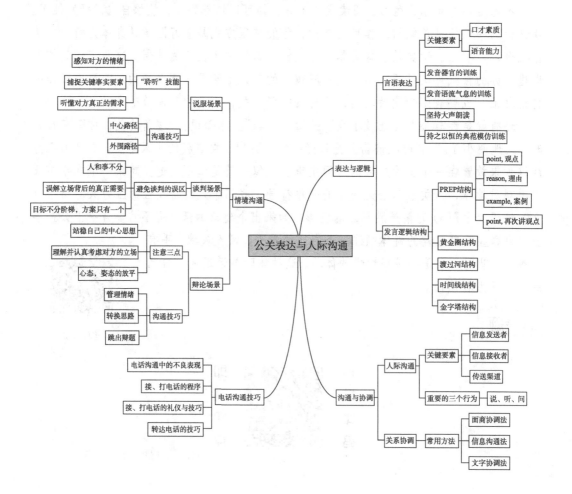

任务一　言语表达与人际协调

情景导入

不会说，人缘差，成为职场壁垒

张炎是北京某名牌高校的研究生，读书期间，他的文笔好，发表了很多文章，毕业时他考取了公务员，很快凭着过硬的文字能力到某机关办公室担任了领导秘书。张炎工作很认真，不管是大材料还是小材料，他都一丝不苟、精益求精，得到了领导的认可。但张炎善于动笔，不善于说话，跟同事沟通不多，在大场合发言他更是避之不及。工作几年后，选拔领导干部考试，张炎的笔试成绩非常优秀，又是竞争者中资历最老的人，在大家看来，张炎的胜出已是板上钉钉的事情。但谁料到，面试答辩中，题目并不难，考官也大都认识张炎，他却涨红面孔、紧张得哆哆嗦嗦、问题回答得条理混乱，还不住地搓手，头上直冒汗，给领导留下了不好的印象。加上张炎平时不跟人交流，大家不知道他是因为害羞，还以为他为人孤僻傲慢，所以测评成绩不高。结果可想而知，张炎最终痛失机会。事后，张炎自我反省，都怪自己平时只知道埋头写材料，不重视提升自己的表达能力，于是张炎每天清早都大声朗读一段名家演讲词，还经常给自己命题进行演讲训练，他一改过去对发言的惧怕和畏缩，有意识地在各种场合中锻炼自己。通过不断总结经验教训和刻苦训练，终于在一次全省交流干部的考核中，张炎笔试、面试表现都很出色，脱颖而出。张炎深深地体会到了好口才对于秘书来讲是必不可少的基本素质。

解析

言语表达能力并不是一种天赋的才能，它是靠刻苦训练得来的。良好的表达不仅在关键时刻能助你一臂之力，也是日常生活和工作中与人沟通及交流必不可少的基本技能。

理论与方法精讲

言语表达，即善于准确、贴切、生动地表达自己思想感情的一种能力。卡耐基曾经说过，一个人的成功，约有15%取决于知识和技能，85%取决于沟通、发表自己意见的能力和激发他人热忱的能力。秘书在工作中向领导汇报情况、提出建议、传达指示、协调工作、接待信访，有时还要代表组织、领导到基层处理具体事件，在每一个工作环节中都需要良好的言语表达能力。

◆ 知识点一　提升秘书的表达能力

一、什么是秘书的好口才

口才素质包含扎实的语言表达功底和熟练的语言运用技能，因此，秘书口才能力的训练和提高绝不仅仅体现在工作中的各种沟通语用技巧（详见沟通部分），更重要的是要具备扎实的语言表达功底。有的人掌握了各种各样的语言运用技巧，却不具备语言表达能力，那么，技巧的运用也就无从谈起。只有从根本上重视"说话"的能力，把语言表达的基础打牢固，加上语言表达的技巧，才能够具备优秀的口才。

具体来看，综合考虑语言表达能力和语言运用技能两个方面，秘书口才的标准可以概括为准确清楚、条理顺畅、优美丰富、能说会说四个方面。这四个方面分别代表了秘书口才的不同方面，其中前三者是基础，要靠长期的刻苦训练和积累，能说会说是在前面语言能力基础之上的语用技巧的提高及言语心理的成熟，是要靠不断的学习、总结、反思来提高的，四个环节的训练环环相扣，共同组成秘书口才的标准（表3-1）。

表3-1 秘书口才的标准

口才标准	语言能力	具体表现	提高措施
准确清楚	发音、语流	咬字清楚、语音标准、语速适中	发音器官训练、朗读指导、典范模仿
条理顺畅	逻辑思维表达	语言组织逻辑严密、条分缕析、完整明晰	逻辑思维训练、命题表达练习、打腹稿的能力
优美丰富	语汇能力	语言丰富，用词准确而生动	多读多看多积累、运用中的比较训练
能说会说	言语情商	得体得当，情境语用能力强，不同场合能灵活地当场发言和表达	善于观察和总结不同情境的语用特点并有针对性地训练

二、秘书口才的训练与提高

口才不是简单的"说话"能力，不是天赋的才能，卓越的口才要靠刻苦的训练才会拥有，因此，所有从事或有志于从事秘书工作的人都应该为自己建立口才完善训练计划，坚持下去，必定能够成功。

（一）语音能力的训练与提高

把话说得"准确清楚"是秘书口才的基础。工作和接待中，偶尔可以根据场合的需要用家乡话沟通，显得亲切随和，有助于加强沟通和了解。但事实上，秘书工作中的主要用语应该是标准的现代汉语普通话，尽可能运用正确的语音、语调进行表达，不仅利于准确无误地传递信息，还可以体现一个秘书的职业规范性，所以准确的发音能力、适中的语速和恰当的语流等语音能力是秘书口才训练的第一步。

- 训练与提高

1. 发音器官的训练

口才训练要从发音器官的训练开始，可以有效改善"说话张不开嘴"、"大舌头"、口齿不清等口语表达问题（图3-1）。

①开合练习
张嘴像打哈欠，闭嘴如啃苹果，舌头自然放平。

②双唇练习
双唇闭拢向前、后、左、右、上、下，以及左右转圈；双唇打响。

③舌头练习
舌尖伸出口外向前伸、向左右、上下伸；舌尖在口内左右顶口腔壁，在门牙上下转圈。

图3-1 发音器官的训练

2. 发音语流气息的训练

慢吸慢呼：吸气（10个数）呼气（10个数）
快吸慢呼：吸气（3个数）呼气（10个数）
快吸快呼：吸气（3个数）呼气（3个数）
慢吸快呼：吸气（10个数）呼气（3个数）

练习胸腹式联合呼吸，慢慢地找到气息下沉、通畅，喉部放松、灵活，字音轻弹、如珠如流，气随情动、声随情走的效果。

3. 坚持大声朗读

坚持大声朗读可以有效改善一个人说话时发音器官和语流气息的综合语音面貌，找到适合的良好发音状态，还可以增强说话的信心，朗读中要体会不同的节奏、语气，尽可能做到有声有色，朗读不同的材料可以体会不同的发音需要：抒情的散文、诗歌可以促进语音能力中的情感运用能力；报纸新闻和纪实类文章可以促进语音的平和清晰；演说及演讲文稿则可以促进激情表达和体会语音力量。在口才训练的研究中，我们发现，大声朗读美文还是有效舒缓心情、放松减压的好方法。

能锻炼口腔肌肉的绕口令：

坚持练习绕口令可以让我们吐字发音更加清晰有力。

训练双唇力量的绕口令：

八百标兵奔北坡，炮兵并排北边跑，炮兵怕把标兵碰，标兵怕碰炮兵炮。

训练舌尖灵活度的绕口令：

调到敌岛打特盗，特盗太刁投短刀，挡推顶打短刀掉，踏盗得刀盗打倒。

训练舌中部的绕口令：

七加一，七减一，加完减完等于几。七加一，七减一，加完减完还是七。

训练舌根力量的绕口令：

哥挎瓜筐过宽沟，赶快过沟看怪狗，光看怪狗瓜筐扣，瓜滚筐空哥怪狗。

4. 持之以恒的典范模仿训练

每个人都有不同的语音面貌，语音面貌包括音高、音强、音色等基本要素，要提高发音表达能力，有效的方法是根据自己语音面貌的特点找到适合自己模仿的典范表达，可以是播音员沉稳清晰的风格，也可以是主持人活泼大方的态度，还可以是伟大人物发言时语速快慢的运用，找准典范后，要持之以恒地模仿，逐渐可以改善原来存在的很多发音能力问题，使语言表达的整体效果得到有效改善。

（二）逻辑能力的训练与提高

在工作中，有的人不管在任何场合说话都能做到条理清晰、逻辑严密，能够一下子把关键的内容清晰地用语言呈现出来；而有的人表达时则是东一句、西一句，语意发散有余、集中不足,逻辑很混乱,初听起来觉得很热闹,但实际上却常常不能准确传递信息甚至延误工作。

秘书必须训练自己逻辑严密、条理明晰的表达习惯和能力,语言逻辑思维能力的训练和提高是秘书口才训练的重要环节。

● 训练与提高

1. 熟悉常见的语言逻辑思维形式

要熟悉表 3-2 语言表达中常见的逻辑思维形式,同时要进行相关的逻辑思维的训练。

表 3-2　常见的逻辑思维形式

内　　容	逻辑思维形式
因果	原因、结果
顺序	时间顺序、观察顺序、方位顺序
推理	正向、逆向
说明	总分、分总
概念描述	提出、举例、总结
观点论证	给出观点、理由及事例论证、重申观点

2. 随时随地的"命题表达"练习

逻辑思维能力的严密要在经常的"语言组织"中训练,因此随时随地都可以进行"命题表达"的训练,针对所看到的事件、所观察的对象、所经历的场景,迅速地进行有条理的语言组织,练习"打腹稿"是很有效的方法。我的一个学生告诉我,他在坐公交车的时候经常就某一主题进行语言组织的训练,力求把所有的关键要点有层次地组织好,在心里默默地表达和修改,这样的习惯持续了一段时间,后来在辩论赛中他的总结发言思路清晰、逻辑严密,超常发挥令他自己都大吃一惊。可见只要有心坚持随时随地的训练,一定可以提高自己流利顺畅的表达能力。

古希腊演说家德摩斯梯尼第一次登台演讲时,口齿不清、不停耸肩、气也不够用,说着说着就长出一口气,终于被人轰下台去。但德摩斯梯尼并不气馁,他回来以后,剃个阴阳头,拼命地读书,为了克服耸肩的毛病,他在棚子上吊上宝剑,剑尖对着自己的肩膀,经过长期的练习,耸肩的毛病克服掉了;说话不清楚,他就找一个小鹅卵石含在自己的嘴里;气不够用,他就边朗诵诗歌,边往山上跑。最后,他终于成了伟大的演说家。口才,是练出来的。

3. 养成"想清楚再表达"的好习惯

在语言表达中,我们要坚持"想清楚再表达"的好习惯,"想"的过程实际上就是逻辑思维对于语言的规范,"不想就说"是一种语言表达中的"急性子"表现,有时可以体现出一个人的思路敏捷，但有时则因为没有想好再一遍遍地修正和补充，就给别人留下很不好的印象，认为此人办事不稳妥、说话太随便。秘书工作最重要的是规范和稳妥，所以，说之前的"想"非常重要，有时工作中会遇到紧急的事情需要说明和表达，即便如此，也应迅速地想一想要说明的关键内容，明确主题后尽可能有条理地表达，这样才能实现信息传达的"事半功倍"。

急事慢慢说；大事想清楚了再说；做不到的事不乱说；伤害人的事坚决不说；别人的事谨慎地说；自己的事想怎么说就怎么说；现在的事做了再说；未来的事未来再说。

——美国前国务卿科林·卢瑟·鲍威尔（Colin Luther Powell）

4. 常见的发言逻辑结构

秘书工作者要养成一上来就给出一句话观点，然后有逻辑进行发言的思维习惯。即常用的 PREP 结构：point，观点；reason，理由；example，案例；point，再次讲观点。

根据不同的需要，给出听者需要的正向和明确的观点后，还可以用下面的结构组织语言。

1）黄金圈结构

TED 演讲者 Simon Sneck 认为沟通时，通过 why—how—what，阐述你从事某项事业的动机（愿景），具体做事的方法，做事之后达成的结果，能够更容易激发人们的热情（图 3-2）。

2）渡过河结构

三个"桥墩"是听者必须弄清楚的三个关键概念，保证他能到达对岸（图 3-3）。

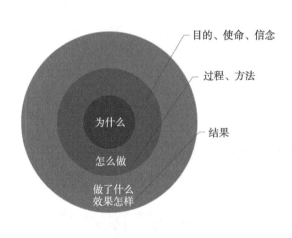

图 3-2 黄金圈结构

图 3-3 渡过河结构

3）时间线结构

给出观点，下面按照时间发展线索，依次陈述，逻辑明晰，适合阐述具有明确时间发展特征的话题（图 3-4）。

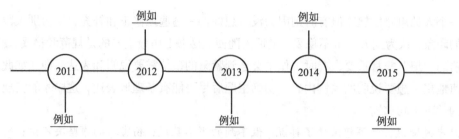

图 3-4　时间线结构

4）金字塔结构

塔尖，就是风向标，即符合用户需求和发言环境的你的观点，要明确、正向、简洁。接下来，金字塔的第二层，要注意逻辑上的"彼此独立，完全穷尽"，即 MECE 逻辑法则。第三层则要清晰地支持第二层的观点，避免东拉西扯，脱离观点，突然跑题（图 3-5）。

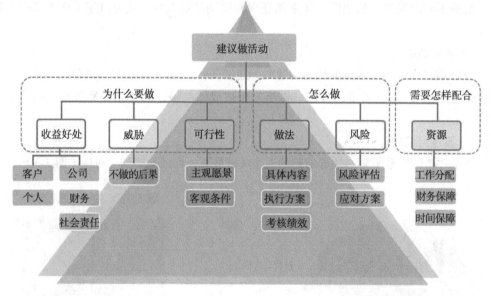

图 3-5　金字塔结构

5. 一分钟发言训练，提升内容密度，培养逻辑力

用秒表练习一分钟发言，增加"语言密度"，可以培养简洁有力的发言习惯（图 3-6）。

图 3-6　高密度内容思维

我们注意看很多广告片，一分钟给出的信息可以做到非常丰富且有吸引力，要研究其内容构成逻辑。训练时，可自拟各种主题，首先确立观点，迅速写下不得不说的必要关键词，其次围绕关键词给出一句话的高质量说明，最后给出总结。

一定要动笔准备，不要干想！

红绿蓝三色笔的妙用：

（1）关键字的时候用蓝色。

（2）非说不可的用红色圈出来。

（3）绿色的部分是可以发挥的部分。

（4）出声训练：每分钟180~220字。

（5）时间紧可以适当加快：每分钟230字左右。

（三）词汇的拓展及应用训练

语言表达的丰富、优美和生动，会提升一个人的言语形象，增强表达的亲和力，也会因为知识渊博、见识广泛受到人们的尊重和欢迎，所以，秘书要把语汇的扩展和运用训练作为口才训练的组成部分。

● **训练与提高**

1. 多读、多看、多积累

语汇的积累要靠大量的阅读，在阅读中要留意用词的准确性和生动性，体会不同语汇的感情色彩和运用效果，并养成随时记录学习和运用的习惯，"博闻强记"是提高语汇能力最有效的手段。

2. 在运用中进行语汇比较的训练

在语汇的运用中，要注意思考"还有没有更好的表达方式？"，这样经常性的比较和改进，可以提高语汇的运用能力。

3. 注意语汇运用的标准和规范

秘书的职业特点决定，不仅在写作公文时要用语准确、格式规范，而且在日常交流中，说话也不可太随便，要注意语汇运用的标准和规范，尤其要注意不同语汇运用所反映的不同的感情色彩和名称及数量的规范表达，否则不仅给人以"不严谨"的工作形象，而且有时还会因为用语随便造成误会。

（四）言语情商的训练及提高

"言语情商"是秘书口才训练中重点研究的核心教育理念之一。"言语"是利用语言进行交际的行为和结果，体现了语言的交际功能。"情商"（EQ）又称情绪智力，是人在情绪、情感、意志、耐受挫折等方面的品质。"言语情商"是指我们在运用语言进行交际的过程中，语言的选择和使用能够符合交际规范与交际目的、展现语言运用者良好的语言能力和人格素养的能力。作为语言沟通枢纽的秘书，自信真诚的表达心理、得体得当的情境语用能力，在不同场合的语言表达技巧的娴熟运用，都反映了良好的口才素质。

● 训练与提高

1. 持续地当众讲话训练，增强言语信心

每个人在当众讲话时，起初都会紧张和不自然，这是言语心理中很正常的现象，但是经过反复的训练和自我信心的增强，逐渐就会成为在公众面前可以自如发言的人。秘书有很多机会当众说话和集体沟通，这时要把每一次面向公众的发言当作一次训练的机会，善于总结，不断提高，增强自己的言语信心，培养坚强、肯定的自我形象。

美国发言研究专家鲍勃·博伊兰给出的"博伊兰发言法"被证明是很有效的方法（表 3-3）。

表 3-3　博伊兰发言法

发言	步　　骤	方　　法
准备发言	分析观众：听众数量、男女比例、年龄层次、文化背景、教育程度 准备内容：中心明确、内容恰当	分析：对谁发言？我要谈什么？ 观众可以从我的讲话中得到什么？ 观点合理吗？自己相信吗？足够简洁吗？ 论证准备｛收获　论据　个人经历
投入发言	全身心投入、沉浸式发言 注意目光交流（5秒钟交流）	文字表达：你的文采 7% 口头表达：你的口才 38% 手势语视觉感受：你的风度 55%

2. 善于观察和总结不同情境的语用特点，并有针对性地训练（表 3-4）

表 3-4　各种情况下的语用训练

语用情境	内　　容	方　　法
表达赞美	赞美对方的事迹和行为 赞美新发现的对方的优点 赞美你所希望对方做的一切 赞美对方最得意而别人却不以为然的事	真诚：发自内心的赞美 具体：说出赞美的具体事项 及时：当面及时赞美
提醒暗示	用轻松话题巧妙暗示 用类比推理，有效提醒 借题发挥，积极暗示 一语双关，巧妙提醒	注意场合特点和方法的结合，背后提醒建议比公众场合下的提醒更能维护对方的自尊
批评开导	坦诚相见、拉近心理距离，方式含蓄，留有余地；包含鼓励。 维护自尊；以身作则，积极示范	在批评他人前可从谈自己的经历人手，先肯定优点，再指出不足、可以用建议的方式提出批评，也可以用推理描述的方式让对方认识到自己的不足
初次见面	寻找双方的共同点，引出话题（察言观色，以话试探、听人介绍、揣摩谈话）发现相似点，进行交谈（地域、经历、职业、年龄、处境）	通过谈话中的观察，抓住对方的兴奋点，展开一步步的交谈

3. 时刻考虑对方的倾听需要,学会言语行为的换位思考

秘书工作者要想把话说到对方心里,达到最佳的交流效果,就应时刻想到对方的兴趣点,并巧妙表明自己的观点,在言语行为中做到"己所不欲,勿施于人",让人有"如沐春风"、遇到知己的感觉。

实训提高

实训目的
在实训中实践和掌握提升口才表达能力的方法。

实训形式
讨论、发言

一、当众即兴发言及回答问题训练

1. 表达训练

我对"口才"的认识(3分钟)

请按"博伊兰发言法"(图3-7)填写内容观点提纲,并进行3分钟发言训练。

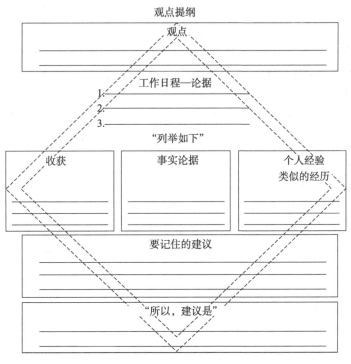

图3-7 博伊兰发言法

2. 接受随机提问并回答(2个问题)

准备发言主题若干写在纸条上,抽题作答。

二、阅读材料，回答问题

公元前265年，秦国大举进攻赵国，赵太后急忙派人向齐国求救。齐国答复说："一定要用长安君来做人质，援兵才能派出。"长安君乃赵太后最心爱的小儿子，她自然不肯答应，大臣们竭力劝谏，但谁的话她也不听，后来竟扬言："有谁敢再说让长安君去做人质，我一定唾他一脸！"德高望重的太师触龙听说了这件事，便去见太后。太后气冲冲地等着他。岂知老太师来了之后，除了寒暄、客套，就是吃、喝、玩、睡，只字未提长安君之事，满怀戒心的老太后也就慢慢放松了警惕。聊天中，触龙说："我的儿子舒祺，年龄最小，不成才；而我又老了，私下疼爱他。希望能让他替补上黑衣卫士的空额，来保卫王宫。"太后欣然答应："可以，这孩子多大了？"触龙说："15岁了。虽然还小，但希望趁我还没入土就托付给您。"太后说："你们男人也疼爱小儿子吗？"触龙说："比女人还厉害。"太后笑着说："不见得，女人比男人厉害。"触龙辩解："不！还是男人厉害。我就觉得您疼爱燕后超过了疼爱长安君。"太后说："你错了！我更疼爱长安君。"触龙说："不会吧？我记得您送燕后出嫁的时候，摸住她的脚后跟哭泣，为她嫁到那么遥远的地方而伤感。可您祭祀时，却为她祷告说：'千万不要被赶回来啊。'这是您希望她多生育子孙，一代一代地做燕国的国君呀！看看，您是多么地爱燕后啊！"太后不得不承认："是这样。"触龙又说："从这一辈往上推到三代以前，一直到赵国建立的时候，被赵王封侯的人，他们子孙的后继人还有在的吗？"赵太后说："没有。"触龙说："不光是赵国，其他诸侯国君被封侯的人，他们的后人还有在的吗？"赵太后说："我没听说过。"触龙说："他们当中祸患来得早的就降临到自己头上，祸患来得晚的就降临到子孙头上。这是因为他们地位高而没有功勋，俸禄丰厚而没有劳绩啊！现在您把长安君的地位提得很高，又封给他肥沃的土地，给他很多珍宝，可是却没有想到趁现在这个时机让他为国立功，一旦您百年之后，长安君凭什么在赵国站住脚呢？我觉得您为他打算得太短了，所以我认为您疼爱他不如疼爱燕后。"太后恍然大悟，痛快地说："好吧，长安君就交给你了！"长安君到齐国去做人质。齐国的救兵迅速出动，解了赵国的围。

阅读以上材料，思考触龙是怎么说服赵太后的，从中可以学到的沟通技巧有哪些？

实 训 总 结 表

实训心得：_____
_____
_____

通过实训发现的问题：_____
_____
_____

自我勉励：_____
_____
_____

◆ 现身说法

我的工作感悟

张丽艳

工程师

青岛市即墨建设工程施工图设计审查中心

岁月如梭，转眼十几年过去了，还清楚地记得毕业时的青涩模样——那个手拿毕业文凭在招聘市场找工作的女孩。

面试时我说："请您放心，您一定不会因为招我来而失望的。"面对我的是一张宽容而礼貌的笑脸。

很久以后才明白，做好自己的工作不是一个不让谁失望的问题。

刚毕业时，见到领导我会问："您吃饭了吗？"现在，我只说："您早。"

刚毕业时，领导叫我去我会说："今天可真忙啊。"现在，我只说："您找我有什么事？"

今天，轮到我去以宽容而礼貌的笑脸迎接年轻人的到来了，很喜欢他们真诚而有朝气的神情，由衷地希望他们成为称职的员工，在工作中发挥自己应有的作用，从而成为对公司有用、对自己有利的人。

作为听从领导安排工作的资深人士，我认为以下几种说法是难以获得领导者认同的，现在写出来以供大家参考，也欢迎不同意见者的批评。

"这是某某人的工作，不归我管。"——既然安排了你，你可以私下去跟那个人协调，领导既讨厌你指责他工作安排得不对，也讨厌你推诿工作的态度。

"我不认得这个人，怎么去找他？"——你可以直接向领导要他的电话，不要去给领导出题，领导通常喜欢问题被解决而不是被抛回来。

"这工作太多了，根本做不完。"——明知做不完也要做，何苦去抱怨？即使不怀疑你的工作能力，也会想一想你是不是有偷懒的嫌疑。（其实工作真的很多，你可以说"这工作很多，我需要加班把它完成"，考不考虑加班费就是你领导的良心问题了）。

"某某人的某某事怎么还没做好？我接下来的工作怎么做？"——你的领导也不知道，搞不好他正被气得满头包，何苦由你去触霉头？

"我的电脑怎么还没来，不是答应给我了吗？"——通常智慧者不会有此一问，如果工资奖金没给你发，还是可以问的。另外，领导是你亲戚者例外。

几个例子都是发生过的，某两个我也说过（后果免提，惭愧）。不要以为你就聪明很多，说不定就发生在你身上哦。

因为水平很浅，只能说说自己曾考虑过的有限经历，其实工作很大一部分就是由语言组成的，秘书工作中的语言规则更是因领导的不同、工作性质的不同会有很大不同，不过总的来说实事求是、言简意赅应该是不错的选择。

◆ 知识点二　秘书工作中的人际沟通与关系协调

一、秘书工作中的人际沟通

秘书的人际沟通能力是指秘书能够迅速准确地进行信息的收集和传递，在交际往来中能够与上级、同事、下级和其他交往者建立友好顺畅的人际关系、营造良好的人际工作环境及和谐的人际关系氛围。

（一）人际沟通的关键要素

（1）信息发送者：发送信息的过程是对信息进行科学的编码，科学地送出信息。

关键：要充分了解接收者的情况，选择合适的沟通渠道。

（2）信息接收者：接收信息的过程是对信息进行解码，有效地接收信息。

关键：根据已有的经验及知识背景将信息完整准确地接受并理解。

（3）传送渠道：信息得以传送的载体。随着现代办公自动化的实现，信息的传递渠道更加丰富，要根据信息的特点选择最合适的传递渠道。

（4）沟通成功的标志：双向交互、达成一致。

信息的发送传递和信息的接收反馈形成互动性，并能在交流中达成对信息内容理解和评价的一致性，否则是单向沟通或沟通不畅及失败的表现（图3-8）。

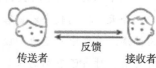

图 3-8　沟通的互动性

（二）沟通前的准备

（1）制订计划。有了目标就要有计划，先说什么，后说什么。如果情况允许，列一个表格，把要达到的目的，沟通的主题、方式以及时间、地点、对象等列举出来（表3-5）。

表 3-5　沟通计划表

内　　容	计　　划
沟通的目的	
参与沟通者	
地点	
开场白重点	
沟通进行项目及自己表达的重点	项目1
	项目2
	项目3
结果	达成共识点
	实施
	差异点
下次沟通重点	
本次沟通重点	

（2）预测可能遇到的争端和异议，准备充分的论据：数字、实例、调研报告，对情况

进行分析。

20世纪80年代初，由美国旧金山大学的管理学教授韦里克提出运用著名的SWOT分析，明确双方的优势、劣势（表3-6）。

表3-6　SWOT分析

优势	劣势
这次谈判中我方企业的知名度明显高于对方，对方应该会考虑我方产品在市场上的良好信誉度	我方产品原材料成本过高，价格上比其他同性能产品高
机会	威胁
即将举行的行业标准大会，我方产品会作为标准制定的参照之一	产品价格战即将拉开，对方一定会针对我方价格高的问题展开攻势

（3）沟通前的思考。

How：电话、面谈、会议、信函、备忘录、电子邮件……

When：时间是否恰当、情绪是否稳定、状态是否适宜。

What：简洁条理要点突出双方熟悉的语言。

Who：谁是最合适的接收者。

Where：地点是否合适，环境是否不被干扰。

（三）沟通中最重要的三个行为：说、听、问

有效沟通的参与者往往会在沟通过程中进行信息的不断交互传递，需要认真地倾听、积极地发言和耐心地询问。

（1）说。提前准备、有针对性、尽可能有条理地表达观点，及时给对方以回应，真诚表达感受，比如"我也是这样认为的"，"听你这样说，我真的很高兴"，遇到不能马上赞同的观点不要马上反对，而是要给予对方中肯的回应，"这是个思路"，"这个角度很有启发"。

（2）听。认真倾听、放弃先见、融入谈话。听的过程中，要善于提炼对方的观点，进行主动思考。比如边听边思考：他的观点是……这样表达的意图是……

要善于倾听对方的另一个"自我"，听出对方的需求到底是什么，不是只听表面的意思。

倾听中要听出三个要素：情绪、事实、需求，即边听，边感受情绪，思考事实，发现需求。

（3）问。对方发言后，不要急于插话和表态，要耐心问对方"还有吗？""为什么呢？"以尽量收集完备的信息。提炼对方观点并以开放性的问题提出疑问，向对方确认你所接受到的信息是否准确。比如"您提到……为什么……下一步的打算是……"

问题质量的高低直接决定沟通最终的效果及获取信息质量的高低。高质量的问题提出应该是有准备的和针对性的。

我还记得当初第一次采访基辛格博士，那时我还在美国留学，刚刚开始做访谈，特别没有经验，问的问题东一榔头、西一棒子的，比如问：那时周总理请您吃北京烤鸭，您吃

了几只啊？您一生处理了很多外交事件，最骄傲的是什么？后来中美建交30周年时，我再次采访了基辛格博士，虽然只有半小时，我们团队把所有有关的资料都收集了，从他在哈佛大学当教授时写的论文、演讲，到他的传记，厚厚的一摞，还有七本书都看完了……虽然采访只有 27 分钟，但非常有效。虽然我看了那么多资料，可能用上的也就一两个问题，但事先准备绝对是有用的。

——杨澜

"听"和"问"在沟通中至关重要，不考虑对方的感受，只顾自己滔滔不绝的人很难有效地与他人沟通。

（四）沟通时的肢体语言

肢体语言对是否能够有效沟通起着关键作用，积极的体态语应伴随沟通的全过程（图3-9）。

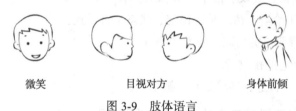

微笑　　　　目视对方　　　　身体前倾

图 3-9　肢体语言

二、秘书工作中的关系协调

随着市场经济的深入，新的运作机制冲击着传统秘书工作体制，协调工作作为秘书工作的重要职能之一，越来越受到人们的关注。所谓协调，就是指事物相互适应和有序的关系状态。而文中所说的协调，是指通过协商和调解，减少和化解各类错综复杂的矛盾，使各相关方面形成共识，有序配合，以利于推进工作，实现共同目标。协调是公共关系的基础，是秘书工作的一个重要组成部分。秘书通过具体的协调行为，运用协调艺术，使社会组织与相关公众的关系达到良好状态，以利于组织更好地生存与发展。

秘书的协调能力，对于秘书从业者高效地进行工作，快捷地解决问题、把握机会，建立一个群策群力、生产力高的团队十分重要。这种能力推动着秘书从业者与组织内不同职位的人员进行友好合作并开展有建设性的工作。而合理地协调事务作为人类一种极为普遍的社会活动，自古有之。伴随着中国经济高速、平稳地驶入市场经济快车道，协调，作为通过沟通消除分歧、创造价值的有效手段，已经渗透到现代社会的各个领域。我们可以这样说，沟通协调能力是秘书从业人员必不可少的基本技能之一。

（一）秘书协调工作的地位和作用

秘书要适应角度转换，必须充分认识到协调工作的地位和重要作用。

1. 协调是秘书部门的首要职责

从一定意义上讲，秘书部门就是协调部门。辅助管理，就是通过协调关系、加减元素、重塑结构等方法，改善局面，找到解决问题的可能性。

协调工作的质量如何，直接关系到领导工作的成效，关系到整个机构能否高效运转。

协调需要及时、到位、周全，稍有差错就可能使领导工作陷入被动，有时甚至会影响领导之间、领导与部门之间的默契；而且协调环节一旦出了问题、造成损失，再努力也很难弥补、挽回。因此，一名称职的秘书应把协调工作当作首要职责，尽心尽力做好。

2. 协调是领导工作的延伸

工作中的一些重点、难点问题，只有领导亲自出面协调，才能得到及时、妥善的处理。但在日常工作中，领导不可能事必躬亲，大量的协调工作还是要由秘书来做。秘书只有自觉地、主动地做好协调工作，才能为领导分忧，为领导的工作分流。

3. 协调是秘书的基本功

写材料、抓业务是秘书的基本功，搞协调、办事务，同样是秘书的基本功。秘书只有具备一定的协调能力，掌握一定的协调方法和技巧，才能理顺上下左右的关系，确保每一项任务的圆满完成。

（二）秘书工作中怎样协调各方人际关系

1. 协调之前需要做好准备

协调之前，需要对各方的业务分工、范围、岗位职责、情势发展、目前问题、症结所在进行深入的调研、分析和梳理。注意不要陷入细节出不来，既要周密考虑，又要能跳脱出来，从组织和领导工作的需要宏观通盘考虑，最为重要的是要弄清楚协调的目标。

2. 协调常用的方法

协调关系时，根据不同的需要，可以采取不同的方法，但不管采取哪一种方法，都要注意协调后进行效果的跟进。

1）面商协调法

对不涉及多方，或者虽涉及多方但不宜或不必以会议方式协调的问题，可以采用面对面交流的形式。当面交流比较直接，效率很高，且方式灵活，可以是代表组织意见的正式谈话，也可以是个人间的谈心和交流，可以根据不同需要灵活处理。

2）信息沟通法

现实生活中很多的矛盾，是由于不了解情况，凭主观臆断，加上偏听偏信造成的。医治此症的良药，就是信息沟通。将有关部门、单位和人员召集起来，如实介绍情况，就能解除误会、消除隔阂。

3）文字协调法

这是经常采用的一种协调方法，如通过拟定工作计划、活动部署、订立制度、集体审订修改文稿等形式来统一认识、协调行动，使组织内部上下各相关方面的工作协调运转；以征求文稿意见、会签文件、会议备忘录、会谈协商纪要等形式，协调组织与外部各方面的关系。这种形式具有规范性、稳定性，是较长时间内保持协调关系的方法。

实训提高

实训目的

实践和掌握秘书工作中人际沟通和关系协调的方法。

实训形式

讨论、发言

倾听能力自测

（1）力求听对方讲话的实质而不是它的字面意义。

（2）以全身的姿势表达你在入神地听对方说话。

（3）别人讲话时不急于插话，不打断对方的话。

（4）不会一边听对方说话一边考虑自己的事。

（5）做到听批评意见时不激动，耐心地听人家把话说完。

（6）即使对别人的话不感兴趣，也耐心地听人家把话说完。

（7）不因为对说话者有偏见而拒绝听他说话。

（8）即使对方地位低，也要对他持称赞态度，认真地听他讲话。

（9）因某事而情绪激动或心情不好时，避免把自己的情绪发泄在他人身上。

（10）听不懂对方所说的意思时，利用有反射地听的方法来核实他的意思。

（11）利用套用法证明你正确地理解对方的思想。

（12）利用无反射地听的方法鼓励对方表达他自己的想法。

（13）利用归纳法重述对方的思想，以免曲解或漏掉对方所传达的信息。

（14）避免只听你想听的部分，注意对方的全部思想。

（15）以适当的姿势鼓励对方把心里话都说出来。

（16）与对方保持适度的目光接触。

（17）既听对方的口头信息，也注意对方所表达的情感。

（18）与人交谈时选用最合适的位置，使对方感到舒适。

（19）能观察出对方的言语和心理是否一致。

（20）注意对方的非口头语所表达的意思。

课后拓展

◆ **技能训练**

沟通能力测试及自我评价

请列举出你在工作和生活中如何有效沟通。

注：在沟通的过程中首先问自己，这次沟通的主要内容是信息还是思想和情感。信息要用语言来沟通，思想和情感更多辅助以肢体语言来沟通。

语言沟通	如：口头
	书面
	图片
	其他方式：
肢体语言沟通	如：手势
	面部表情
	姿态
	其他方式：

◆ **现身说法**

如何与领导相处——我的一点心得

隋晓强

业务发展部经理

青岛航天信息有限公司

如何与领导相处一直是很多职场人士的难题，作为从基层工作做起，又当了几年领导的自己，在工作实践中总结出以下几点心得。

一、想得到领导的认可，首先要把工作做好

聪明的下属总会在第一时间完成领导特别交代的工作。甲、乙是两位工作能力相当的部门经理，工作完成得同样出色，可是领导却总是偏爱甲一些，就是因为甲对领导交代的工作，无论大小，总是能很快完成，然后再有条理地做好自己的日常工作。乙虽然也能完成领导交代的工作，但总是因为拖得时间长，给领导留下工作拖沓的印象。

二、向领导多请教、勤汇报，是得到领导欣赏的重要因素

与领导多探讨自己工作中的思路。首先，可以得到领导指点，提高办事效率；其次，便于领导了解工作的难度以及你付出的努力。另外，领导在充分了解你特长的基

础上会给你更好发挥才能的机会。

三、为了更好地完成工作，可以向领导争取资源

爱哭的孩子有奶吃，懂得经常向领导争取资源的人才能得到最大的资源支持。很多人面对领导交代的有难度的工作，因为自己的能力不够或者没有相应的权限，而直接放弃努力。一个优秀的员工在遇到这类工作之后，应该意识到这是一个锻炼自己的机会，要迎难而上，自己做不到的就和领导最大限度地争取资源。只要目的是为了做好工作，没有哪个领导会吝啬提供支持。

四、对领导交代过的工作，完成后一定记得向领导反馈结果

领导最忌讳的事情莫过于交代好的工作如石沉大海，无影无踪。一个优秀的员工应该在最短的时间内高质量、高效率地完成领导交办的工作，并且及时反馈完成的情况。

五、扎扎实实落地执行

日常工作安排有条不紊，经手的工作经得起领导的质询、相关部门的监督、第三方的检查。不因工作完成不善给领导添麻烦是保障有效沟通的前提。

六、忌讳和领导说的话

（1）"我没时间，这个事情我干不了。"因为你的一句话，也许已经丧失了很多可以属于你的学习锻炼及升职机会。如果想拒绝领导的工作安排，措辞一定要委婉。例如：我手头还有某个重要工作急需完成，您看看是不是让某某干更好一些？

（2）"这不关我的事，都是某某人的问题。"如果被领导批评，更好的办法是首先承认与自己有关的责任，然后再向领导叙述前因后果，全面分析出现问题的原因。

延伸阅读

任务二　情境沟通与应对心理

情景导入

为啥平时话不多，张口就能解决问题

小张平时很少说话，大家都以为他不善言辞。一次，领导带小张与一个大客户谈判，关键时刻，客户对公司的业务能力提出质疑。眼看着情势越来越不利，双方几乎要放弃的时候，小张说："大家谈了很久了，都很疲劳，我们准备了一些果盘茶点，可以先休息一下。"客户吃了东西，态度缓和下来，小张对客户说："市场多变，您的谨慎是对的。越是这样的形势，越要跟有经验、有实力、有品牌价值的企业合作，因而，您选择我们才更安心，规避不必要的风险。我这边准备了我们和同行的一些资料，我

们来一起具体比较一下。"接下来，小张有理有据、逻辑清晰，从客户需求出发做了细致的分析，让客户越听越放心。最后，谈到合同上一点分歧的时候，小张又诚恳地对客户说："我们合作，一定能创造出比合约更大的价值，您在这一点上与我们达成一致，我们将增加营销力度，把您的弱势产品一起做起来，您一定收获更大。"客户最终被小张打动，爽快地签了合同。大家对小张的表现刮目相看，称赞他是"谈判专家"。小张笑着说："我只是平时留心学习一些方法，这次谈判成功，是因为我们公司确实有实力，否则，再怎么谈，也是谈不下来的。"

解析

正是因为小张在日常工作中注意积累和学习与谈判沟通相关的技巧与方法，才能在关键时刻心中不乱，有效解决问题。

理论与方法精讲

秘书在具体职业情境中的沟通，不是日常聊天，而是为了实现具体目标而进行的有效对话。下列情境是秘书在工作中经常需要面对的。我们要反复训练，提升自己专业沟通的能力。

◆ 知识点一：秘书工作中"说服场景"的沟通

一、说服场景中的沟通问题

（一）什么是说服

说服，是在一种特殊情境下的对话与沟通策略。在沟通双方的话语权利结构中，说服意味着决定权在对方。比如，当我们给领导建议时，不可能强迫领导服从。因而，在说服情境中，你希望对方作出配合或行为的改变，不能靠硬性地灌输道理和企图直接控制对方，而是要适宜巧妙地发挥影响力，让对方主动信服你的观点。

秘书工作中，我们作为领导的助手，需要协调各种人际关系，沟通各项工作事宜，需要用自身的影响力去提出建议、给出要求。检查和监督工作中，也少不了用说服来推动工作的改进，因而，提升"如何说服他人"的沟通能力非常重要。

（二）说服沟通中的"聆听"技能

要想说服别人，先要有效捕捉信息。在聆听中，要注意从对方的诉说中进行三个方面的信息分析。

1. 感知对方的情绪

很多时候，人与人的沟通，在话语背后主导的是情绪，情绪问题得不到回应，后面的沟通就会非常困难。带有情绪的话语标识，一般来讲可以通过情绪词来判断，比如，"总是""一直"等针对个别人和事给予的普遍性评价词，常常暗示着说话人是有情绪的。另外，语速突然加快，语调突然变高或变低，也代表着情绪出现了波动。

2. 捕捉关键事实要素

与人沟通中，当一个人诉说时，除了感知情绪之外，我们还要注意从中捕捉事实要素，即时间、地点、人物、事件发生的背景，原因，目前的情势，未来的方向等，要悉心倾听并作出有效判断。当对方说明得不够清楚时，我们可以适时询问，如"以前有过类似的情况吗？""除了这些，还有吗？""你对这件事怎么看？"

3. 听懂对方真正的需求

职业沟通中，需要感知到对方的情绪，及时回应，但不能局限和纠缠在情绪中，要迅速引导对方给出关键事实的说明，作出判断，当对方陈述事实时，就是要开始透过对方的言语信息和非言语信息，体察到对方真正的需求和期待到底是什么。这就是"听话听音"的能力。只有针对需求进行有效的回应，才能最终达成说服的沟通目标。

二、说服场景的沟通技巧

耶鲁大学教授卡尔·霍夫兰认为，说服，可以发生在我们人际沟通的所有环节，它会影响你是否留意、你是否理解、你是否认可、你是否记忆，以及你最终是否产生行动。所以，从认知的注意力被牵引到最后行动，其实所有的认知维度和沟通方向都可以去施加"说服"这种隐而不显的影响。在具体的"说服"沟通中，我们可以采取中心路径和外围路径相结合的策略。

（一）中心路径

中心路径，是一个理性路径，也就是通常所说的"以理服人"。我们给他人给出建议的时候，要注意给出标准化的影响力，也就是显而易见的大前提和有效的逻辑推导。强词夺理，往往会激怒对方，因而，我们自己要反复寻找确切规范的依据和标准，站在对方的需要和期待之上，进行合理的推导。对方信服的原因是因为我们给出的建议确实有道理。当我们给出的是合理的解释，同时用"标准化"的力量给予影响，对方才能真正信服。

比如，对方担心我们给出的报价太高，我们就要进行不同价格的品质对比，同时给对方看到我们明确的标准化的报价清单和前面其他客户的资料，并为其分析选择了我方产品之后能够得到的增值服务，免除其后顾之忧。

（二）外围路径

如果说中心路径是调动理性的力量，让对方能够接受，那么外围路径就是调动感性的力量，让对方不仅接受，而且喜欢。美国社会心理学家罗伯特·西奥迪尼在《影响力》一书中将说服的力量分解为六个行动要素：互惠、稀缺、从众、权威、一致、喜好。互惠是指当我们感受到他人对我们的善意和好意时，我们就会希望作出回报。稀缺是我们在资源不足的情况下，会作出更为急迫的判断。从众是我们常常会倾向于看着别人的行为举止来决定自己的行动。国际销售业流传着一句话："在顾客中，有自己想法的人只有 5%，剩下的 95% 都是模仿者。"一致，说明了我们都希望自己坚持一贯的选择和承诺的心理。研究表明，我们往往会更倾向于坚持我们曾经付出了时间和精力作出的选择，而不愿意改变。喜好，是我们更愿意选择那些满足了我们期待的事物。

我们用"双十一"购物节为例，来看一下我们是如何被"说服"从而购买了大量物品的。

首先是互惠，"双十一"之前我们会不断被各种优惠券"砸中"，我们会收到商家体贴的优惠信息、新品发布和预售的提示，我们会关注到各种品牌给出的"全年最低价格"的承诺。而只要我们购买，还会收到比平时更多的赠品。如此多的善意提示，我们不由得自动作出了回应，如提前将商品加入购物车等。

然后是稀缺，"双十一"预售的发布，会不断提示截止时间，我们会被告知"零点抢，折上折"，我们还会感受到抢购产品只剩下多少件的紧迫感。由此，我们不去考虑是否需要而赶紧购买。

从众，表现在商品的月销量、好评榜，时时刷新的顾客购买数据变化的大屏幕，以及多少万用户选择商品的广告数据，还有直播间的粉丝群的哄抢氛围，我们感受到很多人都在关注并在购买，我们感受到与大家一起做一件事的热情和安全感，于是跟风而买。

权威，则体现在网红、意见领袖、超级博主、明星、专家等对商品的背书、试用和推荐。于是，我们觉得如此好的东西，怎能不买？

一致的力量，来自我们会收到自己的常购清单，提示我们本次购买与过去自己的行动和选择是一致的，所以，还等什么呢？自己的选择没错的，行动起来！

喜好，可以表现在商家针对我们曾经购买商品后的福利、问候，也可以是各种圈子的使用体验分享，还有分享朋友圈时的欣喜和成就感，大数据分析后的"千人千面"使我们收到的推送是我们曾搜索和关注过的东西。这一切都如此"投我们所好"，让我们加购物车时更加方便，持续购买。

综上所述，我们在希望说服对方的时候，要注意倾听对方的情绪、事实和需求，可以采取标准化的资料和数据等来"以理服人"，也要灵活运用"互惠、稀缺、从众、权威、一致、喜好"等能够潜移默化施加影响力的方式达成沟通目标。

（三）让对方喜欢你，对方更容易被说服

如何让对方喜欢你呢？心理学家提出了让对方喜欢你的3A法则：

Appreciation，赏识，即要发现对方的优点，给予真诚的认同和赞赏。

Autonomy，授权自治，即给对方自由选择的权利，如给出方案，请对方决定。

Affiliation，从属、顺应，即尽可能在兴趣、爱好、习惯、肢体动作、说话风格、毕业院校、人生经历等方面找到与对方相似的地方。比如，喜欢一个作家、一个导演，或是去过同一个地方旅行、毕业于同一个学校等。

◆ 知识点二：秘书工作中"谈判场景"的公关沟通

一、谈判场景中的沟通问题

谈判，不是零和博弈，也不是用各种计谋损人利己，更不是较量诡辩术的脱口秀场，而是双方旨在互惠共赢而进行的协商。在话语权利结构中，谈判是决定权在双方的沟通。

社会心理学的研究表明，人们为沟通场景设定的不同的目标愿景，会影响沟通双方，进入不同的沟通模式。汤普森（Thompson）与德哈波特（DeHarpport）两位心理学家在1998年的研究中就发现，将同一个谈判过程标记为"解决问题（problem solving）"之目标或是"博弈杀价（bargaining）"之愿景，性格类似的当事人在进入不同情境后的行为风格便完全不同。

在解决问题的目标设定下，人们会表现出更多合作、理解与协同；而在博弈杀价的情景中，人们会表现出更多的对抗、坚决与冲突。不同的目标设定将会建构沟通者完全不同的认知框架，影响互动中的行为表现。谈判的过程，实际上是一个谈判双方基于各自利益点、相互协商沟通，以达成合作协议的过程。

谈判是双方的合作，绝不是一方绝对的胜利或者是另一方绝对的妥协，谈判可以促进共同发展，也是一种权力被分享的决策过程。平等才有分享，分享也才产生平等。所以学习谈判，是在学习如何彼此尊重、相互协作、平等联合、交互赋能的一套技术方法。谈判，不是战场，不是零和博弈；不是大家分吃一张饼，你多了，我就少了，而是一起做一张更大的饼，好的谈判一定是以互利共赢为目标的。在工作中，涉及的合作问题，谈判能力是一切行为得以落地的重要沟通。

二、避免谈判的误区

（一）人和事不分

谈判中，把人和事进行区分是很重要的，它是判断谈判是否成功的标准，事做成了，关系还增进了，这才是成功的谈判。无论对方提出什么样的问题和质疑，你只表

达自己听后的感受、表达自己的担心，而不要去评价对方的心态或者提出意见。比如，针对对方不肯让步，如果你说："你一点诚意都没有，不给我面子。"这样的表达是在评价对方，很容易激起对方的负面反应。你可以这样说："我做了最大努力的让步，而没有感受到你表达出相应的善意，我相信你和我一样特别想把这件事做成，但是现在让我觉得我们还需要讨论的问题很多。"这样不会令谈判陷入僵局，维护了彼此的关系利益。

（二）误解立场背后的真正需要

谈判中看似对立的立场，背后隐藏的真正需求可能并不矛盾。要把对方当作一个与我们一样有七情六欲的人。我们要问自己，为什么他要提这个要求呢？为什么他不接受我的意见呢？如果他接受我的意见会有什么损失呢？当我们将心比心考虑对方的立场，往往能发现对方真正关心的问题。

有个经典的比喻，说两个小男孩争抢一个橘子，妈妈过来不由分说，"各打五十大板"把橘子一分为二，结果两个小男孩都哭起来。因为他们一个想要完整的果皮做手工，另一个想要完整的果肉做果盘，两个人对立的立场背后，真正的需要完全可以合作。

1967年6月初，埃及和以色列经过"六日战争"。以色列占领了原来埃及领土一个叫西奈半岛中相当大的一片领土。1978年，埃及和以色列双方和谈，对领土划分的谈判僵持不下。埃及要求归还全部领土，而以色列一定要占领一大片土地。其实，以色列并不一定需要这片领土，它担心的是国家的安全，西奈半岛在边界附近，如果埃及人驻扎坦克部队，突然开过来，国家安全风险很大，它需要一部分西奈半岛做军事缓冲。而埃及关心的是面子、主权问题。因为西奈半岛自法老时代开始就是自己的领土，曾被其他国家统治了好几个世纪，好不容易获得完整的国家主权，又被以色列人占领了。双方理解了对方立场背后的利益，最后达成的协议是：所有的领土归埃及，把西奈半岛大片区域划为非军事区，不允许有任何驻军存在。如此一来，既保证了以色列的安全，又维护了埃及的面子和主权，达成了协议。

（三）目标不分阶梯，方案只有一个

谈判之前，要设立阶梯性目标，如商务报价，要和产品的数量还有货款绑定在一起，设置成梯次状态。绝对和极端的狭隘思维都难以获得良好的谈判效果。对方案也要有更多考虑。准备好备用方案，第一套方案不行，马上采取备用方案，做到随机应变不被动。善于变通，灵活地根据情境达成双方的合作共赢是终极目的。因而，根据实际情况，要设想双方多方面的需求，并作出多样的合作可能，让双方有实现多种等价值交换的可能，有时，还需要给出创造性的替代性方案，或者根据情况一起把"饼"变成更大的蛋糕，积极灵活的目标设置、多种创造性的方案都是谈判前应该做好的准备。

三、谈判场景中的公关沟通技巧

（一）不要给出一堆理由，理由越少越精当越有效，适时运用既定标准和专业规范的影响力

研究表明，一条到两条理由比更多的理由更利于谈判时集中施加影响力。谈判中凡是涉及可视化数据和资料的部分，不要赘述，谈判内容能用数据表示的，全部用数据，让人有量化感受，这样专业化、严谨性、说服力都更强。

谈判中还可以引入客观标准，使用既定的规范要求和权威标准来增强说服的影响力，能够不伤害关系，让对方作出让步。日常生活中，经常被使用的客观标准有法律、政策与规范，还有行业当中所形成的惯例，以及你在之前谈判中与其他人达成的先例，如之前签订的合同和票据等。

（二）不要马上表态，可以用"模糊权威"来迂回

谈判中达成初步意向后不要马上表态，可以用合伙人、董事会、专家组、相关部门等作为更高的权威，表示自己需要征询意见，这样做既能够保持回旋，迂回沟通，又避免了对方要求跟"权威"直接谈判。当谈判结果趋向不好掌控的时候，可以提出，"您的需求我记录下来了，我回去马上跟董事会汇报，这方面我们有更专业的人来与您对接"，主动创造再次沟通的机会。

（三）让对方有收获的感觉

谈判中，让对方有收获很大的优势感觉很重要，千万不要没说几句就表露出你的意向。针对对方给出的条件，哪怕是你所期待的，也不要马上表态，可以告知对方"我对你的条件感到很惊讶，你能给我一个更好的合作条件或价格"，要富有忍耐精神，耐心听对方充分表述，给出更多可能性。

谈判中我们要真诚、谦虚，但"锚点"会影响对方后续的判断，因而，一开始给出的条件一定要大大高于自己的心理预期，也就是要采取"开高策略"。让步时，要让对方感觉到你的诚意和努力，要选择对对方价值大、对自己价值小的条件让步，要逐渐缩减让步的条件，不要急于答应下来，因为这样可以展现出你的诚意。不要做无条件的让步，当我们让步时，可以询问对方："真是太难了。我不确定我们能够做到。如果我们作出这样的让步，你会给我们什么样的支持呢？"争取价值对等的谈判，而非无原则的妥协，也是让对方有收获感的策略。

针对重视情感和价值观，而非以理性分析主导的谈判方，我们要通过认同对方的价值观、找到相似经历等方法迅速建立双方的信任感。有时，需要我们表现出示弱的姿态，向对方诉苦，适当运用情感的力量，你的艰难，会让对方珍惜你的让步，从而能够给予更多的支持。

（四）多问问题，少发表观点，充分挖掘双方需求，给出最佳替代性方案

谈判中，不要总是将"我们认为"挂在嘴上，试图抛出观点压倒对方，而是要以真诚合作共同解决问题的态度，多向对方提出问题，对于对方的立场和双方能够达成一致的点，要表现出科学家式的好奇，要通过提问题促使对方自己作出思考和选择。当既有方案不能达成共识时，要充分挖掘双方的需求，给出替代性的方案，增加双方合作的可能性。

我们跟对方谈判时，面对对方的要求，我们会问"还有别的吗？"——这是横向提问的方法；我们会问"为什么？"——这是纵向机制的探究。这时，你就能够收集到很多对方的诉求，了解到对方各种各样的需要。在谈判中，共同利益的处理方法，是合作；不同利益的处理方法，是交换。满足对方需求，再要求对方让步，这就是打包这种工作方式的关键。它让双方的利益在这个过程中不断调整、变动、转换。在各种利益冲突中，总有"非冲突的利益类型"，此时，巧妙打包和创造各种价值，才可能实现双赢。比如，当我们在价格上无法作出让步的时候，就可以在我们能够给予的地方，如服务、赠品等其他方面给对方更多的优惠，最终实现利益平衡。

案例：谈判分歧时，如何沟通？

假设你是面试官，遇到了求职者："小李，今天我看了你的履历，各方面非常不错，请谈一谈有什么需求吧？"

小李："我非常希望能够有一个1万元的月薪，这是我所期待的一个合理的酬劳。"

如果你的工资预算只有8 000～9 000元，你怎么回应对方的诉求呢？

分析要点提示：面试官是否可以在如实告知工资预算的情况下，询问小李的其他需求。多向小李提问，比如，你觉得除了工资，对年轻人来说入职后什么更重要呢？如果能够持续学习，参与高端人才培训，对自己的发展会有哪些帮助呢？你觉得像我们这种较大平台的优势在哪里呢？从而比较其他企业，用培训学习、职业发展、平台价值等优势"打包"给小李。

（五）注意环境和氛围，确保双方处于适宜谈判的状态

气场要足，不要胆怯，不管是甲方还是乙方，都要自信沉稳，谈判是双方互利共赢，没有谁比谁更好或更差。谈判中，也没必要把气氛弄得十分紧张，尽量创造让双方愉悦轻松的氛围。避免在自身能量不足或对方状态不佳的时候进行谈判，要始终思路清晰，保持镇定，注意自身和对方的情绪变化，尽量找环境适宜的第三方地点，在需要的时候，能够休息和补充能量。如果发生状况不佳要谈崩的迹象，要准备好暂时中止的理由。比如，有个重要的电话，10分钟后再开始，请大家休息一下，或者先进行茶歇，缓和气氛，互相交流轻松的话题，发现更多共同点，彼此欣赏，有利于谈判的继续进行。谈判的阶段性结果不是双方合作的终点，不要流露"一锤子买卖"的情

绪，要真诚地替双方合作留有再次沟通的余地，维护好关系，牢记沟通是开放的交互过程，要让彼此感觉到在沟通中轻松愉快，且有收获。

◆ 知识点三：秘书工作中"辩论场景"的公关沟通

一、辩论场景中的沟通问题

辩论，在沟通的话语权利结构中，是决定权在他方的沟通模式。因而，并不存在双方互相打压中的真正胜利者。所以，遇到辩论的时候，保持平和的心态、机智而理性的表现、诚恳有礼的态度是非常重要的。否则，即使你咄咄逼人地赢了，其实可能已经在公众舆论的环境中输了。因而，辩论中应注意下面几点。

（一）站稳自己的中心思想

自己的论点很重要，必须清楚自己辩论的立场和稳住自己的立场。

（二）理解并认真考虑对方的立场

清楚对方所站的立场是哪一方面、什么角度、什么论点，才能精准回应。如果对方的大方向与我方一致，不妨认真考虑对方的方案，看其中哪些方面可以与我方进行融合，实现共同改进。

（三）心态，姿态的放平

激烈争论中，双方互不谦让，剑拔弩张，常常忘记了为何争吵，远离沟通的初衷，不可能达成有效的对话。因而，平和的态度很重要。

二、辩论场景中的公关沟通技巧

（一）管理好情绪，牢记辩论无胜负，决定权在第三方

1. 辨认情绪

每个人都有情绪，情绪是人在受到外界刺激的时候产生的一种感觉。不管是高兴还是愤怒，当你体会到这种感觉的时候，你就能够命名它。命名与评价会让你对自己的情绪生出一种内在的观察，而这种观察会让你和情绪拉开一点距离，这个过程其实就已经意味着你在对情绪进行管理。

2. 预判情绪

美国的社会心理学家保罗·艾克曼把人类的基本表情分成七种，这七种基本表情不管是在纽约都会区还是在南太平洋的岛屿上，一以贯之都是如此。这七种人类的基本表情分别是悲伤、愤怒、惊讶、恐惧、恶心、轻蔑和高兴。按照相关研究，人类对表情的准确识别时间可以快速到 1/4 秒钟。换言之，只要你留意表情，一瞬间，你就可以判断对方的情绪状态。

3. 管理情绪

辩论中，一旦我们感觉情绪要失控，可以迅速深呼吸，在内心用语言描述当下的情绪，比如，"我有点生气了，因为他这样说话"，同时，提示自己关注问题本身，"他的意思是……我可以做好应对。"也可以轻轻呼唤对方的名字，进行话题的中转，"某某，你好，听到刚刚你谈到的这一点，我想有个问题也很值得关注……"辩论过程中，如果察觉到对方的表情变化，感觉到对方有情绪，可以迅速进行交流节奏的管理，降低音量，放慢语速，微笑地进行提示，"我们的讨论致力于解决问题"，让节奏慢下来，注意表情和情绪的管理，让双方回到更加友善和理智的沟通状态中。

在情绪来临的时候，还可以不断提醒自己和对方重新回到最初的目标上，也可以有效管理情绪，控制辩论的节奏。

科里·帕特森在《关键对话》中提出，设定对话的目的，并在对话过程中不断检视自己的行为和设定的目的之间的落差，这是一种高水平沟通者才具备的习惯。沟通中澄清目标时，我们可以使用一个简单的表达结构："不是……而是……"

我们不是为了争吵坐在这里的。我们一起想一下：

为什么要来到这里？

希望今天获得什么？

希望未来是怎样的？

如果这件事没有发生，在做什么？

如果今天咱们能把问题解决，感受会如何？

如果今天咱们能把问题解决，设想一下，明天开始会进入怎样的生活？

……

（二）转换思路，巧妙地使用"意义重塑"

在辩论中，可以通过"塑造意义"来加工已有的观点和信息。同样的一件事，在不同的意义指引体系里，得出的结论可能完全不同。在《奇葩说》第三季中有一个题目："该不该刷爆信用卡买包？"，辩手巧妙地将其创造性地塑造为问题："人应不应该在自己还没准备好的时候去为一些自己喜欢的东西付出一些代价"，刷新了大家对问题的思考角度。

（三）跳出辩题，做丰富的延展性思考，多问对方问题，拓宽思维路径

辩论时，局限在辩题本身，往往限制了思维本身，无法给出富有启发性的思考，因而难以获得认同。我们可以尝试从更多可能性拓宽思维。

（1）思考问题的前提：是基于什么样的前提，才会有这样的认知？

如此思考，就有机会从其他前提入手进行分析。

（2）思考问题反映出来的概念或观点。

明确当前对方的认知是什么样的概念和观点，可以展开新的分析思路。

（3）思考问题的情境：一般来讲，这个观点是在什么场合、什么状况下这样表达。

明确对方观点的情境，就能跳脱出来给出更多的思考。

（4）思考问题设定的角色：这个观点谁在说，为什么这么说。

明确角色，就能看清需求，也更容易给出新的论辩角度。

（5）思考结果：如果人人都这么想，这么做，会有什么后果。

推论后果，可以引发更多思考，使论辩更有力量。

◆ 知识点四：电话沟通技巧

一、电话沟通中的不良表现

（1）在接听电话的过程中，常见的不良表现见表3-7。

表3-7 接听电话中的不良表现

不 良 表 现	示 例
电话铃响得让人心烦了才拿起听筒	"别挂，别挂，来了，来了！"
对着电话没礼貌地大声喊话	"喂，你找谁呀？"
一边接电话，一边吃东西	"喂，（吧唧、吧唧）你找谁？"
一边接电话，一边和同事继续说笑	"呵呵呵，喂，你找谁呀，哈哈哈，嗯，不是说你，你说你说……"
等对方开口，不自报家门，遇到错打电话，喊一声"打错了！"重重挂断	"……打错了！"
接电话时声音忽高忽低，看人下菜碟	"谁呀，你找的人不在！啊，是郭局长呀，您好，您好，我给您去找啊。"
对方说出重要信息后，不重复，不确认	"你说吧，我记着呢。"
对方请你记录时，手忙脚乱，找不到纸和笔	"啊，没有纸和笔，我找找啊。"
不耐烦	对方还没说完，说一句"就这样吧！"重重地放下电话。
接电话时，心不在焉，面无表情，或者情绪不佳、垂头丧气	"喂，对，是的，唉……"

（2）在打电话的过程中，常见的不良表现见表3-8。

表3-8 打电话中的不良表现

不 良 表 现	示 例
拿起话筒，语无伦次，不知如何表达	"嗯……我的意思是，我想说……"
没有准备，说明信息丢三落四，几次打电话进行补充	"不好意思，忘了说，你们要准备发言""不好意思，又忘了，你们要食宿自理。"……
抓起电话，超级简练，对方一头雾水	"喂，我是山建的，找小张。"（你是谁？"山建"是哪里？要找哪个小张？）
情绪激动，打电话时声音起伏过大	"什么，你敢这样说呀，啊，我告诉你……"
不考虑对方接听是否方便（时间、地点等因素）	"什么，还没起床，现在几点了！"
介绍自己时，不说姓名说职务	"喂，我是张处长。"

续表

不良表现	示例
言语啰唆,只管投入地说,不顾及对方反应,热衷于"煲电话粥"	"你听我说,我……我……"
不重复重要信息请对方确认,说完就挂断电话	"下午三点半国际大厦306房间见,再见!"
不考虑对方接受能力,语速过快或过慢	"什么,听不清,我说得很清楚呀!"(心里抱怨对方听力有问题)
不报家门,不问对方情况,直接切入事件主题	"你把上个月的财务报表整理好,今天下午开会要用。"(想当然认为别人认识自己)

(3)转达电话时,常见的不良表现见表3-9。

表3-9 转达电话时的不良表现

不良表现	示例
拿着听筒,大声吆喝着传话	"陈科长,找你的电话!"
态度生硬,对方还想说什么,你已经挂断了电话	"你找的人不在!"
接电话声音庄重,把电话转给别人时言语随便,大声妄下断语	"一个男人""是个娇滴滴的女孩。"
转接电话过程中,给接电话的人信息暗示时,没有捂住听筒,就直接说	"好像是张局长,听起来不太高兴呢。"
替人转接电话,刻意猜测、追问,随便传播消息	"小孙肯定谈恋爱了,有个女的……"
让打电话的人稍等,却扭头就忘记了	"哎呀,我忘了还有个人打电话了!"
对要转达的重要信息不加确认,记录不清或转达有误	"好像是302房间吧,没记清。"
答应转达电话内容,却不说自己是谁	"好的,我帮你转达,我是谁你就不必问了。"
别人请你转达时嫌麻烦,明确表示不愿意帮忙转达,态度冷淡	"我很忙,你找别人吧。"
转达信息时,融入个人评价,夸张或淡化,给人造成误导	"他可生气了,好像声音都颤抖了呢,我吓得要命。"

二、接、打电话的程序

接、打电话的程序见图3-10。

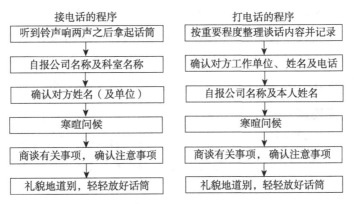

图3-10 接、打电话的程序

三、接、打电话的礼仪与技巧

(一) 态度友好，面带微笑，对方可以感觉到

言为心声，声音可以反映人的基本态度，一些大公司的总机或者前台，管理者有意在接线员的桌上放置一面镜子，因为人在对着镜子说话时，更容易自然地微笑，人在微笑时的声音是更加悦耳、亲切的。

(二) 保证声音的平稳、悦耳，使人乐于倾听和沟通

声音柔和、圆润，并不是轻声轻语、有气无力，或嗲声嗲气，声音的表现力要建立在字正腔圆、发音清晰的基础上。通常喝口水、说说话，再打电话，声音会更加明晰。

(三) 电话机旁常备记事本和铅笔

打电话，看着本子上的重点提示，进行信息的准确传达，接电话时，则要重复重点信息并记录，懂得利用笔和纸作为电话辅助记忆是秘书基本素质的表现。

(四) 准确使用谦称、敬辞和礼貌用语

礼多人不怪，电话中要多用"请教一下""请您帮个忙""多向您学习""谢谢""不好意思，打扰您了"等礼貌语句，还要注意准确使用谦称和敬辞。

"贵公司……"称呼他人公司用敬语。

"您好，我是张诚，我找李丽科长。"（自称姓名，一般不自称职务）

"张处长您好，请稍等……"

"令尊大人今年高寿……""家父今年八十二了。"（要准确使用传统谦称和敬辞）

(五) 使用称呼时清晰准确，不要随意使用简称

在书面表达中，可以说明全称后注明简称，不易误解，电话中则不能。

例如，在书面文件中，山东师范大学可以注明"以下简称为'山师'"，但在电话中，使用简称则很容易造成误解，"你好，我是山师的……"，"您是山狮（山师）？"

(六) 根据对象，选择适当的语速和语调

对急性子的人可以干脆利落，对慢吞吞的人则可以娓娓道来。对年长者，更要注意声音洪亮、咬字清晰。要根据对方情况，灵活掌握语速，随机应变。一般情况下，打电话时，适当地提高声调显得富有朝气、明快清脆，给人精神饱满、干劲十足的印象。

(七) 养成复述重点信息的习惯

为了防止听错电话内容，一定要及时复述，特别是同音不同义的词语及日期、时间、电话号码、数量等数字，以及姓氏、地址、职务、交通形式等重要内容，务必养成听后立刻复述、予以确认的良好习惯。

文字不同，一看便知，但读音相同或极其相近的词语，通电话时却常常容易弄错。

因此，对容易混淆、难以分辨的这些词语要加倍注意，放慢速度，逐字清晰地发音。如 1 和 7、11 和 17 等，当说到日期时，不妨加上星期几，以保证准确无误，"6 月 25 日，星期三"，对人的名字则尽可能联系好的词语加以逐字确认，很多姓氏容易听混，如"李、林""牛、刘""陈、程"，所以要确认好，如"程英华"，可以问对方"是前程似锦的程、英雄的英、中华的华吗？"

（八）高效简练，3 分钟原则

给别人打电话或接听电话时，如果想到什么就讲什么，往往会说东道西、丢三落四、无法突出重点，有时忘却了主要事项还毫无察觉。因此，接、打电话都应高效简练，事先把想讲的事逐条逐项地整理记录下来，尽可能在 3 分钟之内结束通话。

央视新闻播音员的平均语速是每分钟 300 字左右，3 分钟一般可以表达大约 1 000 字，如果条理清楚，完全可以表达清楚，所以不要在电话中啰唆，让人有"聊"的感觉，会给别人效率低下的印象。

（九）接、打电话也要注意身体姿态，找到适合自己的位置

接、打电话时，身体的姿态也会影响声音的表达状态，所以挺立放松的脊背、舒适优雅的歪头都有助于表达的轻松自如。

我们通常很容易听出一个人的状态，有时连他的身体姿态在电话声音中也会刻画出一个基本的形象，就是因为佝偻着身子、低垂着脑袋的人，永远发不出明快爽朗的声音。

（十）永远不要在公务电话中流露出私人情感

在公务电话中流露私人情感是秘书工作的大忌，因此，不管情绪如何，电话听筒一拿就是一个"工作着的你"，而不要让电话另一头的人承受来自你情绪的影响。

秘书在电话措辞中要严谨、情绪要平稳，如果随意流露出激动、同情、愤慨、委屈之类的个人情感，很容易让对方误解和产生错误的导向。比如，有信访人打电话来反映问题，诉说委屈，秘书可能感同身受，但是此时你的工作是及时记录问题、抓住关键信息、科学阐释政策、及时上报有关部门，而非流露同情和愤慨，给对方误导。

四、转达电话的技巧

（一）态度热情、听清关键

秘书的声音是单位形象的代表，代接电话时态度一定要热情，如主动询问对方："要我转达什么吗？"如果对方同意，要记录清楚关键信息，并重复确认，并告知对方："我是××，请您放心，等××回来后，一定会转告的。"当不便告知具体事项时，要留下对方的姓名、电话、公司的名称，并承诺告知、回复电话。

5W2H 法是第二次世界大战中美国陆军兵器修理部首创，简单、方便，易于理解、

使用，有助于弥补考虑问题的疏漏。

5W2H法包含如下关键信息：

Why——为什么？为什么要这么做？理由何在？原因是什么？

What——是什么？目的是什么？做什么工作？

Where——何处？在哪里做？从哪里入手？

When——何时？什么时间完成？什么时机最适宜？

Who——谁？由谁来承担？谁来完成？谁负责？

How——怎么做？如何提高效率？如何实施？方法怎样？

How much——多少？做到什么程度？数量如何？质量水平如何？费用产出如何？

（二）言辞谨慎、注意保密

通常，被指定接电话的人不在时，原因很多，如因病休息、出差在外等。秘书应灵活处理，言辞谨慎、注意保密。可疑的电话或有紧急异常的情况，应立即联系被找的人，详细告知。

不能随便告知他人的信息是：

职务、收入、年龄、婚姻状况。

出差地点、事由（商业秘密）。

家属信息、家庭住址等。

随身联系方式一般要认真判断对方身份，不要轻易告知。

（三）灵活应对、妥当处理

秘书遇到特殊情况时，应根据情况，灵活应对、妥当处理。

如果领导正在参加重要会议，突然接到客户的紧急电话，一般不可直接告知领导，因为会打断会议进程。如果领导有约在先："开会期间，不得打扰。"那转告之类的一般事项，就礼貌地说明，请对方过后再打。遇到无法判断的情况，可以将来电人的信息和事项写在纸条上，如下所示。

××先生电话找您，关于××事，

接电话（　　）不接（　　）稍后再回电（　　）请您画"√"

然后悄悄走进会议室，将纸条递给领导，领导一目了然，瞬间即可决定。另外，如何说明领导的情况，也是一门学问，要注意措辞严谨、机智。谭一平老师曾经提到万能的"刚刚散会"，就是说领导不方便接听电话的情况很多，这时用"很抱歉，领导刚刚散会，这会儿不知道去哪里了，回头见到他请他给您回电好吗？"此时，对方会较容易接受和理解，因为散会后一般会送客人离开、进行休息等，行踪不定很正常。如何机智灵活地应对各种电话还要靠我们在工作中多实践、多积累。

实训提高

实训目的

通过实训,掌握秘书日程安排的技巧,明确接、打电话的基本礼仪要求,尤其是接听特殊电话的技巧。

实训形式

案例分析、情境模拟、主题表达

一、模拟工作期间打电话的练习

用抽签的形式决定角色,角色为秘书和打电话的人,模拟办公室上班时的情景,以秘书的身份模拟接电话内容如下,可互换角色多次演练:

(1)模拟通知办公室、服务中心、蓝海大酒店餐厅预订处,总经理日程变更,暂时取消本月 25 日的客户接待安排,取消用车、取消宴请预订的告知电话。

(2)模拟通知部门经理开会的电话。

(3)模拟对方要找李经理,秘书告知李经理不在的对话。

(4)模拟对方打错了电话,秘书的应对对话。

(5)模拟对方咨询本公司产品情况时,秘书需要查资料并给对方回复的电话。

二、根据案例内容,模拟秘书在特殊时间接电话的情景

(1)经理正在开会,有一位客户要找经理,当秘书告诉他经理正在开会后,他仍坚持要经理接听电话。请演示秘书处理的情景。

(2)经理正在会见一位客人,有一位自称是经理朋友的人要经理接电话。请演示秘书的处理方式。

(3)有一位客户的电话,经理交代秘书不要转给他。请演示这位客户来电话时秘书的应对方式。

(4)有一位客户,所购产品出了一些问题,打电话时火气很大。请演示秘书的应对方式。

三、根据表 3-10 提示,进行电话实务能力的自检并提出自我改进计划

表 3-10 电话实务自检表

自 检 要 点	自 检 项 目	具体改进计划
电话机旁应备有笔记本和铅笔	□是否把笔记本和铅笔放在触手可及的地方 □是否养成随时记录的习惯	
先整理电话内容,后拨电话	□时间是否恰当 □情绪是否稳定 □条理是否清楚 □言语能否简练	

续表

自检要点	自检项目	具体改进计划
态度友好	□是否微笑着说话 □是否真诚面对通话者 □是否使用平实的语言	
注意自己的语速语调	□谁是你的信息接收对象 □先获得接收者的注意 □发出清晰悦耳的声音	
不要使用简略语、专用语	□用语是否规范准确 □对方是否熟悉公司的内部情况 □是否对专业术语加以必要的解释	
养成复述习惯	□是否及时对关键性字句加以确认 □善于分辨关键性字句	

实训总结表

实训心得：_____
_____
_____

通过实训发现的问题：_____
_____
_____

自我勉励：_____
_____
_____

◆ 现身说法

实际工作中电话的运用

林 杰

培训（会员支持）事业部　经理
山东祥顺财税服务有限公司

随着时代的进步和技术的发展，电话已成为我们生活和工作中必不可少的通信工具。关于电话的管理和接打电话的礼仪，已有非常多的文章介绍。在这里，结合我在实际工作中和电话之间的故事，和朋友们分享下我的心得和体会。

一、打电话如做事，也要提前规划

道理比较简单，打电话也是一件事情。要想做好一件事情，通常我们都要经过一个大体的规划。当然，规划得越详细，考虑得越充分，我们行动时成功的概率也就越大。生活中朋友聊天大可想到什么说什么，但在工作中，科学地使用电话，可以提高工作效率，并减少许多不必要的麻烦和误会。

举个例子，不久前，接到公司老总的朋友张总安排的一项工作。任务是去广播电视交通文艺台总编室送材料。由于张总经常来公司，说话和蔼，只将对方的手机告诉了我，并未告知对方单位，让我第二天送材料之前同对方联系。第二天一早，我打电话过去，场景如下。

我：您好，李总编吗？

李：是。

我：您好，奇芯基因的张总让我今天上午把材料送到您那里，您在办公室吗？

李：在，你过来吧（电话挂掉，可能正忙着）。

我飞车赶往广电大厦，到了总台，我说我找李××总编。保安讲，这个楼上总编太多（广播电视系统十几个电视台、6家广播电台都在这座楼里），你说的这个人我不认识。我把内部电话告知对方，对方给了我一份通信录让我找，一页简单的通信录上根本没这个号码。于是我又拨打内线，却一直占线，10多分钟后，我再次拨打对方手机。

我：你好，李总编，张总让我送材料，我现在到楼下了，方便上去吗？

李：上来吧。

我：是哪个办公室呢？

李：15楼总编室。

于是材料终于送到。

如果事前把对方的详细情况了解清楚，或是我在给李总编的第一个电话中询问清楚，就可以避免上述总台前发生的事情了，工作效率就会更高。

二、别小看电话线

在通信技术发达的今天，视频通信已融入我们的工作和生活。但我们常用的电话沟通依旧是彼此看不到对方，只是通过电话线来传递声音数字信号。在这里提出"别小看电话线"，并不是指通过它我们可以实现什么样的通信技术，而是指，就是两部普通的电话、一条电话线，同样可以让你或他"看"到对方。

我们的工作并不仅仅是客服，使用标准的普通话、甜蜜的声音，也未必能完成所有的工作。你可以通过电话来咨询、洽谈，当然也可以通过电话来发号施令。

你可能有过这样的经历，当你在电话里和另一个人吵架的时候，你是否情绪激动、怒目圆睁、全身肌肉绷紧、来回走动，甚至挥舞你的拳头，仿佛对方就在你的身边。当然，可以想象，你一样可以"看"到对方和你做一样的事情，于是，越来越激动，最后把电话扔出去，仿佛要将对方摔得粉碎。

场景是夸张了些，也有些暴力和没有素质，但此例说明，电话线不单单传递了声音、情绪，甚至传递了图像。

树立公司良好的形象，是秘书敬业的一个基本原则，这其中包含了我们的"声音"形象。

（1）你是客服，打电话时你和蔼可亲的微笑挂在脸上，你的用户一定感觉到温馨。

（2）你在进行洽谈，你严肃的表情，不但可以使你的情绪保持平稳、思路保持敏捷，同样可以让对方感受到你的认真与专业。

（3）你是领导决策的通知人，传达指令时，慷慨激昂的情绪，甚至挥动你的手臂以示鼓舞或坚定，对方一样可以感受到你的激情和权威。

总之，打电话，不要看作仅仅是面对着电话，要直接把对方放在你的面前，塑造自己最适当的形象。

三、短信和第三者的运用

生活中、工作中，有很多事情是不平等的。人有有钱的、没钱的，职务有高有低，公司实力有大有小，有求人办事的，有给人办事的……

同样的一个电话，你打给他和他打给你，看似都一样，实际上，在心理上已产生了微妙的变化，效果也截然不同。

（1）打电话的大多需要提前将电话涉及的内容在大脑里过一遍，接电话的只是见招拆招、随机而变。

（2）实力相当的对手，打出电话的多是对对方有要求的，是否可以达成目的，存在一定的心理压力，没有太多的退路。一旦失误，相比起接电话的失误更加难以挽回。

（3）商务合作当中，通过短信或第三者的运用，让对方把电话打过来，可以把自己摆在强势的位置。

仔细琢磨的话，个中玄机还有很多。举个例子分享一下。

在我的实际工作中，老总经常会让我通知对方给他回个电话。

一种是下属（有时也会是我），一听是领导让自己回电话，是什么事情呢？心里犯嘀咕，把工作理一遍，领导想要的汇报理一遍，自己的错误理一遍，万事俱备才回电话。这时领导接电话的效率非常高，想知道什么，随便问，只要在对方工作范围内甚至只要是经办的事情，基本都可以快速地得到结果。

一种是合作伙伴，尽管有时合作伙伴比较郁闷，为啥要我给你老总回电话啊？我就找个理由，比如领导在开车，一时没有找到你的电话。这时，对方也会将电话的内容先考虑一遍，不但领导接电话的效率高了，同时，仿佛在听下属汇报，或是别人在请求他什么，在心理姿态上处在了强者的地位，语音语气也就踌躇满志，自然而然的，在沟通中也更加自信了。

请对方打电话——我的小伎俩：

（1）领导在开车，一时没有找到您的电话。

（2）领导把您的号码存在另一部电话上了，让我请您给他回个电话。

（3）领导现在在开会，10分钟后请您给领导回电话。

实际工作中大家的办法可能比这更多、更高明，这里只是抛砖引玉。

就写到这里，与电话之间更多妙趣横生的事，让大家在生活和工作中去发现、去积累吧。总之，在工作和生活中艺术地运用电话，可以使我们的工作变得轻松愉快、生活变得丰富多彩。

延伸阅读

思考题

扫描此码　即测即评

职业能力篇

"志不强者智不达",能力的形成无法一蹴而就,需要在工作中主动学习、不断实践、总结经验、日日精进。秘书工作的"办文、办事、办会"看似常规,实则能够体现出一个人的大智慧。

目标 四

公文达人　职场无忧
——公文写作与处理技巧全面提升

> 办文能力，是秘书工作的基本功。快速、流畅地写作公文，熟练、规范地处理公文，是秘书专业素养的体现，也是收获尊重和机会的前提。

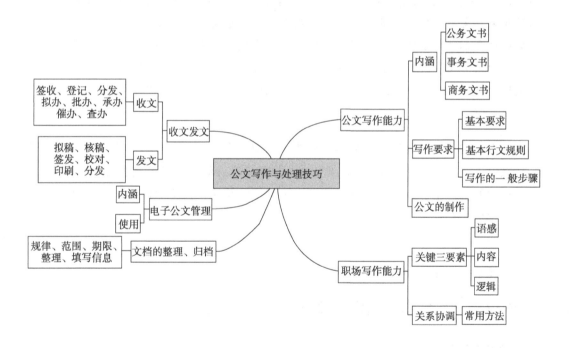

任务一　公文写作能力提升

情景导入

"校园诗人"光环下的职场尴尬

刘烨是名牌大学中文系的高才生，是班里出名的"诗人"，发表了不少作品。毕业后，刘烨的文字功夫被一家大型企业的老板看中，刘烨进了公司办公室工作。工作了一段时间，刘烨其他方面还好，就是文书写作方面不顺利，计划、总结、通知、公告，刘烨觉得是"小儿科"的东西，满怀激情地写出来，谁知道在办公室领导这儿就不满意，一改再改，面目全非，还耽误了很多时间。刘烨很苦恼，本是自己"强项"的东西怎么就这么棘手呢？他发现文书撰拟和自己上学时写的东西大不一样，刘烨倍感苦恼的时候，恰逢公司纪念庆典活动，刘烨和老办公室主任坐在一桌，刘烨说了自己的困惑，老办公室主任笑着说："小伙子，没有学过秘书写作吧，要多看多学多练才行呀！"刘烨找来了文书写作的书进行研读，有空还找来大量优秀的公文反复朗读，他把所有的文书种类都进行了练习，一稿一稿地改，很快找到了写作文书的感觉。慢慢地，刘烨写作的文书又快又好，遇到重要文件，总经理会说："让小刘来写，小刘的笔头功夫过硬！"刘烨终于凭着自己刻苦的努力，成了公司中名副其实的"一支笔"。

解析

刚工作的刘烨单凭自己的文学写作功底，把握不住企业文书写作的关键，当他深刻地领悟了"文书"的内涵、明确了文书写作的要求、刻苦钻研了文书写作的方法后，在一次次的练习中，刘烨才最终掌握了文书撰拟的技能，这个感悟、提高的过程值得我们大家借鉴和学习。

理论与方法精讲

◆ 知识点一　文书的内涵及基本格式

一、文书的内涵

（一）公务文书

我们常说的公文，通常指各级行政机关的公务文书，是依法行政和进行公务活动的重要工具，目前公务文书撰拟和处理的基本依据是2012年4月16日中共中央办公厅、国务院办公厅联合下发的《党政机关公文处理工作条例》。公务文书最重要的内涵在于它的法定效力和规范体式。

1. 法定效力

行政公文由社会合法组织形成，并具有职权范围内的"法定效力"，《党政机关公文处理工作条例》中规定：党政机关公文是党政机关实施领导、履行职能、处理公务的具有特定效力和规范体式的文书，是传达贯彻党和国家的方针政策，公布法规和规章，指导、布置和商洽工作，请示和答复问题，报告、通报和交流情况等的重要工具。

《党政机关公文处理工作条例》中规定公文种类主要有：决议、决定、命令（令）、公报、公告、通告、意见、通知、通报、报告、请示、批复、议案、函、纪要。

2. 规范体式

公文的体式均具有规范化的基本体式，在撰拟过程中必须严格遵照各种文种的规范来写作和处理，这里的规范，既有格式上的要求，也有语言上的规定。

（二）事务文书

事务文书是指党政机关、企事业单位、社会团体和个人处理日常事务的文书。其主要包含计划、总结、简报、启事、请柬、邀请信、感谢信、便条等。事务文书在使用中要根据事务需要，注意选择文种，也要注意规范准确的表达。

（三）商务文书

商务文书指工商企业在商务活动中处理商务事务使用的文书，通常包括意向书、合同、调查报告、说明书及招标书和投标书等。商务文书在使用中要注意格式的规范和措辞的准确。

二、文书的基本格式

各类文书都要遵照一定的格式规范，公务文书是秘书最常撰拟的文书，格式要求也是最为严格的，公文一般由份号、密级和保密期限、紧急程度、发文机关标志、发文字号、签发人、标题、主送机关、正文、附件说明、发文机关署名、成文日期、印章、附注、附件、抄送机关、印发机关和印发日期、页码等组成。

（一）公文用纸

（1）一般使用纸张定量为 $60 \sim 80 \ g/m^2$ 的胶版印刷纸或复印纸。纸张白度 $80\% \sim 90\%$，横向耐折度 ≥ 15 次，不透明度 $\geq 85\%$，pH 值为 $75 \sim 95$。

（2）纸张大小：A4 型纸：210 mm×297 mm。

（3）版面：公文用纸天头（上白边）为 37 mm，公文用纸订口（左白边）为 28 mm，版心尺寸为 156 mm×225 mm。

（4）字体：如无特殊说明，公文各要素一般用 3 号仿宋体字。特定情况可做适当调整。

（5）行数和字数：一般每面排 22 行，每行排 28 个字，并撑满版心。特定情况可做适当调整。

（6）公文应当双面印刷。

（7）公文应当左侧装订。

（二）行文格式主要要求

1. 份号

公文的份数序号也就是每份公文的编号，根据印制份数编流水号。公文份数序号是为了掌握公文的发放方向，便于公文的保密管理，便于掌握公文的去向。涉密公文一定要标注份号，如果发文机关认为有必要，也可对不涉密公文标注份号。如需标识份号，一般用 6 位阿拉伯数字顶格编排在版心左上角第 1 行。份号用黑色标注。

2. 密级和保密期限

涉及国家秘密的公文应当标明密级和保密期限，国家秘密分为秘密、机密和绝密三种。如需标注密级和保密期限，一般用 3 号黑体字，顶格编排在版心左上角份号之下；保密期限中的数字用阿拉伯数字。

3. 紧急程度

紧急公文应当根据紧急程度分别标明"特急""加急"。

电报格式的公文紧急程度分为四级，从急到缓依次为：特提、特急、加急、平急。

如需标注紧急程度，一般用 3 号黑体字，顶格编排在版心左上角；如需同时标注份号、密级和保密期限、紧急程度，按照份号、密级和保密期限、紧急程度的顺序自上而下分行排列。

4. 发文机关标志

发文机关标志是公文版头部分的核心，用套红大字居中印在公文首页上半部，字体要庄重、规范、美观、大小适度（一般应小于上级机关的字体大小）。

发文机关标志主要有两种形式：一是发文机关全称或规范化简称后加"文件"二字；二是发文机关全称或规范化简称。字号以醒目美观为原则，字体大小一般不超过上级机关。

发文机关标志上边缘至版心上边缘为 35 mm。发文机关标志推荐使用小标宋字体，颜色用红色。

5. 发文字号

发文字号由发文机关代字、年份和发文顺序号三个要素组成。机关代字要求准确、规范、精练、无歧义、易识别，并固定使用，避免与上级机关、同级机关的机关代字雷同。联合行文时只标注主办机关的发文字号。同一地区，避免不同机关的发文字号的机关代字重复。

发文字号编排在发文机关标志下空 2 行位置，居中排布。年份、发文顺序号用阿拉伯数字；年份用全称 4 位，用六角括号〔〕括入；发文顺序号不编虚位，不加第字。

上行文发文字号标识在发文机关之下居左空 1 字。

6. 签发人

上报的公文需标识签发人姓名。这时发文字号标识在发文机关之下居左空 1 字，签发人姓名平行居右空 1 字。签发人用 3 号仿宋体字，签发人姓名用 3 号楷体字标注。

联合行文时有多个签发人，签发人姓名按发文机关的顺序排列从左到右、自上而下依次均匀顺排，一般每行排 2 个姓名，回行时与上一行第一个签发人姓名对齐，最后一个签发人姓名应与发文字号处在同一行并使红色分隔线与之的距离为 4 mm。

7. 公文标题

标题由发文机关名称、事由和文种组成，应当准确、扼要概括公文的主要内容。4 个以上（含 4 个）机关联合行文时，标题中发文机关名称可简略。公文标题中除法规、规章名称加书名号外，一般不用标点符号。

公文标题一般用 2 号小标宋字体，编排于红色分隔线下空 2 行的位置，分一行或多行居中排布；

回行时要做到词意完整、排列对称、长短适宜、间距恰当，标题排列应使用梯形或菱形，不应使用上下长度一样的长方形或上下长、中间短的沙漏形。

8. 主送机关

主送机关是公文的主要受理机关。主送机关应当使用机关全称、规范化简称或者同类型机关统称。其中，使用简称要规范、准确，机关的规范化简称和统称应由上级机关明确，不得随意编造机关简称。

使用统称，包括的地区、部门、单位要齐全，称谓要准确。

9. 公文正文

公文正文是公文的主体和核心所在，用来表述公文的内容，公文首页须显示正文。一般公文的首个盖章页应当同时显示正文、发文机关署名和印章。

正文中标题字号的使用：文种结构层次依次可以用"一、""（一）""1""（1）"标注，一般一级标题用黑体字，二级标题用楷体，三级和四级与正文一样用 3 号仿宋。

10. 附件说明

附件说明是公文附件的顺序号和名称。公文正文中的一些内容，如图表、名单、规定等，如穿插在公文正文中，往往隔断公文前后的联系而造成阅读上的不便，需将其从公文正文中抽出来作为公文的附件单独表述，即附件。

公文附件是正文内容的组成部分，与正文具有同等效力。在正文下空 1 行左空 2 字位置编排"附件"二字，后标全角冒号和附件名称。如有顺序号，使用阿拉伯数字标注，附件名称后不加标点符号。

11. 发文机关署名

发文应当用发文机关全称或规范化简称。特殊情况如议案、命令（令）等文种需要由机关负责人署名的，应当写明职务。

单一机关行文时，发文机关署名在成文日期之上，以成文日期为准居中编排。

联合行文时，应将各发文机关署名按发文机关顺序排列在相应位置，并使印章加盖其上。

12. 成文日期

成文日期是公文的生效时间，是党政机关公文生效的重要标志。

成文日期确定的原则和标注位置有两种：一是会议通过的决议、决定等以会议正式通过的日期为准，成文日期编排在公文标题之下，写全年、月、日，用（）括起来。二是经机关负责人签发的公文，以签发日期为准（联合行文以最后签发的机关负责人签发的日期为准）。成文日期在公文正文或附件说明的右下方右空 4 字编排，用阿拉伯数字将年、月、日标全，年份应标全称，月、日不编虚位。

13. 印章

印章是公文生效的标志，是鉴定公文真伪最重要的依据之一。上行文，一定要加盖印章。有特定发文机关标志的普发性公文可以不加盖印章。纪要不加盖印章。

单一机关行文时，印章端正、居中下压成文日期，使发文机关署名和成文日期居印章中心偏下位置，印章顶端应上距正文一行之内。不得出现空白印章。联合上行文，发文机关只署名主办机关时，可以只加盖主办机关印章。联合下行文时，所有联署机关均须加盖印章。

联合行文时，应将各发文机关署名按发文机关顺序整齐排列在相应位置，并使印章加盖其上，最后一个印章端正、居中下压发文机关署名和成文日期，印章之间排列整齐、互不相交相切，每排印章两端不得超出版心，每排最多放 3 个印章。

14. 抄送机关

抄送机关是指除主送机关外需要执行或者知晓公文内容的其他机关，可以是上级、平级、下级及不相隶属机关。

如有抄送机关，一般用 4 号仿宋体字，编排在印发机关和印发日期之上一行，左右各空一字编排。"抄送"二字后加全角冒号和抄送机关名称，回行时与冒号后的首字对齐，最后一个抄送机关名称后标句号。

15. 印发机关和印发日期

印发机关是指公文的印制主管部门，一般是各党政机关办公厅（室）或文秘部门。发文机关没有专门的办公厅（室）的，发文机关就是印发机关。

印发机关和印发日期一般用4号仿宋体字，编排在末条分隔线之上，印发机关左空一字，印发日期右空一字，用阿拉伯数字将年、月、日标全，年份应标全称，月、日不编虚位（即不编01），后加"印发"二字。

16. 页码

页码一般用4号半角宋体阿拉伯数字，编排在公文版心下边缘之下。公文的版记页前有空白页的，空白页和版记页均不编排页码。

公文的附件与正文一起装订时，页码应当连续编排。

行文格式详见图4-1。

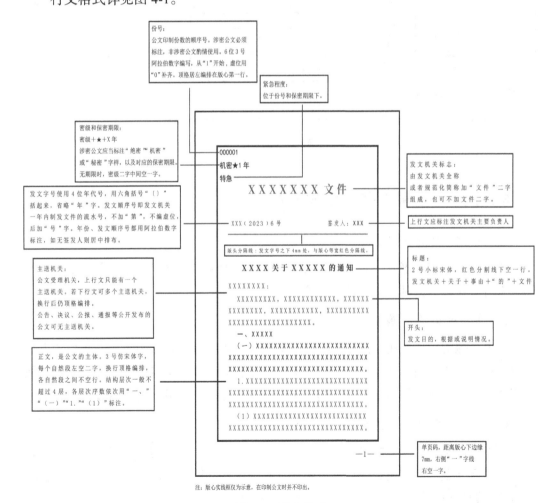

图4-1　行文格式

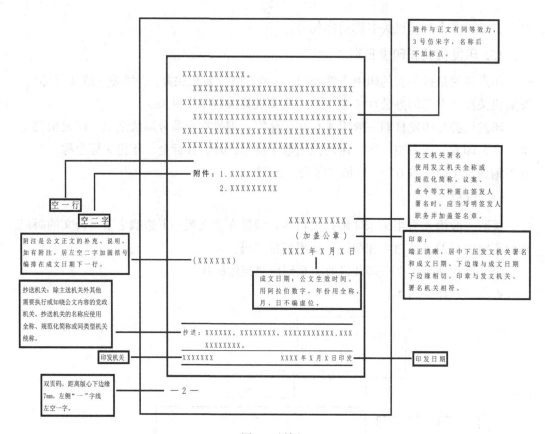

图 4-1（续）

◆ 知识点二　各种文书的写作方法

一、文书写作的基本要求

秘书写作工作文书时，要注意到文书不同于其他文种的基本特点，虽然不同种类的文书各有特点，但基本都要遵循下列基本要求。

（一）合乎政策、遵循法规

文书撰拟的一切主题、使用的材料、形成程序都要符合国家的法律、法规和方针政策，符合上级的指示和规定，与本机关其他现行有效文件保持一致。公文涉及其他地区或者部门职权范围内的事项，起草单位必须充分征求意见，力求达成一致。

（二）实事求是、注重实效

文书的内容不能凭空捏造，而必须从实际情况出发，有切实的客观针对性，有利于解决实际问题；深入调查研究要忠实地反映情况和问题；各种判断要合乎实际；各种解决问题的方法措施应切实可行，具有可操作性。

(三)文体规范、准确严谨

文书撰拟首先要对文体进行选择,要根据写作的目的和需要,准确选择所需文体,文书的格式、语言、符号及行文中涉及的概念等的运用都要准确严谨,符合有关规定,不能求新求奇,文书的结构要完整有序,不能遗漏重要材料,要运用简练的文字顺畅而有条理地明确表达充实丰富的内容,做到言简意赅。要符合工作沟通和表达的需要。

二、文书的基本行文规则

行文规则是关于正确有效传递文件的规定,是各级机关公文往来时需要共同遵守的制度和原则,也是撰拟公文的指导依据。行文规则的主要内容如下。

(一)根据机关间的工作关系准确行文

机关之间的工作关系是由各自的组织系统或专业系统归属、地位、职责、权利范围等因素决定的。

特别要仔细辨析使用近似的法定文种。比如,通知与通报同属下行文种,两者之间的主要区别点是内容的侧重点不同,前者用于发布法规规章、传达上级机关指示、批转下级机关的文件、转发公文,后者则用于表扬先进、批评错误、传达重要精神或告知重要情况等。又如,请示和报告同属上行文种,两者之间的区别主要在于对上级的要求、行文时间、行文目的不同。前者用于事前向上级机关请求指示、批准,后者用于事后向上级机关汇报工作、反映情况、回复上级机关的询问。向上级机关要人财物或政策,应选用请示或意见;向上级汇报工作、反映情况,则选用报告。工作中确实经常发生由于应当使用请示却用了报告文种而被上级机关退回重写、重办的情形。在实际工作中,还存在不相隶属机关单位部门之间商洽工作、询问和答复问题、请求批准和答复审批事项时,发文方本应用"函"却使用了"请示"。比方说,一个直辖市的市委部门为基建规划事宜向市发改委行文,或者为干部人才事项向市委组织部行文,本应用"函",却使用"请示"。对于发文部门来说,潜意识里是觉得有求于主管部门,用"请示"会使对方觉得受到了尊重,感觉舒服,实际上却是混淆了"请示"和"函",用人情损害了公文文种的严肃性。这是一种值得注意的现象。文种辨析能力对于把握公文写作要领、提高文稿质量具有重要作用。比如,总结和报告两者的属性不同,报告是法定的政务性文种,总结是常用的事务性公文。报告以独立文种形态上报,总结不能以独立文种上报,往往附于请示之后。两者的重心和目的也不同,报告重在真实反映情况,使上级机关迅速准确了解实际、把握动态、明了问题及其原因和对策。总结重在回顾工作、分析情况、提炼经验、阐明规律、指导工作。上述不同决定了语言表达的不同方式和风格,报告是陈述,主要使用"叙述",兼用"说明",总结则是阐述，一般采用夹叙夹议。

资料来源：赵建平. 公文写作能力建设初论[M]. 上海：上海人民出版社，2018.

（二）选择适宜的行文方式，一般不越级行文

"越级行文"是指下级机关越过自己的直接领导机关向更高的上级领导机关直至中央或上级机关可以跃过直属下级直接向最基层单位的行文，是一种非正常的行文方式。受文机关对越级公文，可退回原呈报机关；可作为阅件处理，不予办理或答复。没有特殊情况，一般不能轻易采用。只有下列情况才可以越级行文。

（1）遇有特殊重大紧急情况，如战争、自然灾害等，若逐级上报，可能会延误时机，造成重大损失时。

（2）经多次请示直接上级，长期未得到解决的重大问题。

（3）上级领导或领导机关交办，并指定越级直接上报的事项。

（4）对直接上级机关或领导进行检举、控告。

（5）直接上下级机关有争议，而无法解决的重大问题。

（三）正确选择主送、抄送机关

行文机关根据其隶属关系、职权范围及公文的性质、内容，正确选择主送机关与抄送机关。

上行文应当坚持一个主送机关的做法，不能多头主送。如请示，一般只写一个主送机关，需要同时送其他机关的，应当用抄送形式；受双重领导的机关向上级机关行文，应当根据公文内容，即针对具体公务活动的职权归属写明主送机关和抄送机关；除上级机关负责人直接交办的事项外，不得以机关名义向上级机关负责人报送"请示""意见"和"报告"。

抄送机关是指除主送机关外需要执行或知晓公文的其他机关。应当抄送的情况包括：除主送机关外，需要执行或知晓公文的其他机关；向下级机关或者本系统的重要行文，应当同时抄送直接上级机关；上级机关向受双重领导的下级机关行文，必要时应当抄送其另一个上级机关；下级机关因特殊情况必须越级请示时，应抄送被越过的上级机关；上级机关越级向下级机关行文时，可以抄送受文机关的直接上级机关。请示不得抄送其下级机关；接受抄送公文的机关不必再向其他机关转抄、转送；凡与公文办理无关的单位一律不予抄送。

（四）明确发文权限，不越权行文

要明确发文权限，按机关职责范围行文，如果有涉及其他部门职责范围的事项又未与其他部门协商，或虽经协商但未达成一致意见，不可以单独向下行文。如果擅自

行文就构成侵权行为，会造成"文件打架""政出多门"，部门之间应多协商沟通，通过联合行文或授权行文的方式解决类似问题，联合行文时，作者应为同级；行文前需就有关问题协商一致；严格控制文件数量，简化行文手续。

三、文书写作的一般步骤

（一）公文写作前的准备

公文写作前的准备如图 4-2 所示。

图 4-2　公文写作前的准备

（二）撰拟文稿

撰拟文稿的过程如图 4-3 所示。

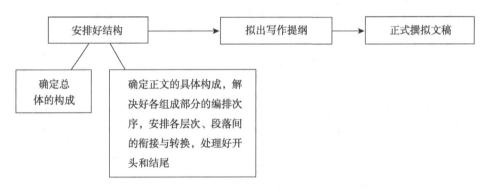

图 4-3　撰拟文稿的过程

（三）审核修改

文稿的审核修正要认真严肃、反复进行，要按规定的程序进行。秘书自己审核定稿后一般要送办公室负责人处审核，最后领导还要审核签发，因此有一个层层把关的审核过程。

四、常见文书的写作方法

（一）文书的常见模式

文书的常见模式如表 4-1 所示。

表 4-1　文书的常见模式

模　式	内　容	基　本　格　式	
请示模式	向直接上级请求指示、批准的公文。必须事前行文，一事一文。上级应在一定的时限内批复	【标题】一般由发文机关、事由、公文种类三部分组成。如《×××公司关于开展信息咨询服务的请示》，可以省去发文机关。 【主送机关】接受请求的直接上级机关，在标题下面一行顶格写起。只写一个，如需同时送其他机关，应用抄送（在文末左下角写明）形式。 【正文】1. 请求缘由。一写情况依据（往往用"目前"开头）；二写目的说明（用"为了……"开头）。 2. 请求事项。分层分项写清具体要求，并说透道理，提出充足的事实根据和理论根据。同时，依据实际情况，提出切实可行的处理意见，作为上级机关进行判断和指示的参考。 3. 结尾。只是一句祈使性的话："当否，请批复"或"以上如无不当，请批准"。 【附件】可有可无。是随同请求的有关材料、图表或其他文件。在正文之后（隔一行）注明附件名称和顺序。 【印章、发文时间】	
报告模式	向上级机关报告工作、反映情况、提出建议和答复询问的公文。一般事后、事中行文。不要求上级批复，行文较长。报告和总结、调查报告的写法大同小异。常见单位部门的总结同时用于会议，成为报告	【标题】一般是："事由 + 报告"。 【主送机关】与请示相同。 【正文】种类繁多，正文内容有差异。为学习方便，把报告大致分为两种：	
		综合性报告正文：或称总结性报告。政府及机关单位都要在大会上做此种工作报告。 1. 情况简述：工作时间、地点、背景、条件或各项工作的开展情况。这种开头称为概述式。此外还有结论式（议论判断）、说明式（用"为了……"）等。百字上下。 2. 成绩做法：这是主体。可以简要叙述一下工作过程。成绩常常通过数字、比较、事实来表现。安排形式有条陈式、小标题式、阶段式和贯通式。 3. 经验教训：要有观点、看法和规律，又要有具体的典型事例以及理论分析。常常占五分之一篇幅。 4. 今后计划。往往写成今后的工作计划。常常占三分之一篇幅。	专题性报告正文：着重汇报某项工作或某个问题，特点是专项、特殊，一事一报。 1. 概述情况。讲清工作开展情况，或问题发生的原委，事项的起因和经过。 2. 说明理由、做法和反应。或取得的成绩和经验，或分析存在的问题及原因，或说明工作做法，或写出群众反应。 3. 提出意见。写基本看法，解决问题的建议和办法。
		报告要用事实说话，以叙述为主，叙议结合。 【结尾】一般用"特此报告"，"以上报告如无不妥，请批转各地执行"等习惯用语，有的不写。如有附件，与请求相同写法。最后写发文机关或个人，盖章，写发文时间。	
通知模式	批转下级公文、转发上级或不相隶属机关公文、发布规章、传达事项和任免干部所用的公文。它是最常用的行政公文。根据其作用分为五种：发布性通知、批转性通知、事项性通知、会议通知和任免通知	【标题】灵活，甚至只有"通知"这一部分（内容不大重要又是周知的）。但批转性通知的标题按照《办法》"准确简要"的规定，省略文种，即"批转（或转发）+（始发机关）原文标题"。 【主送机关】直接上级。 【正文】发布性通知和批转性通知的正文："主体（发布或转发的文件）+ 批语"。如："现将《×××办法》发给你们，请认真贯彻执行。" 事项性通知：缘由 + 事项 + 结语（特此通知）。 会议通知：名称、时间、地点、内容、人员、报到时间和地点、需带材料等。 任免通知：格式固定。 【附件】可有可无。 【发文机关】标题中有发文机关并且标题下有发文时间的不署。 【发文时间】用阿拉伯数字表示。	

（二）文书的写作规则

文书的写作规则如表 4-2 所示。

表 4-2　文书的写作规则

项目			内容及写作规则
开头	概述式		常用于报告、会议纪要、总结、述职报告、调查报告等文种
	目的式		通告、通知、计划、招标书等采用此方式
	开门见山式		常用于请示、意见等公文
	引述来文式		多用于函、批复等回复性公文
主题层次	总分式		先观点，再分论
	并列式		内容并列，逐条列出
	递进式		观点，材料，层层递进
	因果式		先因后果、先果后因
表达方式	叙述	概念	把人物的经历、行为或事物发展变化的过程表述出来的方式
		六要素	时间、地点、人物、事件、原因、结果
		人称	第一人称和第三人称。 报告、请示、函、计划、总结、邀请信、感谢信、述职报告等使用第一人称。 应用文中的第一人称，指的往往是发文机关，只有很少一部分是作者本人（如个人计划、个人总结） 运用第三人称的文体主要有通报、会议纪要、会议记录、合同
		方式	顺叙：调查报告、总结、报告采用这种方式。 倒叙：简报、通报等
	议论	概念	作者通过事实材料和逻辑推理，来阐明自己的观点，表达自己赞成什么或是反对什么的表达方式
		三要素	论点、论据、论证
		类型	立论、反驳
		方法	例证法：要注意典型性、分析法、引证法、对比法、因果法
	说明	概念	对事物的形状、性质、特征、成因、功能，或对人物的经历、特征状况等进行客观解释、介绍的表达方式
		方法	定义与表述。 定义：对事物的本质特征加以揭示和概括。 表述：具体说明、介绍某一事物或人物的文字。 分类和比较。 比较说明：将相似的或不同的事物进行类比、对比来说明事物的特征的方法。 数字和图表

（三）常见的文书介绍

常见的文书介绍如表 4-3 所示。

表 4-3 常见的文书介绍

类别	文种	概念	类型	结构	备注
公务文书	通知	适用于批转下级机关的公文，转发上级机关和不相隶属机关的公文，传达要求下级机关办理和需要有关单位周知或者执行的事项、任免人员	批转通知 转发通知 传达通知 任免通知	标题＋主送机关＋正文（＋附件）＋落款＋成文日期	要注意不要超越本单位的权限，向不相隶属机关或个人滥发通知，这种情况不应用通知，而应用请示或邀请函等
	通告	公布社会各有关方面应当遵守或者周知的事项的公文，是各级机关、企事业单位与社会团体通常使用的告晓性公文	制约性通告 告知性通告	标题＋正文＋落款＋成文日期	通告与公告的区别：范围不同，公告大于通告；宣布事项不同，公告重于通告；制发者不同，公告由国家行政机关或权力机关发布
	公告	适用于向国内外宣布重要事项或者法定事项	重要事项公告 法定事项公告	标题（＋编号）＋正文＋落款＋成文日期	发布公告具有资格限制，一般企事业单位、社会团体未得到授权不能使用公告发布事项，很多应用"启事"来代替
公务文书	通报	表彰先进，批评错误，传达重要精神或者情况的公文	表彰通报 批评通报 传达通报	标题＋主送机关＋正文（＋附件）＋落款＋成文日期	通报与通告的区别：通报属奖励与告诫性公文，通告无此意；同属告晓性公文，通报重在传精神，通告重在发事宜；通报一般不具指令性，通告具有指令性
	请示	各级行政机关、企事业单位、社会团体都可以使用的报请性公文，适用于向上级机关请求指示，批准	求示性请示 求批性请示	标题＋主送机关＋正文＋落款＋成文日期＋附注	凡属本机关职权范围内的问题，或上级机关已在政策中明确规定的问题，一般不能请示
	报告	适用于向上级机关汇报工作，反映情况，答复上级机关的询问	汇报工作的报告 反映情况的报告 答复询问的报告	标题＋主送机关＋正文＋落款＋成文日期	报告使用上行文格式，请示和报告一定不可混用，报告中不可夹带请示的事件
	批复	适用于答复下级机关请示事项	指示性批复 审批性批复	标题＋主送机关＋正文＋落款＋成文日期	批复是下行文，是上级机关向有隶属关系的下级机关行文，必须收悉下级机关的请示之后再做批复
	决定	指令性下行文，是对重要事项或者重大行动做出安排，奖励有关单位及人员，变更或者撤销下级机关不适当的决定事项的公文	指挥性决定 知照性决定	标题＋主送机关＋正文（＋附件）＋落款＋成文日期	不可只用"文种（决定）"做标题；慎用"决定"

续表

类别	文种	概 念	类 型	结 构	备 注
公务文书	函	是不相隶属机关之间请求批准和答复审批事项的（平行）公文	请批函 批答函	标题+主送机关+正文+落款+成文日期	准确选择文种。请示和批复用于相隶属机关，请示是下对上级机关行文，批复是上对下级机关行文；把握用语分寸
	意见	适用于对重要问题提出见解和处理办法	指导性意见 建议性意见 协商性意见	标题+主送机关+正文+落款+成文日期	要注意行文时根据不同类型的意见使用不同的语气表述
事务文书	计划	是各级机关，企事业单位、社会团体和个人对未来一定时间内的活动拟订出实现目标、内容、步骤、措施和完成期限的一种事务性文书	按内容分 按范围分 按时间分 按性质和作用分	分文章式、表格式两种。文章式计划的结构：标题+正文+尾部	以政策先行，为指导思想；从本部门实际出发；语言简洁明了
	总结	是各企业、社会组织、个人通过对过去一阶段工作的回顾、分析和研究，从中找出经验教训，得出规律性的认识，用于指导今后工作的事务性文书	综合性总结 专题性总结 （其他分类略）	标题+正文+尾部	正确的指导思想；坚持实事求是；总结出规律性的东西；分清主次突出重点；语言简明、准确
	述职报告	特点：个人性，真实性，通俗性	按时间分 按工作阶段分	标题+称谓+正文+落款+成文日期	实事求是，突出特点，语言简洁
	讲话稿	是讲话者在公共场合就某一问题发表自己的见解或阐明某种事理而事先写成的文稿	按场合分 按身份分 按目的分 按内容分	开头+主体+结尾	口齿清晰，吐字准确，注意抑扬顿挫；内容有针对性；观点鲜明，主题明确；语言要通俗，生动
	请柬	邀请他人参加活动的简式信柬，又称为请帖	公务请柬 私务请柬等	标题+受文者+正文+署名+日期	应该用文雅、礼貌、热情的措辞表达诚意
商务文书	市场调查报告	是对市场调查所获得的信息资料，进行整理得出结论，提出采取行动的合理建议之后撰写的书面报告	按调查范围、方式分：综合性调查报告、专题性调查报告，按目的、作用、内容分：情况调查报告、事件调查报告、经验调查报告和问题调查报告	标题+前言+正文+尾部	深入调查，充分占有材料；实事求是
	招标书	又称招标说明书，是招标人利用投标者之间的竞争从而达到优选投标人的一种告知性文书，是招标人为了征召承包者或合作者而对招标的有关事项和要求所做的解释和说明	按不同事项分	标题+正文+尾部	做好调查研究，掌握市场信息，制定的测算、评估款项要科学合理；语言简洁，用词精确，文字、数据、图表均要求准确无误

续表

类别	文种	概念	类型	结构	备注
商务文书	投标书	也称"标函",是投标人为了中标而按照招标人的要求,具体地向招标人提出订立合同的建议,是提供给招标人的备选方案的文本	按不同事项分	标题+正文+尾部	明确招标要求,实事求是,不可弄虚作假,语言简洁,语气谦和
	合同	平等主体的自然人、法人、其他组织之间设定、变更、终止民事权利义务关系的协议	长期合同、中期合同、短期合同;买卖、委托、借款等	标题+约首+正文+约尾+签署	要学习和领会《民法典》,了解合作方的情况,还要谨慎协商条款
	意向书	双方或多方就合作项目事宜经过协商达成初步合作意向的文书	双方合作意向书 多方合作意向书等	标题+约首+正文+约尾+签署	语言要准确明晰,语言和内容具有协商性,与合同不同,意向书可以作为实质性谈判的依据,但不具备法律效力

◆ 知识点三　提升职场写作能力的思维方法

一、不同的文体,有不同的语气

一般认为,公务和商务文书都很严肃,没有什么语感,实际上,越是简洁传递信息的文书,越需要恰当的基调语感,也就是语气感觉。语感不对,基调就不对,难以让人重视。正确的基调能传递出文章真正的价值,见表4-4。

表4-4　不同文体的语感、体现价值及写作

文章类型	语感基调	体现价值	写作关键
总结类	深度分析 规律总结	发展潜力	经验回顾 行动指南 抓住机遇、解决问题
调研类	客观呈现	实事求是	不要"我认为,我估计",而要"资料显示、数据表明"
请示类	有主见	主动思考	给出方案,这样做是否可行
计划类	可交付	责任感	目标和关键结果
邮件类	亲切交流	沟通感	问候语之后,简洁明确事项

二、写作内容:从"作者逻辑"变为"读者逻辑"

秘书写作的对象不是一般读者,通常是"甲方读者",如领导、客户、合作伙伴等。为了提升沟通效率,写作时要养成"对方需要知道什么"的思考习惯。把必需信息按照"要话先说"的顺序来写。比如,我们写作商业计划书,一上来不要着急展示自己

的公司实力，而要从项目愿景入手，告诉对方我们要做什么，然后，分析行业、给出市场痛点，再来写解决方案，其中自然要介绍自身优势，最后要给出发展规划、财务分析、融资计划和退出机制等对方关心的问题。只有站在对方的立场上考虑问题，架构内容，才能避免空话、套话，把内容做扎实。

写作好的文章要反复修改，去掉不必要的语言，做到"减无可减"。比如，"大概""一般来说""话说回来""也许""可能"等不准确的语言；"在我看来、我认为、我相信、我觉得"之类的短语删掉，因为你是执笔者，不用反复强调；最后，仔细斟酌，凡是表达一个意思的句子，就选取最精当的保留。文字简洁，是思维能力的体现，也是对读者的敬畏。

三、构思逻辑：经典的金字塔三层结构

秘书写作任何公文，都要注意逻辑清晰、语意明确。经典的金字塔三层结构可以帮助我们更好地构思。特别要注意的是，一上来要鲜明地写明观点或者建议，便于读者阅读。接下来则要层层论述，先说明为什么，然后直接给出具体怎么做的方案。

塔尖：明确的观点或者建议

第二层：为什么？

第三层：具体怎么做？

实训提高

实训目的

熟练掌握文书的写作要求和技能。

实训形式

写作、讨论

1. 请你代替学校保卫部门拟写一则不得在校园宿舍楼内擅自经营销售物品的通告。

提示：擅自经营销售物品已发生多起质量维权事件；不安全因素增加；影响正常的学习、生活秩序。

2. 经理告诉你，2022年6月3日公司要召开三周年庆典大会，请各部门做好准备，需要安排代表发言并提供部门三年的业绩报告，大会在公司招待所青云大酒店五楼大厅举行，请各部门负责人和代表准时参加，你想了一下，决定写一份通知。

通告

通知

3. 作为天资教育集团的秘书，你准备拟写一份与慧能幼儿园就"智能速算"早教项目的合作意向书。在动笔之前，领导提醒你要特别注意强调版权的归属为集团，不能给幼儿园，双方只是合作教学的关系。另外强调收益分成比例我方为七、对方为三，还要特别约定上课期间的安全问题要幼儿园负责，你联系了慧能幼儿园有关负责人并与之协商，慧能幼儿园提出分成比为五五分成。

合作意向书

（1）请设计并模拟与幼儿园有关负责人就意向书内容的协商场景。

（2）向领导就协商结果进行汇报。

（3）撰写集团与幼儿园的合作意向书。

实 训 总 结 表

实训心得：_____

_____

_____

通过实训发现的问题：_____

_____

_____

自我勉励：_____

_____

_____

课后拓展

◆ 讨论思考

1. 在公文中如何正确传达主旨？
2. 公文写作的逻辑构思技巧。

◆ 现身说法

对写好公文的几点体会

王宏田

办公室调研员

济南市人力资源和社会保障局

公文是党政机关中重要的一项公务内容。可以说，要确保机关政务高效流畅，公文水平的高低起到了决定性作用。

所谓公文，它是公务文书的简称，是国家机关在行政管理过程中为处理公务而按规定格式制作的书面材料。

目前在机关中用得比较多的是公告、通告、通报、报告、请示、批复、意见、函和会议纪要。撰写公文应该有严格的程序，不能随意而为，其主要有五个步骤。

一、明确发文主旨

任何一份公文都是根据工作中的实际需要来拟写的。因此，在动笔之前，首先要弄清楚发文的主旨，即发文的主题与目的。

一是要明确文件的中心内容是什么。例如，相关工作的改善，主要提出目前情况怎样、存在哪些问题、解决方式、需协助事项；再如请求事项，拟请上级机关答复或解决问题等。二是要明确采用什么文种。例如，汇报工作情况，是写专题报告还是写情况简报；针对下级来文所反映的问题，是写一个指示或复函，还是写一个带规定性质的通知等。三是要明确文件发送范围和阅读对象。例如，向上级汇报工作，还是向有关单位推广、介绍经验；是给领导、有关部门人员阅读，还是向全体人员传达。四是要明确发文的具体要求。例如，是要求对方了解，还是要求对方答复，是供收文机关贯彻执行，还是参照执行、研究参考、征求意见等。

总之，发文必须明确采取什么方式、主要阐述哪些问题、具体要达到什么目的，只有对这些问题做到心中有数，才能够落笔起草。

二、收集有关资料，进行调查研究

发文的目的和主题明确之后，就可以围绕这个主题收集材料和进行一定的调查研究。当然，这也要根据具体的情况，并不是拟写每一份公文都要进行这一步工作。例如，拟写一份简短的通知、公告，一般来说不需要专门做收集材料和调查研究工作，在明确发文主旨之后，稍加考虑就可以提笔写作了。但对于较为复杂的问题，还要进行具体的分析和归纳；如拟订篇幅较长的文件，拟订工作计划，进行工作总结，起草规章、条例，拟写工作指示等，往往都需要收集有关材料和进行进一步调查研究工作。把它的主要框架勾画出来，以便正式动笔之前，对全篇做到通盘安排、胸有成竹，使写作进展顺利，尽量避免半途返工。

怎样为拟写公文收集材料和进行调查研究呢？一是收集和阅读有关的文字材料；二是到实际当中收集活材料。例如，要草拟本部门的年度工作计划，首先需要查阅去年的工作计划及工作总结，以及参考有关先进企业的同类工作计划等，还要研究本部门今年所面临的形势、今年的中心任务、上级要求等。

总之，收集材料及调查研究，是一个酝酿的过程，是为了掌握全面的、大量的素材了解问题的各个方面，然后经过分析思考产生一个认识的飞跃。

三、拟出提纲，安排结构

在收集材料的基础上，草拟一个写作提纲。提纲是所要拟写的文件的内容要点，提纲的详略，可以根据文件的具体情况和个人的习惯、写作的熟练程度而定。篇幅不长的文件，可以大致安排一下文件的结构，先写什么问题，依次再写什么问题，主要分几层意思等。篇幅较长、比较重要的文件，往往需要拟出比较详细的提纲，包括文件共分几个部分，每一个部分又分作几个问题，各个大小问题的题目和要点及使用什么具体材料说明等。提纲的文字不需要很多，也不需要在文字上推敲。当然，需要集体讨论或送给领导审阅的提纲除外。

拟写提纲是一个很重要的构思过程，可以召集相关人员进行集体讨论研究和修改文件的基本观点，使提纲日益完善。由两人以上分工合写的文件，更需要共同研究写作提纲，以免发生前后重复、脱节或相互矛盾的现象。

四、落笔起草、拟写正文

结构安排好后，要按照要求所列顺序，开宗明义、紧扣主题、拟写正文。写作中注意两点。

一是要观点鲜明、用材得当。也就是说要用观点来统率材料，使材料为观点服务。用材料要能说明问题，做到材料与观点一致。

在写作当中，要注意明确观点，用语不能含混不清、模棱两可、词不达意、似是而非。如果观点不明，会令人不知所云。有些文件，只讲观点没有实际材料，就会使人感到抽象空洞、缺乏依据、不易信服。而只罗列材料没有鲜明的观点，则会使人弄不清要说明什么问题，不了解发文的意图，特别是情况汇报、工作汇报介绍。

二是要语句简练、交代清楚。拟写文件既要尽量节省用字、缩短篇幅、简洁通顺，又要注意交代的问题清楚明了。

五、反复检查,认真修改

初稿写出后,要认真进行修改。写文章,需要下功夫。自古以来,好文章都要经过反复修改,写文件也同样,尤其是重要的文件,往往要经过几稿才能通过。只要认真、有耐心,写公文是不难的。

延伸阅读

任务二　公文处理能力提升

◆ 知识点一　收文发文的处理程序

一、收文处理程序

做好文件的收发处理是秘书文书管理的职责之一。本单位之外的机关、部门、企事业单位或社会组织等通过各种渠道和方法发送至本单位的文件,统称为收文。

(一)签收

签收的方式主要有签名、盖章、打收条、回接收单(函)等。

签收一般包括拆封、清点和分类三个环节。

1. 拆封

拆封是指拆装有文件、资料的信封或文件包,取出文件的过程。

(1)简要分类。一般公务文书可由秘书拆封;绝密件一般由文秘部门负责人拆封;私人信件除授权外,一般不要拆封。

(2)拆封时注意不损坏文件,同时,要注意将封内文件取清,如发现空封,应及时与发文单位联系,查明原因。

(3)拆封后的文件要单独存放,不要与已处理文件混放,更不要将未处理文件让他人乱放和拿走。

(4)逐封核对来文,发现错送文件,应及时与发文单位取得联系并退回;发现短少、文事不符、错送文件等,联系后妥善处理。

(5)拆封后的空封筒应集中存放一段时间,以便一旦发现差错能及时核对查询。

2. 清点

清点是对拆封后的文件进行检查核对的过程。

(1)按来文单位或签收回执标明的来文单位、标题、编号、数量等仔细查对,发现问题,及时处理。多收的文件要退回;对短少份数的,要及时通知发文单位补齐;对错发的文件要及时调换更改。

(2)检查文件是否齐全完整,看是否缺附件,是否缺页、白页,有无落款、加盖印章、成文日期等。

3. 分类

分类是将清点后的文件按不同标准和要求分类。

分类一般标准有：

（1）按发文机关分，通常有中央、省、市（地区）、县（市）等。

（2）按行文方向分，有上行文、下行文。

（3）按文件内容分，有需办理文件和阅知的文件两大类。有时，也可按文件、简报、资料三大类进行分类。

（4）按登记文件和不需登记文件分为两类。

（二）登记

登记是收到应登记的文件，对文件来源、存在、去向、密级、缓急程度、编号、内容和处理、运作过程情况的记录。

一般情况下，需要登记的文件有：上级机关文件，包括指导性、参阅性和需办理的文件等；下级机关文件，包括简报、资料等；平级机关商洽问题、处理问题并需回复的文件。

登记的形式一般有簿式、卡片式和联单式三大类。

登记应注意：

（1）必须逐项登记，不得漏登、省略。

（2）不得重复和跳号。

（3）字迹必须清楚、工整，并符合档案要求。

（4）登记后的文件必须加盖收文编号章，以示区分。

（三）分发

分发即分送，就是对收到的各类文件、材料、资料按照一定范围和运行办法送给有关领导和承办部门。

分送办法主要有直接分送和机要人员传递两种。分送件主要是办件、阅件和简报，上级机关阅件一般情况按固定分送范围分送；其他文件、简报等可按非固定范围分送有关领导和相应部门。

分发原则是准确及时、主次分明、手续齐全。

传阅文件应注意：

（1）严格传阅范围。

（2）严禁文件横传。分送人员与传阅人之间文件运转原则上只能是直线联系，不允许应阅人员之间文件横传，否则不仅容易发生丢失，还难以分清责任，特别是密件丢失，会给国家带来重大损失。

（3）调控文件运行。要根据文件缓急程度和应阅人工作安排情况，在坚持一定的传阅顺序的基础上，做适当调理，加快文件运行速度。

（4）检查清理文件。传阅文件退回后，文秘人员要认真清理检查，并做好"四查一注"工作：一查有无阅文漏传应阅人；二查有无批办意见；三查有无短缺文件；四查有无阅文过长、内容过时；对传阅退文情况进行全面记录标注，以备查需。

（四）拟办

拟办是指对需要办理的文件提出初步办理意见，以供领导或部门负责人审定。拟办意见力求准确、及时、简洁。

（五）批办

批办是指领导或部门负责人就某一文件的拟办或承办处理意见所批示的原则性意见。批办是在拟办基础上进行的，一般机关由部门领导批办，大的机关则由办公厅主任或秘书长批办，有的部门则采取拟办和批办相结合，直接批办。批办的意见要直接、明确、简明扼要，指明承办部门或具体承办人。

批办应注意的事项：

（1）批办要提出明确的处理原则和办法。

（2）批办要及时，确定承办部门要准确。

（3）批办人要在批办意见之后署上自己的姓名及日期。

（六）承办

承办是指有关部门或人员根据领导的批办意见，结合本部门的实际情况，具体处理公文的工作。承办部门对交办的批件必须件件着落、事事有回音，一般公文要求在15日内办结。

（七）催办

催办是指对需要办复的文件，根据缓急程度和办理时限要求，适时对承办工作进行查询督促，以防积压和延误。

催办方法一般有电话催办、发函催办、登门催办、约请承办部门来人汇报等。

（八）查办

对没有按规定期限办结的文件、对领导交办落实不力的事项、屡催不办的部门或承办人，以及对重大决定事项追踪反馈不及时等，要督促承办部门或承办人加快办理速度、提高办事效率，并限期将办理情况报结。

收文登记示例如表 4-5 所示。

表 4-5 收文登记示例

组成部分	内容
来文单位	区应急管理办公室
收文时间	2022.7.5
收文编号	〔2022〕142
文件标题	关于征求市中区综合应急救援大队组建方案意见函
文件编号	12
内容摘要	我区拟组建综合应急救援大队，现拟定了《市中区综合应急救援大队组建方案（征求意见稿）》，请提出具体意见。各单位的书面意见及材料要求于 2022 年 7 月 7 日上午 12 时前报送该办公室
拟办意见	拟请办公室提出书面意见按时上报。当否？请田局阅示
领导批示	同意拟办意见。　　　　　　　　　　　　田玉才 2022.7.7
办文时限	7 月 7 日上午 12 时
经办人	刘芳
办理结果	2022.7.7 办公室刘芳回复：复函
归档记录	函 20220707

收文流程见图 4-4 和图 4-5。

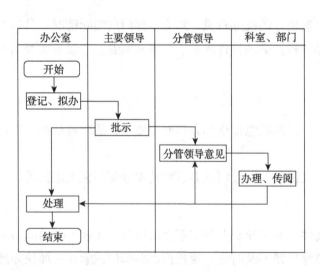

图 4-4　收文流程（1）

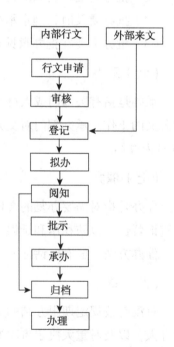

图 4-5　收文流程（2）

二、发文处理程序

发文是指将本单位的文件发送到外单位。本单位发出的一切关于公务的文件、信函、电报及其他文字材料，都属于发文。发文办理一般包括拟稿、核稿、签发、校对、印刷、分发等程序。

（一）拟稿

拟稿应按照《党政机关公文处理工作条例》来拟定，行文关系、公文种类和公文格式要准确、规范，要按公文的内容、性质，恰当地确定密级和紧急程度。公文用语应力求准确、规范、精练，切忌大话、空话、套话。

（二）核稿

公文质量的审核把关，一般由办公室主任或秘书科的领导完成。

（三）签发

文稿最终送批之前，如果出现问题，涉及其他部门或地区则要会签，文稿需由每一会签单位的负责人签署意见并加盖公章。会签的文稿，由主办部门与有关单位联系，送请会签。出现分歧意见要由具体承办部门在拟办中提出建议和意见，一并报请上级部门领导审定。

（四）校对

文件打印后需由专职校对人员进行校对。一般需经三人共同校稿，通过看稿、读稿、核稿三个程序，每个程序都应签字，落实责任，保证校对质量。经校对后的清样，交核稿人核对后，在终稿清样上签字后付印。校对符号严格按国家标准标注。

（五）印刷

一般文件，应按规定时间及时印出；急件应在要求的时间内印出，不得延误。

（六）分发

正式文件应由专门的发文科（室）统一发送（图4-6～图4-8）。

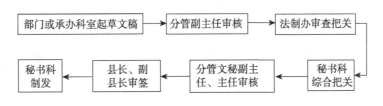

图4-6　某县发文程序示例

图 4-7 联合发文办理工作程序

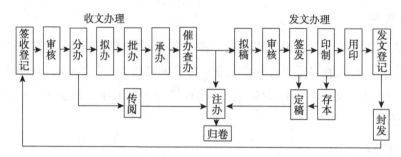

图 4-8 公文办理程序

◆ 知识点二 电子公文的管理

一、电子公文的内涵

使用电子计算机进行公文处理是办公自动化（office automation，OA）的重要发展。国家电子政务建设十几年来，电子公文（electronic official document，EOD）的应用越来越广泛。很多政府部门和金融机构的纸质公文逐步被电子公文取代，节省了办公成本，提高了办文效率。目前，我国电子公文的应用已经遍及国务院各部委和各省区市政府，在许多金融机构及大型企事业单位也得到充分应用。

2003年9月国务院办公厅正式颁发的《电子公文传输管理办法》中指出电子公文是经国务院办公厅统一配置的电子公文传输系统处理后形成的具有规范格式的公文的电子数据。该办法首次明确规定了电子公文与相同内容的纸质公文具有同等法定效力。2005年2月18日国家标准质量监督检验检疫总局颁布的《基于XML的电子公文格式规范》（标准GB/T 19667.1—2005）第一部分《总则》中，又将电子公文定义为"以数字形式存储于磁带、磁盘、光盘等媒体，依赖计算机系统阅读、处理并可在通信网络上传输的公文"。

二、电子公文系统的使用

我国电子公文系统最早由电子公文技术创始人王东临于 1996 年研发成功,同年在中国农业银行率先投入使用。目前电子公文系统技术发展更为完备(图 4-9)。

图 4-9　电子公文传输系统流程

(一)电子公文平台使用指南

(1)进入办公平台登录界面。

(2)进入公文系统主界面(图 4-10)。

图 4-10　办公平台及系统界面

(3)进入发公文界面(图 4-11)。

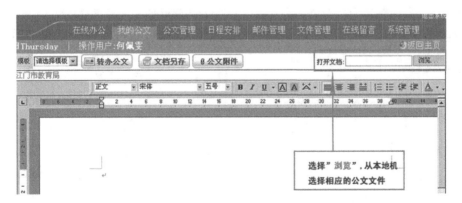

图 4-11　发公文界面

（4）确定发送公文（图 4-12）。

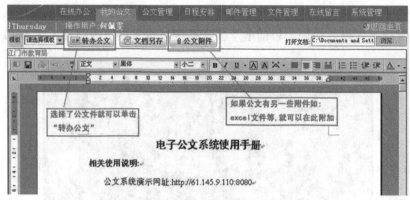

图 4-12　发送公文

（5）单击"转办公文"输入基本信息。
（6）输入完公文基本资料后单击"确定"按钮（图 4-13）。

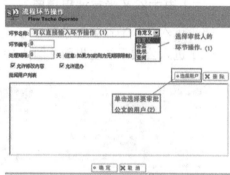

图 4-13　确认公文资料

（7）在弹出的对话框选择要审批的用户。
（8）选择审批领导后单击"确定"按钮（图 4-14）。

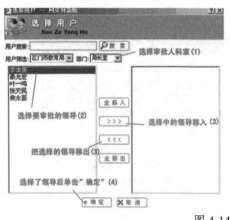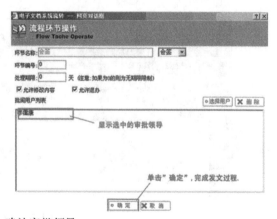

图 4-14　确认审批领导

（9）单击"确定"按钮（图4-15）。

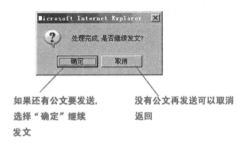

图4-15　确认完成

（二）公文管理界面

进入在线办公功能：功能导航栏——"我的公文"（图4-16）。

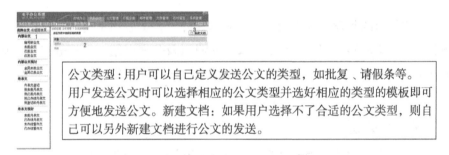

图4-16　功能导航栏——"我的公文"

（三）公文发送

公文发送如图4-17所示。

图4-17　公文发送

（1）输入完成公文内容后单击"转发公文"按钮。

（2）输入完成公文的基本信息后单击"确定"按钮，出现图4-18。

 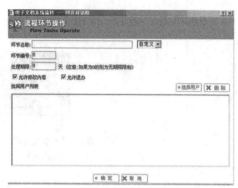

图 4-18　选择接收公文用户
资料来源：《电子公文平台使用指南》见百度文库
https://wenku.baidu.com/view/29023f21f22d2af90242a8956bec0975f565a47d.html.

（3）在弹出的对话框中选择相应要接收公文的用户，单击"确定"按钮即可以完成一次公文的发送。

除了上述介绍的收发文件以及文件的管理之外，公文处理系统还可以比较轻松地在系统中实现公文流转过程的跟踪、公文的审批以及公文办结、存档等工作，基本可以完成公文办理的所有程序。秘书应了解和掌握电子公文系统的基本功能，实现熟练安全的操作。

三、电子公文的管理

目前关于电子公文的管理制度有《电子公文传输管理办法》《电子公文归档管理暂行办法》等，它们就电子公文的生成、发送、接收、归档做了具体规定。

（一）电子公文的起草和会签

文稿由秘书利用办公自动化系统，在计算机上拟写内容或者自动生成某些格式之后，按照一定的程序和流程传输给办公室负责人或者部门主管负责人审核、签字。需要会签的文稿应当发送到会签部门研究会签。2004 年 8 月 28 日，第十届全国人民代表大会常务委员会第十一次会议表决通过《中华人民共和国电子签名法》，首次赋予电子签名具有与手写签字或者盖章同等的法律效力，同时承认电子文件与书面文书具有同等的效力。

（二）电子公文的复核和校对

收到相关部门主管负责人审核、签字之后发送返回的文稿，秘书要对电子公文的文种选择、内容表达、格式要素等各个方面进行复核、校对。电子公文的处理应当符合《党政机关公文处理工作条例》的有关规定。电子公文介质是数字纸张。秘书复核和校对电子公文务必严谨认真，保证准确无误。

（三）电子公文的发送和接收

电子公文定稿之后，秘书要按照一定的要求和流程把电子公文直接发送到收文单位。传输电子公文的网络要达到痕迹保留、全程监控、安全保密的技术要求。收文单位则要按照一定的要求和流程接收电子公文。现在，行政机关、社会团体和企事业单位一般都建立了办公自动化系统，实现了网上办公，大大提高了电子公文的发送和接收的效率。比如，有的单位的文件管理系统中设有部门信箱和个人信箱，文件的发送和接收可以很方便地完成，而且，不断创新的办公自动化系统为电子公文工作提供了越来越多的技术保障（图 4-19）。

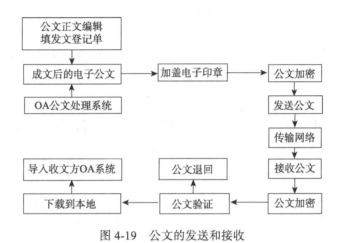

图 4-19　公文的发送和接收

（四）电子公文的归档与保护

具有档案保存价值的电子公文，务必归档实施保护。电子公文的真实性、完整性、安全性和可识别性，移交前由形成部门负责，移交后由档案部门负责。

归档的电子公文，应按本单位档案分类方案分类、整理，并复制到耐久性好的载体上，一式 3 套，一套封存保管，一套异地保管，一套提供利用。要将纸质公文与电子公文复制双重归档，实现文档一体化。对电子公文的形成、收集、积累、鉴定、归档及归档后的电子档案的保管与利用实行全过程管理，从而确保电子公文的真实性、完整性和有效性。

◆ 知识点三　文档的整理和归档

面对形形色色的文件，秘书要学会科学地进行文件的整理和归档，掌握文件分类和档案保管的一般常识，在工作中充当好"文件管家"的角色。

归档文件是指立档单位在其职能活动中形成的、办理完毕、应作为文书档案保存的各种纸质文件材料。秘书对文件整理归档的过程就是将归档文件以件为单位进行装订、分类、排列、编号、编目、装盒，使之有序化的过程。

整理归档时应注意：

（1）遵循文件的形成规律，保持文件之间的有机联系，区分不同价值，便于保管和利用。

（2）确定归档范围。凡是记述和反映本机关、本单位职能活动和历史面貌的文件材料，包括本机关、本单位形成的制定的正式文件、会议文件、内部使用文件，包括本机关、本单位收到上级、下级与本身工作活动有密切联系的各种文件材料，都应列入归档范围。凡是与机关、本单位职能活动无关的和无保存价值的文件材料，均不列入归档范围。

（3）确定保管期限。在归档文件整理过程中，根据2006年9月19日国家档案局颁发的《机关文件材料归档范围和文书档案保管期限规定》，机关文书档案的保管期限定为永久、定期两种。定期一般分为30年、10年。

（4）归档文件的整理。归档文件以"件"为单位进行整理。一般以每份文件为一件。下列文件或文本在实体装订时，可作为一件：

①正本与定稿作为一件。

②法律法规等重要文件的历次修改稿（包括定稿）可合为一件。

③正文与补充说明正文的文字、图表、数据等附件，原则上为一件。附件页数多，也可各为一件。

④具有保存价值的文件处理单应与正文作为一件。

⑤原件与复印件或手抄件，应作为一件。

⑥转发文件与被转发文件，应作为一件。

⑦报表、名册、图表类文字材料应按其原装订方式，一册（本）作为一件。

⑧请示与批复、报告与批示、问函与复函等来往文书，原则上作为一件。如果报请性文件归档整理后才收发回复性文件，也可各为一件，并在"归档文件目录"的备注栏中加以说明。

以"件"作为保管单位的各文种和稿本的排列顺序为：正本在前，定稿在后；正文在前，附件在后；原件在前，复制件在后；结论性材料在前，依据性材料在后；汉文本在前，少数民族文字在后；不同文字的文本，无特殊规定的，中文本在前，外文本在后；文件处理单放在文件前面。

（5）填写归档信息。归档设置全宗号、年度、保管期限、件号等必备项；机构（问题）为选择项。

全宗号：同级档案馆给立档单位编制的代号。

年度：指文件形成年度，以四位阿拉伯数字标准公元纪年，如"2001"。

保管期限：该归档文件保管期限标注。

件号：文件的排列顺序号。

机构（问题）：作为分类方案类目的机构（问题）名称或规范化的简称。

填写时应使用碳素墨水等符合档案保护要求的字迹材料。填写后应在归档文件首页上端居中的空白位置加盖归档章作为文件归档整理完毕的标识。

实训提高

实训目的

掌握公文处理的基本知识，加深对公文处理程序的理解。

实训形式

情境模拟

1. 请学生们分组进行公文处理收发文程序的模拟演练，并交流演练过程中的心得，教师进一步指导。

我的公文收发演练
基本程序：
收文：
发文：
我觉得最难的环节是：

2. "公文整理的小窍门"发言交流。

结合日常学习生活中如何进行个人知识和材料的管理,以"我的文件整理小窍门"为主题展开主题发言,并把最好的方法进行汇总。

我的文件整理小窍门

1. _____

2. _____

3. _____

实训总结表

实训心得:_____

_____

通过实训发现的问题:_____

_____

自我勉励:_____

_____

课后拓展

◆ 技能训练

走访一位秘书,询问电子公文管理的相关实践知识。

◆ 讨论思考

如何高效率地实现文书的管理?

◆ 现身说法

我这样收发和管理文件

张丽艳

工程师

青岛市即墨建设工程施工图设计审查中心

在文秘的职责范围内,收发文件及公文管理占了重要一块,如何把这一职责完成得更好就显得尤为重要。

收发文件简单地说就是各方面精神的上传下达,确保文件准确及时地传达给相关人员。公文管理简单地说就是让做过的事有据可查、责任到人。

一、收文

(1)秘书科负责接收经收发室、市政府电子公文交换平台、邮政等渠道送来的文电、信函;负责签收由市委办机要局和其他机要交通渠道送来的文电、信函,计算机远程工作站接收的文件,以及总值班室接收的传真件。上述文电、信函,属领导的,送领导拆封;属本部的,由秘书科签收、拆封;属其他科室的,交相关科室签收。

(2)严格履行签收手续。秘书科每周定期派人到市委收发室签收机要件、信件。签收信件、机要文件、挂号时,要看清信件是否属于本部;检查封口是否破坏、密封是否完好;核对实际信件数、信封号码与登记情况是否相符。准确无误后方可签收。急件应注明签收的具体时间。文件或信件统一由专人处理,不得擅自拆封。

二、分办

(1)文、电由秘书科分为急件、必读件和参阅件送部领导批示或传阅。收文原则上当天呈送,最迟不得超过48小时;急件必须即收即送达有关领导,不得延误,并对领导指示立即办理。一般情况下,此过程不得超过5小时(特提件3小时)。收文时已延误的应立即报告部领导。

(2)完备文件收发登记。建立完善文件收发登记簿,登记时要将公文标题、密级、收发文字号、发文机关、成文日期、主送机关、份数、缓急程度、收文日期及办理情况逐项填写清楚,便于跟踪、查找、催办和统计。

(3)及时送拟办、呈批。呈办文件原则按领导排序逐级依次呈批,或根据来件内容送相关领导阅批。需传阅处理的文件统一由秘书科送部领导阅批,然后按部领导批示转有关科室、部门或人员办理。各科室收文须签收,因特殊情况文件由部领导直接交各科室办理的,各科室事后要把原件交回秘书科及时补登记。需送领导阅批的传真件,应当复制后办理。

三、办理

(1)承办和催办文件。随时掌握文件运转速度和跟踪文件的去向。各科室批定专人签收阅办文件，并及时阅读，不得积压。阅文后要在传阅笺上签名，及时退回秘书科。密级文件必须在下班前送回秘书科保管。一般性文件不得超过3天，如不能及时退回，应在传阅笺上注明延误原因。

（2）凡是部领导批示，送有关单位办理的，要做好跟踪和及时反馈，坚持每星期清理、催办一次。个别需较长时间办理的文件，也要视情况及时催办。批办件办结后，必须向有关领导汇报办结情况。需办发文的来文转入发文处理。

四、归档

（1）开会带回的材料和已办理完毕的文件，承办人应及时告知有关领导和秘书科；并及时退回秘书科保管，按规定清理、清退和归档。

（2）需借用的文件，应办理借用手续并按时归还。

（3）部内形成的文件或需转发上级组织部门的文件，经部领导签发后，根据内容在发文登记簿上按顺序编发文字号，并按发文范围和保密规定发放。邮寄或挂号需到秘书科登记。"三密"文件应通过机要渠道传递，以确保文件安全。

（4）"三密"文件和开会带回需清退的有关材料，由秘书科指定专人管理和负责传递，以确保文件安全。密级文件未经允许，不得抄录、复制，确需留存的有关业务性文件，如需复制，先填写《文件复印登记表》，经部领导审批后，统一由秘书科复制、登记。复制的文件与正式文件同样管理。

（5）凡注明要收回的会议文件、讨论稿、征求意见稿，应指定专人负责收回，经请示领导后归档或销毁。

（6）按规定对密级文件进行清理、清退和销毁。要定期清查，按时清退。销毁密级文件时，必须严格履行登记手续，经主管领导批准后由两人以上监销，保证不丢失、不漏销，个人不得擅自销毁文件。工作人员调离岗位时，要将本人保管、借用的文件及时移交、清退。

（7）在阅件过程中，由于未及时办理或漏办、压误而影响工作的，要追究当事人或承办人的责任。在文件办理过程中，如出现失误或"三密"文丢失的事件，要及时采取相应措施，将影响和损失降到最低限度，并视具体情况，按保密纪律追究当事人的责任。

延伸阅读

思考题

扫描此码 即测即评

目标 五

滴水不漏　又快又好
——事务性工作技能全面提升

> 事务性工作多是秘书的职业特点。掌握日常各种事务的管理方法，严谨规范、科学高效地完成各项事务工作，是秘书从业的重要技能。想做一名优秀的秘书，先要学着做一名合格的"管家"。

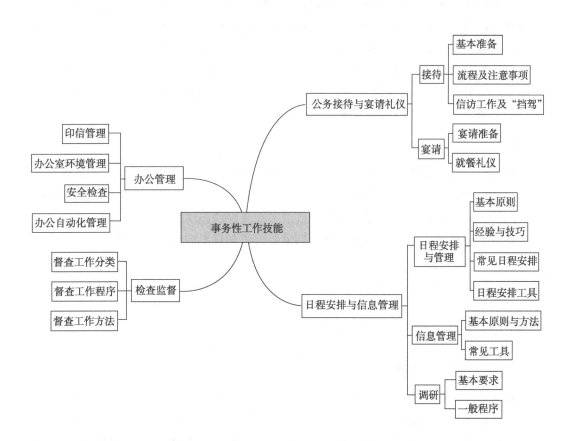

任务一　公务接待与宴请礼仪

情景导入

端茶倒水里的大学问

方华大学毕业进了一家大公司做秘书，本想大干一场的他发现自己天天都在端茶、倒水、打印文件、整理资料。方华很是纳闷：都说秘书工作很重要，我怎么感觉不到呢？有一天，经理对方华说，要交给他一份很重要的任务，让他协助秘书老张接待一批来公司考察的客人。方华觉得不就是接待客人吗，有什么了不得的呢，还说得那么重要。他满心的疑惑被秘书老张看出来了，老张语重心长地对方华说："接待工作看上去很简单，实际上是一件要求很高的事情，每一个细节都要考虑清楚，客人的习惯、爱好、可能有的要求，都要一一考虑周到。举个例子吧，座谈时水果果盘的摆放，选择什么样的水果既方便食用又能烘托气氛，水果要一个个洗好擦拭干净，怎么放也有讲究，要考虑美观、卫生、易于拿放等因素。吃饭时的座次排序、客人们的口味喜好。菜品搭配的适当与否，可以说接待工作是最能反映秘书能力和素质的一项工作了。"方华恍然大悟，尽全力配合老张进行客人的接待，每一个细节都想得很周到。事后，客人很感慨地对老总说："你们公司是一个特别优秀的公司，这点从秘书人员的素质就看得出来。我们这次来，感觉像在自己家那么方便舒适，很感谢你们。"不久，这批客人就跟公司签了上千万元的商品订单。

解析

秘书接待工作是单位形象的"窗口"，是展示企业文化和个性风采的门户，也是联络客户感情的纽带，是企业潜在的生产力。一次完美的秘书接待工作，不仅能够提高单位的社会效应和知名度，有时还能为组织带来良好的经济效应。做好接待工作是一个单位长远发展的需要，也是展示组织形象的需要和秘书职业能力的体现。

理论与方法精讲

◆ 知识点一　秘书的接待工作

一、接待工作的基本准备

在秘书常规性的事务工作中，接待工作是很重要的组成部分，接待工作关系着来访者对单位的第一印象，有的来访者可能只来一次，"接待"留下的印象就会成为他对单位的永久性评价。因此，接待无小事，事事系大局，很多单位提出"接待就是生产力"，作为秘书，要珍视每一次接待，重视每一位客人，做好充分的接待准备。

（一）心理准备

心态决定一切，良好的心态不仅可以保证工作的质量，久而久之，还能够内化为习惯，塑造成气质，很多资深的秘书共同的体会是："心里主动，忙也不累；心里被动，闲也疲惫"，接待工作的心理准备是不可缺少的。

1. 真诚和热情

接待中，真诚可以让人感到放心，热情可以让人感到尊重。来访的客人较为复杂，有的已经预约，有的唐突来访，有的彬彬有礼，有的脾气暴躁，有的善于沟通，有的不善交流，秘书在进行接待时，往往要兼顾各种可能的情况，始终坚持"来的都是客"的基本理念，把真诚和热情作为接待心理的标尺。在最繁忙的时候，也要积极暗示自己换位思考、耐心周到；在受到误解时，也要认真倾听、礼貌解释；自己或所在单位人员有失误的时候，则要灵活应对、真诚道歉，始终牢记自己是公司的窗口和代表。

2. 协作和沟通

对来访者，秘书如果能够本着给予帮助、积极协调、主动沟通的心态来进行接待，就会表现出主动性和亲和力，体现出良好的职业素养，展现出单位的内涵和风采。

3. 严谨和自持

接待是组织事务和信息内外交互的重要渠道，在接待中，严谨和自持是秘书应有的心态，严谨和自持是在真诚与热情待客的同时提醒自己不能过于随便，言辞要严谨、举止要规范，要善于在各种接待情境中自我把持和管理，牢记一言一行关系着组织的形象和利益。

（二）物质准备

接待中的物质准备必不可少，物质准备包括环境准备和接待用品的准备。

1. 环境准备

接待环境可以分为硬环境和软环境。硬环境包括接待中所需的前台、会客室、会议室等，还应包括客人来访所经过的与单位相关的所有场所，如大门、前厅、走廊、楼梯等，这些地方都应该保持整洁、明亮、美观、空气清新。软环境包括接待中接待者的整体精神面貌和接待环境中表现出来的氛围、内涵等可以让客人感知到的东西，可以说是给客人呈现出来的单位的"感觉"。因此，除了接待人员精神抖擞、大方自然的良好面貌，通常还会通过摆放花束、横幅、字画等给予客人"欢迎光临"的积极暗示。另外，会客室的墙上可悬挂能体现单位实力和可信度的主题照片，宣传栏中可以布置能展现单位企业文化的图片等，书报架上可以放置单位产品和介绍的广告资料等。

2. 接待用品的准备

与接待工作相关的用品有：样式简洁、安全舒适、整齐美观的桌椅，茶具、茶叶、饮料、一次性纸杯等；照明设备及空调、电话、复印机、传真机；相关资料包括纸和笔等必备办公物品。

（三）基本信息和业务知识的准备

首先要了解来宾的基本情况，包括来宾的人数、姓名、性别、年龄、民族、职务等，情况了解得越详细越好。针对来宾可能需要了解的情况，应熟练掌握单位各部门的设置分工、企业的发展历史和管理文化、品牌的来由、产品的特点、规格、种类等基本情况；如果是外地的客人，还应准备当地宾馆信息、名胜古迹、游览路线的名称、地点、联系方式以及本市的政治、经济、文化等情况，不能"一问三不知"。

（四）接待计划和规格的准备

接待前应对整体接待流程和细节进行周密的计划安排，并针对来宾情况确定好接待规格。需要计划和确定的要素有：接待中出面接待、陪同的人员，接待时用餐、用车、活动安排。

秘书要能够根据来访者的身份确定接待规格，并提早向领导汇报相关情况。接待规格的确定一般按照接待方的主陪人的身份分为三种情况。

接待方的主陪人员比主宾的职务高的接待方式为高规格接待。例如某一公司的总经理亲自接待一位重要的客户，而对方不过是分管业务的副总经理。高规格接待能够表示对对方的重视和礼遇，往往在涉及重大业务问题时使用。

接待方的主陪人员与主宾的职务相当的接待，是最常见的对等接待规格。

主陪人员比主宾的职务低的接待，为低规格接待，这种接待规格多见于基层接待上级的情况，或者是接待的主陪人员有突发情况不得不临时调整的情况，此时一般要说明情况并表示歉意，请对方谅解。

（五）制订接待计划

接待计划应在向领导请示协商后拟订，拟好后应给领导审核，并及时传送给来访人员，让其对活动安排心中有数。接待计划的主要内容有三项（表 5-1）。

表 5-1 接待计划的主要内容

接待计划	主要内容
确定接待规格	（1）主要陪同人员； （2）主要工作人员； （3）住宿地点、标准，房间数量； （4）宴请时间、标准、人数； （5）会见、会谈时间、地点、参与人员
拟定日程安排	日期、时间、活动内容、地点、陪同人员
提供经费列支	（1）工作经费：租借会议室、打印资料等费用； （2）住宿费； （3）餐饮费； （4）劳务费：讲课、演讲、加班等费用； （5）交通费； （6）宣传、公关费用； （7）其他费用

(六)接待工作的流程及注意事项

在接待方面要特别注意三个环节,力求使来访者满意(表5-2)。

表 5-2 接待工作的三个环节

接待环节	主要内容
迎客	"3S"原则:起立、微笑、注视。(stand up、smile、see) 出迎三步原则:在客人进门后,秘书应起身、微笑、看着客人迎前三步问候您好。一般情况下,秘书不主动与来访者握手,除非来访者非常重要或年事已高。若对方主动伸出手,秘书则应趋前握手
待客	选择对方感兴趣的话题,坚持"五不问":不问收入、不问年龄、不问婚姻家庭、不问健康状态、不问个人经历
送客	客人提出告辞先起身,秘书马上站起相送,坚持"身送七步"原则:客人起身告辞时,秘书应起来,主动为客人取下衣帽,帮他穿上,与客人握手告别,选择最合适的言辞送别,如"希望下次再来"等礼貌用语;送客时应帮客人代提重物。与客人在门口、电梯口或汽车旁告别时,要与客人握手,目送客人上车或离开,要以恭敬真诚的态度笑容可掬地送客,不要急于返回,应鞠躬挥手致意,待客人移出视线后,才可结束告别仪式。 切忌:先于客人起立相送或客人告辞,秘书仍端坐忙碌,不看不送

二、信访工作的接待技巧

(一)信访工作

信访接待不同于一般的接待,要注意以下问题。

1. 规章第一,切忌感情用事

严格遵守党和国家的各项政策、法律、法规和上级机关的规定,按照《信访工作条例》的要求,依法做好群众来信来访的接待工作,在调查研究之前不能感情用事,随口承诺。

2. 礼貌热情、举止文明

来访者往往是有事情需要帮助或有问题需要解决,心情一般比一般来宾更加急切、焦虑和不安,此时更要心系群众、态度热情、举止文明、用语礼貌、服务周到,要让对方感受到尊重和理解。

3. 认真记录,及时汇报

要认真做好群众来信来访接待记录,及时上报信息,做好群众来访的接待工作、宣传解释工作和思想政治工作。

4. 廉洁自律、公开公正

要严格执行廉洁规定,公开办事制度,不徇私舞弊,不准假公济私、压制报复,不准泄露当事人的隐私。自觉接受群众监督,只有公正的态度,才能让群众放心和舒心,信访工作才能顺利进行。

5. 认真处理、及时反馈

群众来信来访反映的问题,做好急事急办,件件有着落。

（二）接待中的"挡驾"

在接待来访的过程中，有些来访者会提出直接面见领导的要求，秘书要区别对待、认真分析。对一般性的来访者、非善意的来访者或者领导特别交代不予接见的来访者，秘书要加以拒绝，但又不能简单地拒绝，此时应运用人际沟通中的技巧加以婉拒，即接待工作中的"挡驾"。"挡驾"，是秘书接待工作中普遍存在的现象，秘书是有效过滤来访者的"漏斗"，科学地"挡驾"可以帮助领导节约宝贵的时间，避免领导被繁杂的事务和纠纷纠缠，保证工作的顺利进行。

1. 尽可能详细了解来访者的情况

对不同的来访者区别接待见表 5-3。

表 5-3 对不同的来访者区别接待

来访者	接待要求
外部来访者	来自上级单位和有重要事项联系的一般不能"挡驾"，应直接引见给领导
内部来访者	原则上不予引见，除非事关重大，或时间紧迫。一般性的问题，可告知来访者，或找职能部门解决，或利用平常的日子，在与领导接触的过程中向领导反映
凡属心理不健康、精神上有缺陷或怀有不良企图的，都应予以"挡驾"	

2. 做好来访情况的分析记录

秘书应在记事本中专门记载来访者的有关情况，在交谈中了解对方的姓名、年龄、工作单位、职业、性格类型、精神状态、来访时间、反映的情况、提出的要求、是否重复来访等。

对特别要求面见领导的来访者，要弄清对方面见领导的意图，以及面见领导后可能采取的行为方式等，可在记事本上作出记载，日后若再次来访且性质相同，便可根据前次的安排决定是否"挡驾"。

3. 领会领导的态度

领会领导的态度，一般而言有三种情况。

（1）对于无理取闹、纠缠不清，或态度恶劣、脾气暴躁的来访者，不宜让领导接待，应予以坚决"挡驾"。

（2）来访者所反映的情况比较重要，但领导因要处理更重要的问题而分不开身，可暂缓安排面见。

（3）秘书不能确定问题的性质和领导的态度，可先行"挡驾"，待请示后再做安排。

4. 有效的"挡驾"

有效的"挡驾"有以下几种情况。

（1）为来访者解决了问题，使来访者能满意离去。

（2）与来访者建立了良好的人际关系，来访者对秘书充满了感激之情，不会因未见到领导而愤懑与失望。

（3）没有"后遗症"，即来访者能理智地放弃面见领导的要求，而且也不会为此而再次来访，或通过其他的途径达到面见领导的目的。

5. "挡驾"的基本技巧

1）运用语言"挡驾"

根据不同的来访者和不同的问题，要运用不同的语言风格和态度进行"挡驾"。

（1）坚定。对于无理取闹或纠缠不清的来访者，拒绝时态度要十分坚定，如用"绝对不行""我不能为你安排""很抱歉，这是不可能的"之类的语言加以拒绝，切忌出现"可能""大概""好像"似是而非的语言表述，要让来访者清楚地意识到不可能见到领导。

（2）诚恳。有些来访者比较通情达理，但是他认为只有面见领导才能解决他的问题，秘书诚恳的态度和语言可以说服对方并使对方相信，此类问题不需要领导干预，只要去找有关的职能部门就可以了。如用"领导不会管这件事，我看去找某部门就行了""我帮你出个好主意，不妨直接去找某部门，一定能解决这个问题"之类的语言，来访者信任秘书是真心实意地帮助他，从而接受建议。

（3）委婉。有些来访者不能简单地加以拒绝，此时用委婉的语言效果比较好。如"最近领导特别忙，分身乏术，领导也许会把你的事接下来，但我敢肯定，他确实没有精力来处理，只有等着，反而会耽搁你更多的时间，我看我们不如直接去找某某部门，问题一定可以顺利解决"。权衡利弊之后，来访者会作出明智的抉择。

2）体态语言"挡驾"

体态语言"挡驾"有时会收到意想不到的效果。

（1）拉开距离表态度。

两人之间距离的不同，可以表示彼此间亲疏的区别。

秘书拒绝来访者的要求时，如果态度十分坚决，就应该运用疏远距离。

如果态度诚恳地说服对方，应该运用亲密距离。

如果态度委婉地劝说对方，应该运用一般距离。

（2）表情坚定不动摇。

坚决拒绝时，表情应十分坚定、不可动摇，给人威严和严肃的感觉。

诚恳拒绝时，表情应心怀同感、深表同情，给人值得信赖的感觉。

委婉拒绝时，表情应乐于相助、无可奈何，给人推心置腹的感觉。

（3）动作严谨讲礼节。动作对所要表达的意思，可以起到强调、补充、暗示的作用。比如，看手表、埋头写文件，或频繁打电话和进出，是下逐客令的意思；摇头、摆手，或坚定地拍击桌面，是态度坚决的表示；下意识冲对方点头、轻碰对方膝盖或拍拍对方的肩头，深叹气是表示愿意帮忙又无可奈何的意思。

秘书应充分掌握和熟练运用，科学地"挡驾"。

◆ 知识点二　宴请活动的安排

一、宴请准备

（1）确定规格、发出邀请，根据邀请回执进行就餐人数的确认和酒店的预订。

（2）了解来宾的饮食习惯及禁忌，在酒店预订和菜品选择中要牢记。

二、最重要的就餐礼仪

（一）中餐

（1）座次安排。一般情况"面门位尊、右高左低、靠墙位尊、过道为下"，正对大门为主持宴会的请客的人，也就是主人的位置，也可以叫做主陪位。最重要的客人，也就是主宾，居于主人的右手边，其他人依次就座，如图5-1左侧图示。

如果请客时主人带着夫人或者好朋友一起招待客人，座次安排上就有了第二主人位置，或叫做副陪位置。此时，第一主宾可以安排在主人的右手边，第二主宾可以安排在副陪或女主人的右手边，以示对重要客人的尊重，其他人可以依次就座，如图5-1中间所示。

多桌就餐，坚持餐桌人数安排尽量为双数，且各桌排位大体相似的原则。大宴，桌与桌间的排列讲究首桌居中。以宴请7桌的桌次为例，如图5-1右侧所示。

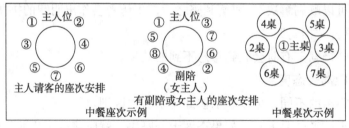

图 5-1　中餐座次和桌次安排

（2）用餐礼仪。用餐时须温文尔雅，从容安静，餐巾摊开，放在双膝上端，切勿系入腰带，或挂在领口。口内有食物，应避免说话，使用公筷公匙夹菜舀汤，小口进食、食物就口，不可口就食物、避免咳嗽、打喷嚏、怄气，万一不禁，应说声"对不起"。如欲取用调味品，应请邻座客人帮忙传递，不可伸手横越，长驱取物。遇到问题，不要大惊小怪，宜候侍者走近，轻声告知侍者更换。

（二）西餐

（1）西餐宴席座次安排。长桌：以长桌排位，一般有两种主要办法。一是男、女主人在长桌中央对面而坐，餐桌两端可以坐人，也可以不坐人；二是男、女主人分别就座于长桌两端（图5-2）。

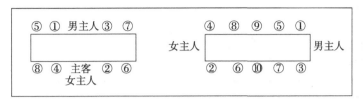

图 5-2　西餐座次安排（长桌）

方桌：以方桌排列位次时，就座于餐桌四面的人数应相等，大家对面而坐，斜对角是自己的恋人或配偶，这样的安排，便于主客交流。人数较多，桌子是 T 形或"门"字形时，横排中央位置是男、女主人位，身旁两边分别为男、女主宾座位，其余依序排列。（如图 5-3 所示）。

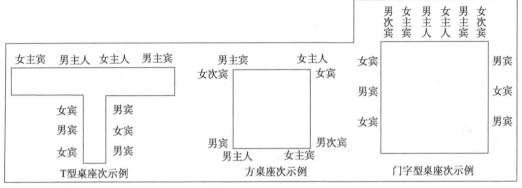

图 5-3　西餐座次安排

（2）用餐礼仪。料理上桌后，右手拿刀将其切开，然后左手用叉将食物叉起。用叉子压住食物的左端，固定，顺着叉子的侧边用刀切下一口大小的食物，叉子即可直接叉起食物送入口中，刀刃一侧面向自己。

正确姿势：将肩膀与手腕放松，两臂贴着身体，刀与餐盘的角度保持在 15 度左右。用餐中刀叉摆放为八字形，示意继续用餐，用餐结束，则将叉子正面向上、刀子的刀刃侧向内与叉子并拢，平行放置于餐盘上。

实训提高

实训目的

在实训中掌握秘书接待与宴请的基本知识，为下一步学习打下基础。

实训形式

场景模拟与场景演练。

一、场景模拟

你准备接待一位重要的客户，需要做哪些准备呢？现场请两组同学进行演练。

接待评价：

接待流程	迎客	待客	送客
语言表达			
举止礼仪			
亲和力指数			

二、场景演练

总经理交代你今天他有重要的材料要进行审阅，请你负责接待来访客人，那么针对以下三种情况，你会怎样做？

1. 来访者自称是总经理的好友，一定要面见总经理，否则就不离开。

2. 来访者是上级公司派来的督查专员，要见总经理安排财务督查一事。

3. 来访者是公司的客户，对所买商品不满意，坚持面见总经理进行投诉。

三、案例分析

有位来访者比预约时间提前10分钟来到公司，秘书小王接待了他，小王给他泡了一杯茶，告诉他经理正在接待一位重要的客人，请他稍候。15分钟后，来访者着急了又催，小王不耐烦地说："我早就告诉你了，经理正在接待一位非常重要的客人，你再等一会儿不就行了。"结果，来访者气呼呼地转身要走，此时，秘书小李恰好来到了现场……

1. 面对这种情境，秘书小李该怎样做？
2. 秘书小王哪些做对了、哪些做错了？
3. 请三位同学，一位扮演客人，一位扮演秘书小王，一位扮演秘书小李，进行情境模拟训练。

四、公司要宴请重要客户，我方5人，对方5人

1. 请根据宴请座次安排礼仪，进行位次安排的排序，分别标明，并进行说明。
2. 请根据客人情况说明宴请注意事项。

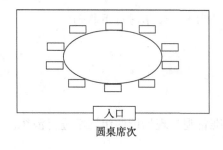

圆桌席次

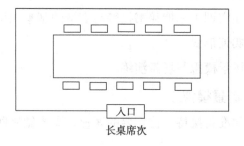

长桌席次

实训总结表

实训心得：＿＿＿＿＿＿＿＿＿＿＿＿＿＿＿＿＿＿
＿＿＿＿＿＿＿＿＿＿＿＿＿＿＿＿＿＿＿＿＿＿＿＿
＿＿＿＿＿＿＿＿＿＿＿＿＿＿＿＿＿＿＿＿＿＿＿＿

通过实训发现的问题：＿＿＿＿＿＿＿＿＿＿＿＿
＿＿＿＿＿＿＿＿＿＿＿＿＿＿＿＿＿＿＿＿＿＿＿＿
＿＿＿＿＿＿＿＿＿＿＿＿＿＿＿＿＿＿＿＿＿＿＿＿

自我勉励：＿＿＿＿＿＿＿＿＿＿＿＿＿＿＿＿＿＿
＿＿＿＿＿＿＿＿＿＿＿＿＿＿＿＿＿＿＿＿＿＿＿＿
＿＿＿＿＿＿＿＿＿＿＿＿＿＿＿＿＿＿＿＿＿＿＿＿

课后拓展

◆ **技能训练**

作为秘书人员，如果有需要客户来访，请你提前了解客户需求，并制定接待计划。

◆ **讨论思考**

想一想你所经历的印象深刻的一次接待和宴请活动，分享一下这次活动让你难忘的原因。

◆ **现身说法**

安排宴请活动的注意事项

高岩

经理

山东金都健身俱乐部

自从1996年我考入山东省旅游学校至今接触酒店接待服务工作已有14年的时间，在此期间从事了前厅、客房、餐饮、康乐一线部门的管理工作，而我个人认为餐饮服务是在整个酒店中最富有活力和创造性的岗位。而作为餐饮服务主要接待形式的宴请服务，极有可能会影响到一个人甚至一个企业的命运，在此浅谈一下我个人对于安排宴请工作的一些体会。

（1）信息沟通：对于重要的宴请，要尽量了解宴请信息的细节。比如，宴请方主人的单位、职务，与被宴请方的关系，被宴请主宾的身份、喜好、禁忌等，只有信息畅通，才能够更合理地策划整个宴会的安排。

（2）安排菜品：高档宴会的菜品整体要求精致，分量不宜过多，需要安排几道主宾喜好的菜品（或主宾故乡的特色菜品）以及当地（或本店）的特色菜品，在上菜时进行介绍以表示对客人的关注及重视。

（3）房间布置：正式宴请的场所布置要庄重、大方，一般摆放鲜花，因为宴请的主人与主宾双方肯定有事情要谈，所以要安排带有单独会客区的包房，以方便客人商谈公务。

（4）激情创新：在上面几点中，体现到了规范化以及个性化服务的特点，但这些体现出的往往是一种职业化的精神，而在当今人们对物质与精神需求的不断提升中，宴会服务也被灌注了更鲜活的理念。我个人给其定义为激情创新服务。

谈到激情创新，这是一场成功的宴会的高潮以及重点，也是我个人感触最为深刻的，为了能更清晰地表述激情创新的形式与作用，我想与大家分享一段我职业生涯中一次真实的案例。

在一次重要政治检查组的接待工作中，我们的主宾，检查组组长是一位将近60岁神情严肃、作风严谨的老同志，四川人。

我作为餐厅经理，餐中、餐后都跟踪现场、认真观察、记录老人的喜好。可一连四天，老人用餐时都是一副严肃神情，不怎么说话，不怎么喝酒，一切都处在一种紧张的氛围中。第五日的晚餐，接待方提出当餐要举行一次大型火锅宴会，但我们酒店的日常经营并没有火锅这一项目，但为了赢得客户的长期信任，满足客户的需求，我们接下了这一任务。

当餐作为本次接待中最大一次宴请，我们准备了30人的西餐餐台，按照常规，西餐台中间用鲜花从头至尾装饰起来，可是这位老人却对鲜花过敏。没有办法，我只得安排员工用撒满七彩拉丝线的黄绸打出皱褶装饰在餐台中间，但偌大的餐台仍显单调，这时我突发奇想，拿来员工宿舍的幸运星，在黄绸上做出星河的感觉，同时再借助"幸运星"给客人带来好运。当我把这个想法向员工说出来，大家一致称好，下载祝福语的，找彩纸的，裁纸、写祝福语的、折幸运星的，大家的情绪空前高涨，忙得不亦乐乎！

餐中由于我们对火锅不是非常专业，肉片上桌时色泽不是很好，还导致了接待方的不满。但到了餐中较为高亢的时间，我终于对大家宣布了我们的"小诡计"，我们的副总经理首先为老人打开了放在他面前的一颗"幸运星"，并读出上面的祝福语，老人终于露出了他久未显现的笑容。每位固餐客人读着自己面前的那份欣喜，看到我们每位员工脸上的真诚笑容，老人竟然举起了自己的酒杯，向所有的接待方人员以及服务人员表达了自己的谢意，宴会仿佛一下进入童话般的氛围。所有人都被感染了，每个人都分享着各自的欢乐。

在接下来的几天里，老人的状态也放松了许多，和蔼可亲地对

延伸阅读

待身边的每个人。这次的宴请我们得到了接待方上层领导当面向酒店总经理提出的表扬，同时这次接待工作我们不仅赢得了客户，也成为我们接下来培训创新服务中的一次经典案例。

任务二　日程安排与信息管理

情景导入

细节决定成败

　　林敏是光大信息有限公司的资深秘书，在跟随经理工作的多年中，林敏历练了扎实的秘书职业能力。由于业务繁忙，公司办公室又招聘了秘书小赵，小赵是名牌大学的高才生，对工作充满热情，但工作不久领导就流露出了不满的情绪，原来小赵给领导安排日程表的时候总是排得满满的，有时领导周末还被告知有临时约会，出差回来就紧急会见重要客户，好几次领导一忙就忘记了下面的活动，问起小赵，小赵说"已经给您日程表了呀"。在接听电话时，小赵声音甜美，却经常遗漏信息，有一次把叫作"农林山庄"的饭店想当然地记成了"山林农庄"，结果两个饭店相隔很远，赶去就餐自然迟到了，为此经理严厉地批评了小赵。林敏得知这些情况，赶紧给小赵详细讲解了日程和电话管理的知识，小赵感慨地说："真没想到这里面还有这么多的学问，我还以为日程安排就是画画表格，接打电话就是听听说说而已呢，从今以后，我可要好好学习这些看似简单的技能，做一名合格的秘书。"

🔍 解析

　　秘书工作无小事，看似简单的日程安排与接打电话，也包含秘书事务管理的重要技能，要认真学习、积累经验，才能成为一名优秀的秘书。

理论与方法精讲

◆ 知识点一　上司的日程安排与管理

　　身为秘书，要熟练掌握为上司安排和管理日程的技能，在繁忙的事务工作中，既有事先计划好的相对固定的工作，也有临时安排的突发性工作；既有需要尽快处理的迫切性工作，也有按部就班的常规性工作；既有非常重要、关系全局的工作，也有各种琐碎零乱的小事，这时候就需要有经验的"管家"秘书，科学有序地进行日程的安排和管理，将有计划的事情预先填入拟好的日程表中，同时细致灵活地安排好突发随机事件。

一、日程管理的基本原则

（一）符合领导的工作习惯与做事风格，兼顾效率与健康

秘书应该了解领导的工作习惯与做事风格，根据领导的身体状况，形成科学的日程安排，适应其工作节奏。在追求高效完成工作的同时，要巧妙地规避和分流各种令领导疲于应付的琐事，事项的时间安排上留有充分的余地，避免领导连轴转，过于疲惫和劳累，影响休息和健康。了解公司业务发展情况，特别是所服务总经理的业务进展情况，留意近期的工作兴奋点。

领导要到几家公司拜访，是先到 A 公司还是先到 B 公司？是从 A 公司到 C 公司还是从 B 公司到 C 公司？是否每个公司都应邀赴宴？行程安排在一天还是两天？对于这些问题，秘书要事先统筹考虑，征询领导的意见，找出最佳行车路线，减少路上耽误的时间。秘书应留心观察、积累经验，对公司附近的乘车时间和交通状况做到心中有数。比如，上班、下班时交通拥挤的情况，单行、双行线的规定，顺行和逆行的情况、红绿灯的多少、周末和平时的情况等，这样才能比较准确地算出领导外出办事在路上所需要的时间。

（二）科学安排，及时沟通，事先确认，事前提醒

由于领导工作事务较多，秘书要分清工作的轻重缓急，对领导已经确认的计划内的事情应预先写入日程，并及时与领导沟通，如果出现变动，应及时变更和整理日程表；日程的安排要定期与领导沟通，秘书要将领导的需求和对突发情况的处理原则体现在工作日程的安排中，以利于工作开展；在日程安排的重要工作开始之前，秘书应周到地提醒领导，避免遗忘和疏漏。

日程表的变更是工作中常见的现象，面对情况的突变，秘书应及时与事项的相关人员进行联络，确认变更情况，迅速与领导沟通，各方面情况确认后及时修改日程安排，因为有时一项事务的变更会连带影响后面的工作，一定要统筹安排、通盘考虑。新的安排确认后，要迅速通知相关人员和有关部门，告知变更后的准确情况。

（三）日程表的编排详略得当，妥善存管，注意保密

日程表的编排应注意保密原则，有一些关键的事项应在自己的工作记录本中做备忘记录，不一定都细致地体现在表格中，给领导的表格可以详细周到，但给综合部门和相关服务部门的表格则应注意规避，做必要的删节。日程表中可以用领导和秘书约定的常用符号进行事项的表示，如 KH 代表会见客户、TP 代表商务谈判，还可用各种标点或几何符号表示，如◇表示外出、〇表示会议等，这样可以防止别有用心的人利用日程表掌握领导的日程安排。日程表要注意妥善存管，通常情况下，过期的日程表在做完必要的工作记录后就可以销毁。

二、日程管理的经验与技巧

（一）避免太满

周一、出差前后一个工作日、对领导来说有特别意义的日子（如生日、纪念日等）不要安排过多的事务；根据领导的习惯要为其留出适当的固定时间阅读报刊资料及其他信息，领导身体不适时要征询其意见，减少或停止事务安排。

缺乏经验的秘书常犯这样的错误：工作安排争分夺秒，领导刚进行了工作的研讨会，就安排与客户的会谈，看似时间排得紧，人的潜力得到了激发，然而事实证明，这并不能提高工作效率。领导刚刚开完工作研讨会，一般比较疲劳，思路还集中在工作研讨的问题上，这样的状态很难一下子进入与客户会谈的情境，不会取得最佳的效果。

（二）避免急促

日程安排要注意工作效率，但一定要留有时间的余地，如在两个约会间要留出机动时间，防止商谈延长引起时间冲突；在会议开始之前要给领导留出整理思路的时间；在安排工作时还要给领导预留一定的时间处理日常事务。

在制定日程表的过程中，最大的困难就是各种事项的时间测算。比如会议要开多久，与客户的会谈需要多长时间，签合同时能够顺利签订还是要进行一番商讨和周旋，两项活动之间要留多少时间才可以，如果有的工作细节疏漏了，紧急弥补要多久。根据一般的经验和对领导的了解，公司内部的时间测算相对容易一点，但与公司外部客人的会谈等活动，进程节奏不是领导一个人可以掌控的，对秘书来讲，要考虑得更为周到细密一些，要充分考虑，留出更多的机动时间，如果领导工作忙碌，可以事先征询领导的理想时间安排，临时采用电话配合、便笺提示、适时中断的方法帮助安排好时间。

（三）防止冲突

对领导的各项安排要熟记于心，及时提醒已定下来的安排，防止事务冲突；每日安排相对固定时间，与领导核对日程，避免工作安排的疏漏。

（四）不能越权

不要代替领导做决定，日程安排要在领导的同意下进行各项事务的安排，事项的重要与否、先后次序，秘书可以凭借经验和直觉进行判断与建议，但日程安排一定要请示领导，加以确认。领导不在时，不能随意接受预约，对紧急事项则要问明后及时上报。

预约是以书面或口头（电话）方式来进行的。如果是通过对方秘书得到的预约，要请对方秘书向其领导报告和请示，且不要忘记确认是否接受。有的预约不是通过秘书而是通过领导直接决定的。这时，秘书也要马上与领导取得联系，以便进行必要的准备工作，不要不经领导允许随意接受预约，预约的时间秘书可以进行建议，但不可代替领导定夺。

（五）积累经验

要掌握领导的行事风格，察言观色，及时暗示和提醒。例如，有时秘书要帮助领导控制会谈的时间，用纸条或其他适当的方法适时打断，防止拖延，影响下面的日程；还要掌握近期的中心任务、重大事项及领导要回避的人物，在日程安排上谨慎处理，科学安排。

秘书应掌握领导的工作风格、工作脉络及其与公司内、外各组织的关联，经常考虑应该先做哪项工作更为合适，并多向领导请示、报告。请示时要认真具体，不要只给出会议、报告、聚会等的开始时间而不考虑需占用的时间。

三、工作中常见的日程安排

（一）年度日程安排

（1）各组织在年底会对新的一年的工作有个大致的计划和安排。

（2）领导的工作习惯不一样，对年度日程安排的要求也不一样，前微软总裁比尔·盖茨的日程通常在一年之前就会有较为确定的安排。

（3）年度日程安排要重点体现固定的重大的活动，如关系组织发展的各种大会、庆典及重要的关系往来等，编排时，要在每个月进行活动安排的标识。

（4）要充分考虑到季节、气候、各种传统节日和假期等对组织活动的开展与业务往来的影响。

（5）在编排年度日程表时，通常要征询各部门的意见，进行协商和汇总。

年度日程表可以根据工作的需要，具体分为年度会议日程表、年度业务日程表等（表 5-4）。

表 5-4　年工作日程表

1月	2月	3月
4月	5月	6月
7月	8月	9月
10月	11月	12月

（二）月内日程表

（1）参照年内日程安排和近期活动计划制订。

（2）注明领导出差、开会、会见等重要活动。
（3）时间安排要有充分余地，当月事项当月毕。
（4）在上月末要开始考虑，并请示领导确定。
月内工作日程见表5-5。

表5-5　月工作日程表

日期	星期	工作内容	日期	星期	工作内容
1	三		16	四	
2	四		17	五	
3	五		18	六	
4	六		19	日	
5	日		20	一	
6	一		21	二	
7	二		22	三	
8	三		23	四	
9	四		24	五	
10	五		25	六	
11	六		26	日	
12	日		27	一	
13	一		28	二	
14	二		29	三	
15	三		30	四	

（三）本周日程表

标注一周主要活动，是领导在本周内工作安排的基本依据。

上周五应与领导沟通完成后，请领导审阅和确认。

本周工作日程见表5-6。

表5-6　周工作日程表

日期	星期	上午	下午
11	一		
12	二		
13	三		
14	四		
15	五		
16	六		
17	日		

(四)当天日程表

依据每周日程表安排制作。

(1)把当天的工作标明轻重缓急的符号标识。

(2)头一天应请领导确认。

(3)可做成卡片大小,在备注栏注明所需电话、地址等信息,便于领导外出时随身携带,随时联系。

(4)领导晚上有应酬时,应进行标注,可将时间标注到晚上。

当天工作日程见表5-7。

表 5-7　日工作日程表

时间	待办事项	已完成事项
8:30		
9:00		
9:30		
10:00		
10:30		
11:00		
11:30		
12:00		
一天成效		

(五)出差工作日程表

出差工作日程表依据领导出差的时间和工作安排确定。

(1)要灵活设计、便于携带。

(2)设计备忘栏,注明酒店地址、联系人电话。

(3)考虑当地天气、时差、交通等要素。

出差工作日程表见表5-8。

表 5-8　出差工作日程表(××月××日—××月××日)

日期	时间	工作内容	地点	备注
9月1日(星期一)	10:00 14:00			
9月2日(星期二)	9:00 13:00 18:00			
9月3日(星期三)	10:00 13:30			

四、日程管理中的时机管理与常见工具

秘书在进行日程管理的时候，要掌握时机管理的相关知识，确保选择在最佳时机做事。美国前副总统戈尔及白宫行政部门演讲稿撰写人丹尼尔·平克在其著作《时机管理》中特别强调"要选择合适的时间做合适的事情，才能事半功倍"。书中引用了大量的研究成果表明：不管是在哪个大洲、哪个时区，人们每天的情绪都像潮汐一样规律变化、起伏有常：从高峰到低谷，再返回高峰。康奈尔大学的两位社会学家迈克尔·梅西（Michael Macy）和斯科特·戈尔德（Scott Golder）研究了 84 个国家的 240 万名用户，在长达两年的时间跨度里发布的 5 亿条消息。他们希望通过这些大数据来衡量人们的情绪如何随着时间而变化，特别是热情、自信和敏锐这一类积极情绪，以及愤怒、懈怠和内疚等消极情绪。他们研究发现，人们在非睡眠时间里的情绪表现遵循了一种非常固定的模式：人们的积极情绪通常在清晨最为活跃，此时会感到活力四射、积极充实又满怀希望，这种情绪在中午之前达到最佳状态，下午直线下降，傍晚时又再次回升。美国商学院教授使用与 Twitter（推特）研究类似的语言算法，分析了 2 100 多家上市公司在 6 年半的时间里召开的 26 000 多次业绩电话会议。他们调查了一天内不同时间段对这些重要会议的情绪产生的影响，甚至是最终对股价造成的影响。研究发现：早上召开的电话会议，往往伴随着乐观和积极的氛围。但随着时间的推移，与会者的"语调越来越消极，越来越犹豫不决"。午餐时间，情绪稍微反弹，研究者推测可能是因为与会者重新为大脑和心情充足了电。但在午后，消极情绪再次加重。此外，即使在剔除行业标准、金融危机、增长机会以及公司新闻等因素之后，这种模式仍然存在，与会者在下午电话会议上仍然表现得比早上"更消极、更易怒、更好斗"。[①]根据这样的研究成果，秘书在安排领导日程的时候，需要将重要的会面和会议尽量安排在上午完成，不太重要的个人汇报可以选择在中午 11 点前后与领导交流。下午的时间，尽量安排体力和脑力相对轻松不要缜密思维和决策的工作任务。如果一定要在下午安排压力较大的沟通，则应注意增加"下午茶"等间歇时间。每天早晨上班后，秘书可以将一天的工作目标、任务和各个时间段的工作流程编辑好，发送到企业微信或者钉钉工作群中，让每个人明确当日的工作安排，可以在这样的信息中增加激励人心的符号和标识，在信息最后增加让人振奋的格言。

秘书要学会利用各种日程管理工具，帮助自己更好的工作。除了随身携带笔记本和笔，进行备忘记录或者使用白板便利贴、进度栏提示之外，可以充分利用各种日程管理的软件。例如，Outlook、EssentialPIM、印象笔记、Google 日历等，另外钉钉、飞书、企业微信等都能满足日常多部门协同办公交流和任务管理的需要。秘书要提前研究透彻这些软件的利与弊，根据工作需要选择最适宜的工具，并示范给团队相关

---

① [美]丹尼尔·平克. 时机管理[M]. 张琪，译. 杭州：浙江教育出版社，2018.

人员，帮助大家快速上手使用，并形成习惯，保持良好的工作状态，高效率完成工作。

◆ 知识点二　信息管理与调研

一、现代信息管理的基本原则与方法

毛泽东在《中国革命战争的战略问题》中指出："指挥员使用一切可能的和必要的侦察手段，将侦察得来的敌方情况的各种材料加以去粗取精、去伪存真、由此及彼、由表及里的思索，然后将自己方面的情况加上去，研究双方的对比和相互的关系，因而构成判断，定下决心，作出计划，——这是军事家在作出每一个战略、战役或战斗的计划之前的一个整个的认识情况的过程。"在《实践论》中，毛泽东指出："如果以为认识可以停顿在低级的感性阶段，以为只有感性认识可靠，而理性认识是靠不住的，这便是重复了历史上的'经验论'的错误。这种理论的错误，在于不知道感觉材料固然是客观外界某些真实性的反映（我这里不来说经验只是所谓内省体验的那种唯心的经验论），但它们仅是片面的和表面的东西，这种反映是不完全的，是没有反映事物本质的。要完全地反映整个的事物，反映事物的本质，反映事物的内部规律性，就必须经过思考作用，将丰富的感觉材料加以去粗取精、去伪存真、由此及彼、由表及里的改造制作工夫，造成概念和理论的系统，就必须从感性认识跃进到理性认识。"[①]这里所提到的"去粗取精、去伪存真、由此及彼、由表及里"，告诉我们如何尽力掌握材料，然后认真鉴别，去掉"假"和"空"的东西，在事物的相互联系中，透过现象认知本质，细细想来，这其中既揭示了秘书信息工作的重要原则，又指明了信息调研的基本方法。

（一）原则

1. 准

在互联网时代，收集信息时一不小心就会淹没在"信息的海洋"，只有迅速找准有用的信息，才能保证信息的时效性和实用性。

2. 真

在信息爆炸的时代，从众多的信息中找到有价值的信息很重要，但有价值的信息，首先要真实。

3. 通

信息之间并非彼此孤立，秘书要学会在联系中掌握信息的脉络和层次，把各种信息打通，联系起来进行加工处理。

[①] 毛泽东. 毛泽东选集[M]. 北京：人民出版社，1991.

4. 深

在信息的收集和处理中,要从信息的现象深究内涵与本质。

(二)方法

1. 过滤

去粗取精——"什么是真正有用的信息呢?"

2. 辨伪

去伪存真——"哪些才是真实可靠的呢?"

3. 联系

由此及彼——"它们之间有什么样的关系呢?"

4. 深究

由表及里——"这些信息说明的问题是什么?问题的本质是……"

习近平2021年9月1日在中央党校(国家行政学院)中青年干部培训班开班式上的讲话中指出:"坚持从实际出发,前提是深入实际、了解实际,只有这样才能做到实事求是。同样,只有有实事求是的态度才能重视深入实际、了解实际。要了解实际,就要掌握调查研究这个基本功。现在,各方面对调查研究是重视的,但还要下更大功夫,关键是把调查研究做深做实,避免浮在表面、流于形式。要眼睛向下、脚步向下,经常扑下身子、沉到一线,近的远的都要去,好的差的都要看,干部群众表扬和批评都要听,真正把情况摸实摸透。现在通信很发达,通过打打电话、发发微信、看看材料也能了解很多情况,但毕竟隔了一层,没有现场看、当面听、直接问和'七嘴八舌式'的讨论来得真实鲜活。过去常用的'蹲点调研'、'解剖麻雀'的调研方式依然是管用的。我们现在搞的各种试点,成功了再逐步推广,这就是'解剖麻雀'的方法。既要'身入'基层,更要'心到'基层,听真话、察真情,真研究问题、研究真问题,不能搞作秀式调研、盆景式调研、蜻蜓点水式调研,'无实事求是之意,有哗众取宠之心'是不行的!这就是严重的形式主义、官僚主义!要在深入分析思考上下功夫,去粗取精、去伪存真,由此及彼、由表及里,找到事物的本质和规律,找到解决问题的办法。要用好交换、比较、反复的方法,重视听取各方面意见包括少数人的意见、反对的意见,立体式地进行分析、三思而后行,防止自以为是、一得自矜。兼听则明、偏听则暗,能听到不同声音不是坏事,经过多次'否定之否定'的过程,进行的思考、作出的决策才能符合实际。"这段话中饱含着秘书信息调研工作中应有的态度、方法和智慧,那就是要"扑下身子""沉到一线""蹲点调查""解剖麻雀""身入""心到",只有这样才能真正避免高高在上想当然的臆测和武断,获得更多利于领导决策和组织发展的"真信息""真认识"。秘书要努力学习和实践处理信息的能力,争取把更多的初级信息,经过能动性的处理,获得更多利于领导决策和组织发展的"高级信息"。

二、信息管理的常见工具

信息技术的高速发展，催生了非常多的实用软件工具，使企业管理和运营变得高效、快捷。

（一）企业 OA 系统

OA 系统是人员/工作管理类的软件，办公自动化系统，是一种应用于办公领域的新型无纸化办公系统。它利用计算机、通信等现代化技术来数字化地创建、收集、存储、处理办公任务所需的各种信息，代替办公人员传统的部分手动或重复性业务活动，极大地优化了以往复杂、低效的办公室工作过程，可以最大限度地提高工作效率和质量、改善工作环境。

（二）聊天软件系统

此类软件如企业微信、钉钉，是员工的消息、文件传达工具。其实这种类型的开放平台越来越强大，已经属于办公平台了，不仅具有工作协作、沟通的功能，甚至涉及考勤打卡、工资发放等模块，它们的目标是打造企业一体化办公解决方案。如果你想让你的员工、同事、自己沟通更舒服一点，首选企业微信或者钉钉这类工具。

（三）CRM 软件

CRM（customer relationship management）即客户关系管理。企业用 CRM 技术来管理与客户之间的关系。在不同场合下，CRM 可能是一个管理学术语，可能是一个软件系统。通常所指的 CRM，是用计算机自动化分析销售、市场营销、客户服务以及应用支持等流程的软件系统。

（四）财务管理软件

这类软件，是基于 OCR（光学字符识别）发票识别记账的费用管理软件，可以实现无须贴发票、办公自动化、流程化，提高时间的利用效率。如报销吧整合了国内的众多旅游服务商，同时也在打通订购、报销、支付、记账的全流程，提交报销（告别手写）—领导审批（多级审批）—出纳支付（网银/第三方）—财务记账[ERP（企业资源计划）接口]，帮助财务人员简化工作流程。

（五）企业培训软件系统

企业培训系统对于企业方面来说，可以实现课件制作、学习计划发布、在线培训学习、效果考核和数据监控等多种功能，使员工随时随地进行知识学习、考试和交流。比如好智学企业培训系统，会让整个培训过程变得方便快捷，更有效率，在系统后台，管理员可以上传课件、编辑课程、发布计划，方便用户学习，使用微信可以进行考试评测、学时和学分统计，评估学习效果。在这些功能的辅助下，可以有效开展培训和学习。

三、调研工作的方法与程序

要获得第一手的可靠信息，秘书部门经常需要围绕一个时期的中心任务开展政策性、专项性及掌握实际情况的调研，调研工作既是当好领导参谋助手的重要前提，也是掌握真实可靠信息的重要途径。彼得·德鲁克指出，"对于管理人员来说，要获取这些信息，最终只有一个办法：亲自走出去。无论报告写得多么好，无论支持这些报告的经济或金融理论多么合理，亲身和直接的观察体验是任何其他的方法都无法替代的，而且需要真正地走出去观察"。

英国的连锁超市一而再、再而三地试图在它们的邻国爱尔兰发展业务，但是成功者寥寥无几。爱尔兰首屈一指的连锁超市是菲里戈·奎恩创办和经营的超级奎恩百货集团，奎恩取得成功的秘诀不是物美价廉，而是他和公司的所有管理人员每周都要花两天时间到办公室外体验生活，其中一天，他们实际上是在超市工作，如在收款台提供服务或担任易腐食品部门的经理。另一天，他们要去竞争对手的商店里，观察竞争对手的员工和顾客，听他们谈什么和与他们交谈。

——彼得·德鲁克

（一）调研工作的基本要求

1. 分析领导决策，确定调研选题

调研活动要按照领导的意图来进行，调研成果也要以能否对领导决策和指导工作产生影响为取舍标准。秘书部门的调研服务服从于领导，这就要求秘书必须把领导工作的需要作为调研选题的方向，多问自己这样一个问题："我应该向领导提供什么样的信息？以什么样的形式提供最有效？在多长的期限内我应该完成调研？"

2. 实事求是，调研内容符合客观实际

秘书调研的内容必须来自客观实际，正确反映客观实际，坚持实事求是的原则和态度，如果调研内容不符合客观实际，调研就只能是一种浪费人力、物力、财力的形式。此时，秘书应该根据实际情况作出必要的调整，并向领导及时反映和汇报。

3. 注重实效，调研成果应着眼于解决实际问题

秘书的调查研究实质上是情况调查和政策研究，不仅政策性强，实用性也强，最终要落实在解决实际问题上。秘书调研必须紧紧围绕政策的制定和贯彻来进行，这就要求秘书部门和秘书在调研工作中，从政治和政策上考虑问题，从解决实际问题出发，为领导决策和管理工作提出有价值的注重实效的建议。

（二）调研工作的一般程序

1. 确定调研主题

根据领导决策和需要掌握信息的要求确定调研工作的基本导向和主题。

2. 确定调查对象

根据调研的需要，尽快确定调研对象，并依据不同的对象选择不同的调研方法。根据调查对象的多少，可以分为全面调查（或称普查）和非全面调查。

3. 选择调研方法

调查研究的方法包括个别采访、开调查会、收集资料、网上信息检索等，在实地调研中多采取访谈调查等方法，获取最鲜活的"第一手资料"。

1）访谈调查

在进行调研的过程中，经常要就某个具体问题展开访谈调查，即选取有代表性的人员进行面对面的交流，注意访谈主题的同时还要注意谈话中反映出的关键问题，一定做好记录（表5-9），并及时整理。选取对象时要点面结合。

表5-9　访谈记录表

调研组名称			
访问者		被访问者	
被访问者工作单位			
职务			
专长			
访问日期		访问地点	
访谈方式（电话、书信、面谈、其他）			
访谈记录（可用附件）			
结论（被访问者，建议）			
访问的总时间			
访问者的体会			
其他需要说明的问题			

填表人：

要掌握访谈中提问的技巧，必须明确区分问题的两种类型。

问题的两种类型：

（1）开放式问题：不是一两个字能够回答的，便于回答者发挥和展开论述的。

"假如……你会……？"

"当时你的看法是……？"

"你们这里的主要变化是……？"

（2）封闭式问题：回答者受局限，只能简短字句回答或提问者的问题中包含了答案。

"你是否认为……？"

"难道你不认为……吗？"

"……不是吗？"

"你想什么时间开始……？"

几个不利于收集信息的提问：

（1）少问为什么。尽量少问为什么，可以用其他的话来代替，如你能不能说得更详细些？这样对方的感受会更好一些。

（2）少问带引导性的问题。如难道你认为这样不对吗？这样的问题会给对方不好的印象，也不利于收集信息。

（3）多重问题。就是一口气问了很多问题，对方不知道如何下手，这也同样不利于收集信息。

2）问卷调查

调查研究中，发问卷的形式是最常用的一种收集资料的方法。它简便易行、节省时间，所收集的材料也比较容易整理和统计，如果采取无记名形式问卷，可以获得访问或开调查会所不容易获得的真实且有价值的资料。

（1）问卷设计的技巧。

①问卷中的所有问题都应和研究的目的相符合，即题目应是研究问题和假设所要测量的变量；

②问卷要清楚地说明问卷的重要性；

③问题要简明扼要、客观，不能暗示答案；

④整份答卷要尽可能简短；

⑤所提问题不能超出回答者的知识和能力范围；

⑥回答问题后的资料要易于列表说明和解释。

（2）问卷制作的程序。

问卷制作的程序如图 5-4 所示。

①设计标题，标题要与研究目的相符。

②写问卷中的指导语，一般包括称谓、研究目的、回答问题的要求、对有关问题的解释等。

③说明联系人、联系地址、电话号码等。

④小范围的调查验证：保证问卷内容的合理性。

⑤修改调查问卷并送领导审核。

⑥根据需要大批量印制问卷。

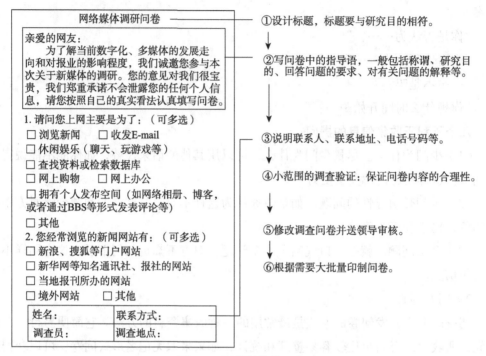

图 5-4　问卷制作的程序

3）表格调查

调查表是调查研究中用以对调查对象进行调查登记，并列有一系列调查项目的表格。调查表是获得数据的方法，设计时一定要内容明确，按一定顺序或逻辑排列。一般表的后面都附有"填表说明"，以便说明调查目的和填表要求（表 5-10）。

表 5-10　表格调查

用户满意调查表（示例）					
用户单位名称		电话		通信地址	
产品名称		型号		数量　　　　　（台）	
出厂日期　　年　　月　　日		使用时间（天）			
项目/结果	很满意	满意	一般	不满意	很不满意
外观造型					
使用性能					
售后服务					
评价说明：每张表只评价一种产品：用户在所定栏目内打"√"即可。						
用户签章：　　　　　　　　　　　　　　　　　　　　　　　　年　月　日						

调研的形式还有很多，可以根据需要，结合多种形式综合运用。

（三）处理调研结果

全部调查结束后，要对来自各个方面的材料加以分类归纳、数据分析、加工提炼，从而达到综合的目的，并最后获得比较明确的结论。对调查结果的处理，是整个调查研究中最重要的环节，一般的处理方式有归纳法、对照法、计算法、图示法等。

1. 归纳法

从个别事物的调查对象不断重复相同或相似的结果中抽出一般性结论，是由个别性前提得到一般性结论的逻辑推理方法。

2. 对照法

对照法亦即比较法，是将调查出来的两组或两组以上的材料加以对照比较，从中获得有关结论。

3. 计算法

这是一种处理调查结果的数学计算方法。许多市场、科技领域的调查研究采用这种计算方法。

4. 图示法

用图示表达调查结果，最具直观效应（图5-5）。

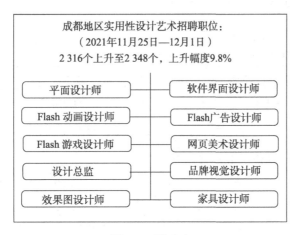

图 5-5　图示法

（四）撰写调研文章

1. 调研文章的分类

1）专题调查研究

这是调查研究者围绕某个问题、某种倾向、某类现象、某种做法、某一典型或经验，通过专题调查研究，有针对性地论述。

2）调查报告

这是研究者以书面形式向领导机关和广大读者汇报自己调查研究成果的文章形式。要在大量真实可靠的调查材料的基础上，通过透彻的分析研究，反映工作的真实情况，提出新的观点和有价值的建议，促进工作的加强和改进。

3）理论研究

这是调查研究者对某些理论观点进行演绎、抽象形式的调查研究文章形式。

4）可行性论证

这是对某些政策制度的合理性和可行性进行论证的一种调查研究文章形式。

2. 调研文章写作的特点

（1）观点鲜明、正确。观点要明确且符合党的路线、方针、政策和国家的法律、法规。

（2）具有理论深度。探讨问题有深度，说理充分、透彻。

（3）要有独到见解。最好不要人云亦云，要有自己的分析结果。

（4）突出实用价值。调查研究的最终目的是实践和运用，要特别注意它的可操作性，使之用于实际工作之后能够解决现实问题。

3. 调查研究文章写作的程序

调查研究文章写作的程序如图 5-6 所示。

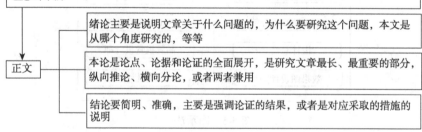

图 5-6　调查研究文章写作的程序

实训提高

实训目的

熟练掌握信息管理和调研的基本知识，并能灵活运用。

实训形式

案例分析、短文写作、情境模拟

一、工作日志。

方宏先生是山东某信息咨询有限公司主管市场咨询的经理，每天早上 8:00，经理会准时上班。每周星期一上午 9:30 在办公室举行例会，所有经理都参加。上午 10:30，方先生与李中华先生（重点客户）在二楼会客室会谈。上午 11:40，二人要去贵友大酒店 303 房间共进午餐。上午要安排时间去银行取现金。为物流部的吴敏经理安排下午 3:00 会见方宏经理。在该天某一适当时间，秘书必须空出半个小时的时间安排方经理与自己商谈下一次市场调研工作会议的日程安排，但不能占上午 8:30—9:00 的时间，因为方经理习惯在这段时间里处理他的信件。方经理和夫人晚上 7:30 出发去金都大酒店出席晚上 8:00 的客户联谊聚会。秘书本人在晚上 6:40 要参加社交俱乐部举行的一个会议。

1. 请你根据日程安排的一般知识，以及事项的轻重缓急，合理安排次序，把下星期一的活动安排填写在方先生和他秘书的工作日志上。

2. 针对日程保密的要求，指出哪些信息在分发给办公室综合服务科的日志上应该避免详细出现，并说明理由。

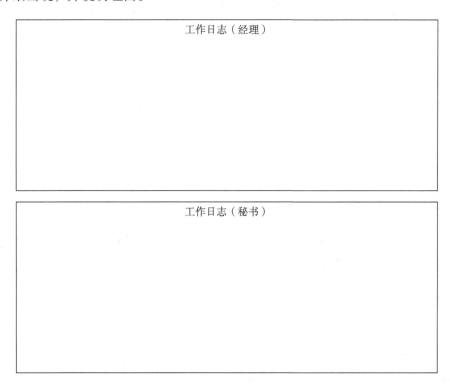

工作日志（经理）

工作日志（秘书）

二、光华公司李总经理要求到任不久的秘书小董，将全国同行业中十大公司最近 5 年内每年的营业额、利润指标、资金周转率等准确数据，在半小时内送到总经理办公室，作为研究市场动态、制定本公司经营策略的参考依据。20多分钟后，一份按要求打印的清晰表格摆在了总经理面前，表后还附有简要的对比分析。看完表格后，总经理的脸上露出了笑容，他对小董的工作效率感到满意。

1. 为什么秘书小董能得到领导者的赏识呢？
2. 秘书小董设计的表格让领导感到很满意，请你根据总经理的要求也设计一份信息汇报表格。

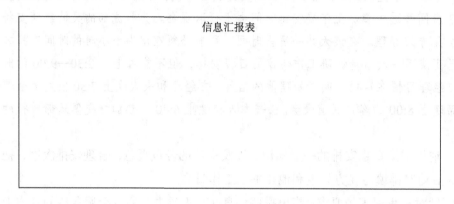

三、请你针对公司的新产品上市设计一份简短的市场调查问卷，了解消费者对新产品性能是否满意，并了解目前存在的主要问题。设计好后请陈述问卷并说明设计理念。

光华公司新产品满意度市场调研问卷

四、公司派你进行实地调研，你准备找4位消费者来进行访谈，请设计好问题，并找同学配合进行现场模拟，注意问题的不同角度、提问的技巧和信息记录。

消费者1：	消费者2：	消费者3：	消费者4：

五、阅读材料并展开讨论：在现代网络信息管理中，秘书如何加强信息保密意识？

《中华人民共和国反间谍法》（以下简称《反间谍法》）于 2014 年 11 月 1 日公布施行。《法制日报》2021 年 11 月 2 日记者赵婕报道文章《反间谍法颁布实施七周年》，文章内容如下：

2021 年是《反间谍法》颁布实施 7 周年。反间谍法是我国国家安全法律制度体系的重要组成部分。7 年来，以国家安全法为统领的国家安全法律制度体系逐步完善，反恐怖主义法、境外非政府组织境内活动管理法、网络安全法、核安全法、生物安全法、数据安全法等一批法律相继出台，为维护各领域国家安全提供了坚实法律保障。随着我国综合国力的不断提升，境外间谍情报机关等势力危害我国家安全的行为已经不再局限于传统领域，非传统安全领域的敌情形势越来越突出，给我国经济社会安全平稳发展带来了风险隐患。近年来，国家安全机关坚持以总体国家安全观为指导，统筹传统安全与非传统安全，陆续破获了一大批非传统领域重点案件，消除了许多现实和潜在的危害。2019 年 6 月，国家安全机关接到群众举报，反映某海洋公益组织在我境内设立海洋监测点，搜集海洋监测数据。该组织负责人对各监测点有关人员称，所有监测数据均为官方搜集和使用，以国家有关部门需要数据的名义，要求各地监测点通过互联网每两个月向该组织上报"监测数据"。但国家安全机关核实发现，有关部门从未接收过相关组织提供的数据信息。据此，国家安全机关对相关情况展开调查。国家安全机关调查发现，该组织有着复杂的境外背景，自 2014 年以来，持续接受 20 多家境外机构资助。仅 2018 年至 2019 年一年多时间，就接受了 200 多万元境外资金，其中仅一笔资金向有关部门备案。该组织依据某境外研究机构制定的流程，在我沿海地区设立海洋垃圾监测点，搜集垃圾种类、重量、分布密度等信息，形成并发布中国海洋垃圾地图和研究报告。在该组织发布的垃圾监测报告中，宣称"其检测的垃圾数量、重量密度分别是我国官方公布数据的 20 倍和 8 倍"。这些数据被境外别有用心的人利用，抹黑炒作我环保问题，对我国际形象造成负面影响。据调查，该组织自 2015 年起至被依法处置前，在我国设立的监测点，基本覆盖我国自北向南海岸线，辐射我国南海、东海、黄海、渤海区域。同时，该组织设立的 22 个涉军监测点，已对我海上军事安全构成现实威胁。其收集的经纬度、环境、地质、海洋流量等信息，极易被境外军事情报机构利用，对我造成潜在威胁。国家安全机关依据反间谍法第十三条、第三十九条之规定，责令该组织进行整改，关停 22 个涉军监测点，消除不良影响。依据《反间谍法》第三十六条、第三十九条和《中华人民共和国反间谍法实施细则》第十九条、第二十五条之规定，对该组织作出"没收违法所得""警告"处罚。相关专家告诉记者，信息化大数据时代，数据的使用、处理和传输早已走进人们的工作和生活，数据应用为行业发展、企业生产和人们工作生活带来极大便利的同时，因数据泄露所带来的安全问题也越来越突出。近年来，我国各行业产业、重要企业的基础性数据一直是境外间谍情报机构觊觎的目标，如果社会各界和人民群众对此没有警惕，在不知不觉中被利用，让这些数据泄露到境外，积累到一定程度并进行综合分析，就能够反映出我国经济运行、国防军事等重要情况,将对我国各领域国家安全造成重大危害。

实训总结表

实训心得:_____
_____
_____

通过实训发现的问题:_____
_____
_____

自我勉励:_____
_____

课后拓展

◆ **技能训练**

请指定某一主题,展开收集信息的训练,尽可能用各种渠道练习收集信息的能力,并相互交流心得。

◆ **讨论思考**

把日常学习中用到的管理信息的方法说出来,大家一起交流,哪种最有效。

◆ **现身说法**

关于调研工作的感悟

徐劲松

国家税务总局山东省税务局货物和劳务税处

在税务机关工作,会遇到很多基层或纳税人反映的问题,为了更加清楚地了解问题,从而解决问题,必须进行调研。也就是所谓的"从实践中来,到实践中去"。通过调研,可以提高对问题的认知程度,为制定决策提供保障。

一般来讲,我们的调研有两种形式,一是到现场进行实地调查,对调研问题提高感性认识;二是召开基层座谈会,听取基层对问题的见解。多数情况下,这两种方式结合使用。在现场实地调查中,要做到全面、仔细、重点突出,即对问题进行全过程了解，重点了解问题的关键部位；在召开基层座谈会时，要倾听基层人员对所调查问题的看法及建议，并根据自己掌握的相关情况进行询问，做好会议记录。

调研完毕后，要撰写调研报告，供领导对有关问题进行决策。调研报告要对调研问题成因进行描述，对现场调研情况及会议讨论情况进行说明，同时根据所调研情况，提出解决问题的若干意见，如果有多种解决方案，可在其中提出倾向性方案供领导决策。比如说，前几年，总局进行增值税防伪税控的推行工作，即企业用税控器具开具发票，取消了手写发票。在系统推行初期，总局要求我们对有关情况进行调研。首先，我们拟定了调研提纲，对调研内容进行细化，提前让基层级企业有所准备；其次，我们赴基层进行调研，先到企业现场了解企业端税控系统的使用情况，即发票领购、开具、抄税、报税、认证等环节是否正常，纳税人当场开具发票，我们进行观察；再次，我们到办税服务厅现场了解税务端税控系统使用情况，现场观察受理纳税人业务的整个流程，并做现场记录；最后，我们召开由基层人员和企业代表参加的座谈会，就防伪税控系统使用情况、存在问题、制度机制是否合理等方面，倾听他们的意见。调研完毕后，我们结合实际情况书写了调研报告，就防伪税控系统使用现状、存在问题、改进意见等提出了我们的观点，提供给上级领导供决策之用。

在调研工作的过程中，我的感悟是要摸清情况，就要采取多种调研形式的结合。有时座谈会上反映不出来的问题，到办税服务厅现场看就可以发现，有时税务人员反映的问题需要和纳税人反映的问题结合起来分析，有时到企业去走访调研会发现很多在办公室中坐着听汇报所不能了解的情况，所以要把最真实的情况呈现出来，要为纳税人服务好，要给领导提供好决策的依据，就要勤跑腿、多观察、深思考。另外，在调研中要特别注意存在不同意见和疑问的问题，求实和客观地呈现问题十分重要，因为调研的目标就是要反映出存在的问题，摸清楚实际情况，大家意见极为一致的地方也需要调研了解，但这不是重点，重点应该放在大家存在分歧的地方，也就是问题的关键所在，这时候一定要客观地分析，找到各方看问题的角度和立场，作出科学的判断。最后，在撰写调研报告时，要条理清楚、主题明确，切忌长篇大论，要重点反映调查到的问题及各种情况，研究和决策的结果可以是经过讨论的可行性较强的方案，但决策并非重点，因为决策和最终的解决方案还要经过领导决策层在了解情况之后作出政策上的调整和完善，而调研报告的建议方案要变成政策，必须接受评估和检验，所以把客观的调研情况呈现清楚更为重要，为了使领导更容易掌握情况，作出决策，可以用图表等很多表现形式作为辅助说明手法。

延伸阅读

总之，调研能力是现代管理干部必备的能力之一，一定要勤于学习，学习业务知识和理论，但更重要的是要在"干中学，学中干"，要多下基层锻炼，积累经验，才能把调研工作做好，成为一名优秀的管理者。

任务三　办公管理与检查监督

办公无小事，谨慎为人的魅力

张林是光华公司的办公室秘书，在她工作的3年中，公司中大大小小的事情凡是经过张林来做的，没有一次疏漏和拖沓，各部门都觉得她工作很顺畅、办事有效率，公司也在这3年中得到了突飞猛进的发展。公司成立3周年之际，举办了"我最感谢的一个人"主题征文，出乎大家的意料，很多人都写到了张林。在征文交流会上，市场部经理说，每次我们需要工作协助的时候都会想到张林，有时候任务很急，当我们离开了公司，留下来默默地整理和准备各种材料的人就是张林；公关部经理感慨地说，每次我找张林开介绍信的时候，张林一丝不苟，有一次我们部门刚来的小徐想替朋友开一张空白介绍信，张林按照纪律不给他开，小徐很生气，张林耐心地给他解释随便开具介绍信的风险和危害。过了不久，小徐的朋友就假借另一个公司的名义诈骗被公安机关依法逮捕了，小徐心有余悸地说："多亏了张林呀！"销售部经理说："是啊，小张工作非常认真，每次协助领导做专项督查的时候，都能够悉心了解情况，帮助我们解决存在的问题，我们销售部的好几个难题都是张林帮我们解决的呀……"张林红着脸，激动地说："谢谢大家对我的肯定，为大家做好服务是我的本职工作，我会继续努力的。"会场上响起了经久不息的掌声。

🔍 解析

秘书的办公室事务工作中，印信必须严格遵照规章进行管理，对工作的检查和监督也要遵照流程，以促进工作为目的。秘书的办公室工作杂事多、烦琐，但在这样的岗位上，可以学到新知识、新经验，增长新才干，是加强自我锻炼的好地方。

理论与方法精讲

◆ 知识点一　印信的管理

一、印信管理的规则

印信管理和工作的督查是办公室中由秘书承担的重要事务性工作，必须掌握印信管理的基本规则，明确督查工作的一般要求，并在实践中总结经验，提高自身的办公室管理工作素质。

印信管理是指秘书对单位印章和介绍信的管理。机关、企事业或社会团体的印信，是这个机构、组织作为一个法人地位、权力的标志和凭证，具有法律效力，一般要严格指定专人专管，各种印信由监印人负责保管，如有遗失或误用，由监印人全权负责。监印人除了在文件、文稿上用印外，还应记好印信记录并存档。印信遗失时除立即向上级报备外，应立即依法公告作废。

在使用中，不同事务性质要加盖不同权限的印章，秘书在工作中，要明确规定，严格遵守。如某公司规定：对经营管理权有重大关联、涉及政策性问题或以公司名义对政府行政、税务、金融等机构以公司名义的行文，盖总经理职章；以公司名义对国有机关团体、公司核发的证明文件，以及各类规章制度的核定等，由总经理署名，盖总经理职衔章；以部门名义与授权范围内对厂商、客户及内部规章制度的核定行文由经理署名者，盖经理职衔签字章；各部门与经办业务的权责范围内与公民营事业、民间机构、个人的行文以及收发文件时，盖部门章。印章的种类详见图5-7。

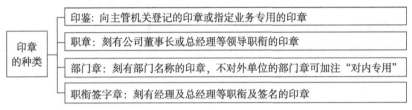

图5-7　印章的种类

介绍信是用来介绍本单位人员到有关单位去接洽事情、办理公务（联系工作、参观学习、出席会议、调查事项等）的一种专用书信。持介绍信的人以此作为与对方单位联系工作的凭证。由于介绍信上一般还有持信人的职务、职称、政治面貌，因此介绍信还有证明身份的作用。一般都使用印刷好的介绍信，并留有存根以便于查核（图5-8）。

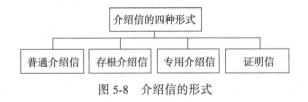

图5-8　介绍信的形式

介绍信要简明扼要，字迹要工整清楚，不得涂改，如有涂改，必须在涂改的地方加盖公章，有时还要注明有效期限（图5-9）。

办公室单位文书往来频繁，印章使用率高，印章的使用有严格的规章制度，用印必须遵循一定的手续，不能违章用印、擅自用印。一个单位掌握印鉴的人，他的手起落之间，担负着重大责任。秘书要强化责任意识，增强纪律观念，认真负责，严格管理，规范用印，确保办公室印章使用的准确、安全。介绍信是一个单位授权的象征，是事务往来的身份证明，像印章一样，介绍信的开具和使用也要遵循严格的流程，绝不可擅自乱开。

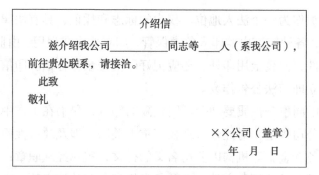

图 5-9 介绍信范例

（一）明确权限、严格审批手续

单位印章和介绍信是单位法人代表的凭证，它的使用权属单位主要负责人，使用权除主要负责人外，还有他授权分管某方面职责的副职等管理人员。办公室秘书，只有代为管理的职责，只有在单位领导人签字认可的情况下，才能代领导者在正式文书上用印和开具介绍信。因此，明确权限，严格印信的审批手续，是秘书必须牢记的基本准则，各单位的印信管理规定中都明确标明，必须有领导审批签字确定的用印或开具介绍信的审批单，秘书核实后才能加盖公章，未经领导者授权随意代替单位签署意见、用印和开具介绍信，是严重的越权、违纪行为。文件需用印时，应先填写"用印申请单"，经主管核准后，连同经审核的文件文稿等交监印人用印。

（二）高度负责，纪律第一

印信管理员要有高度政治责任心，要坚持原则，秉公办事。组织纪律性强。办公室办文、办事中，待人接物，琐碎繁杂，印信管理员往往要兼任其他方面的工作，因此很容易在忙乱中出现问题。印信管理中的疏漏会酿成不可挽回的损失，因此，秘书要不怕麻烦，谨慎认真，高度负责，对含糊的用印请求和可疑的开信人员要仔细询问，立即核实，多向领导请示、汇报，不要放松警惕，擅自做主，以免出现疏漏。

（三）妥善保管，避免遗失

印章和印信的管理一定要谨慎，秘书应随时整理收纳，离开办公室时一定要门和抽屉落锁，确保安全，不可把钥匙随便悬挂在放置印信的抽屉上。原则上，印章不外借、不外出使用，如有特殊情况，要严格审批手续，报领导批准。如果丢失，则应迅速上报，公告作废，并刻制新章。注意：私刻公章是违法的行为（图 5-10）。

图 5-10 刻章程序

二、印信管理的流程

印信管理流程见图 5-11。

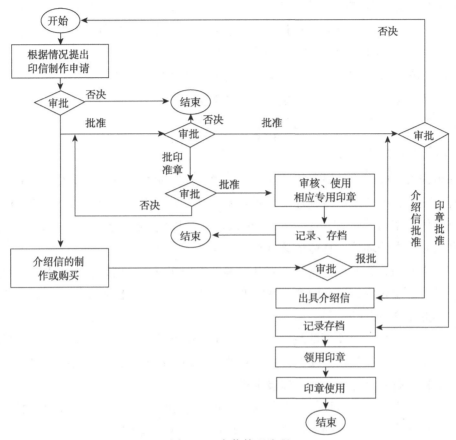

图 5-11 印信管理流程

印信相关单据见表 5-11。

表 5-11 公司用印审批单

用印文件名称				
用印单位		用印单位领导签字		
用印类别		主管部门领导签字		
用印份数		公司主管领导签字		
用印时间	年　月　日	经办人签字		
备注				

◆ 知识点二　办公室环境管理

一、办公室环境管理与安全检查

（1）采用开放的空间，办公桌直线排列或对称安置，办公桌的样式、规格颜色尽可能一致。

（2）同一办公室的文件柜、书架、书柜高度尽可能一致，并尽可能靠墙、倚脚或背靠背安置，以节约空间和增强美感。

（3）光线应充足。办公室尽量采用自然光，且通风状况较好。

（4）办公室的整体表面要保持庄严、整洁和美观。

（5）办公室应保持安静，尽可能防止自然噪声，减少人为噪声。

（6）要注意空气的温度、湿度、流通和清洁等。

（7）禁止室内吸烟，减少污染源。

二、管理上司的办公区

作为秘书，应该主动担负管理办公环境的责任，就算单位有物业人员，也只是负责管理大环境，办公室的微观环境，还是需要秘书人员用心管理。办公室的环境，直接影响工作效率和品质，因而，针对办公区域，秘书人员要根据工作需要，打造适宜、舒适和高效的办公环境。具体应该做到下面几点：

（1）上班后，先开窗换气，如需开空调，则提前打开，调试温度。需要注意，女性的基础代谢率较低，适宜的办公室温度比男性要高出三摄氏度左右，因而，夏季空调一般不低于27摄氏度。

（2）清空垃圾，更换新的垃圾袋。擦拭上司的办公桌，对办公桌的物品进行归类整理，将常用的物品放在方便的位置。对涉密文件要提醒和帮助上司妥善保管，对重要机密文件进行归类存档并放在保险柜里。

（3）检查并补充记事用纸等办公用品，将工作中需要使用的铅笔提前削好，将笔筒的笔摆放整齐，放置在朝手这边。将日历更新，钟表调整准确。

（4）定期照料办公室里的花木，适时浇水，清除枯叶、落叶。如果需要摆放鲜花，则要请花木公司的人定期更换。

（5）上司上班后，根据习惯，主动询问并准备茶水或咖啡。

（6）将当日工作需要的信息和打印资料提前准备好，需要上司重点关注的部分，做好标记并在呈送时说明。

三、办公自动化管理

工欲善其事，必先利其器。秘书人员日常应负责办公室自动化设备的使用和管理，优化办公质量，提升办公效率。办公自动化设备包括计算机、传真机、打印机、复印机等。

（一）计算机的使用管理

（1）秘书应制定计算机设备使用管理办法。一般来讲，公司为员工配置的计算机，由本人保管使用，出现问题，由秘书人员协助联系维修。为避免工作中信息混乱和泄密的问题，公司所配的计算机禁止外借和交叉使用，任何人员使用设备时，须经保管人员同意。

（2）公司员工离职，应提前做好设备登记和交接。

（3）公司内计算机设备软硬件安装应按工作要求统一执行，不得随意删改，外接设备时应注意病毒检测，做好信息安全工作。

（4）计算机内所存文档，涉及工作机密的，需要进行加密管理，须妥善保管，严防丢失泄密。

（5）员工应科学使用设备，避免出现不必要的故而障影响工作。

（6）下班前，秘书人员应检查并提醒相关人员关闭设备和电源，注意办公室用电安全。

（二）传真机、打印机、复印机的使用管理

（1）传真机、打印机由各部门管理，秘书人员应协助维护设备，并主动帮助工作人员熟悉设备的性能和操作方法。

（2）传真机、打印机、复印机的跨部门使用应做好登记，重点文件应避免交叉、混淆和丢失。

（3）细节体现素养和品质。工作中，秘书人员应主动践行节约原则，在使用打印、复印设备时，应合理利用纸张，避免浪费公共资源。

◆ 知识点三 检查监督工作

一、督查工作的分类

督查工作的两个重要组成部分：一是决策督查，二是专项督查（表5-12）。

表5-12 督查工作的分类

分类	决策督查	专项督查
内容	组织重大决策出台后，督查机构和督查人员对政策实施的全过程进行督查	对各级领导批示、指示以及交办的专门事项的落实做好专项督查工作
范围	以文件、会议或其他形式作出的重大决策问题。需进行具体的量化分解和各部门的协调	本级或上级机关或领导的批示件和交办事项。内容较具体、办理要求明确、一事一报，且时限较短
目的	了解决策落实的进程和落实过程中存在的问题，为再次决策提供依据，促进决策的完善落实	及时发现问题和解决问题，促进专项工作的进程效率，加强工作的开展力度，保证完成上级交办的专项任务

二、督查工作的程序

督查工作的程序分为决策督查程序（图5-12）和专项督查程序（图5-13）。

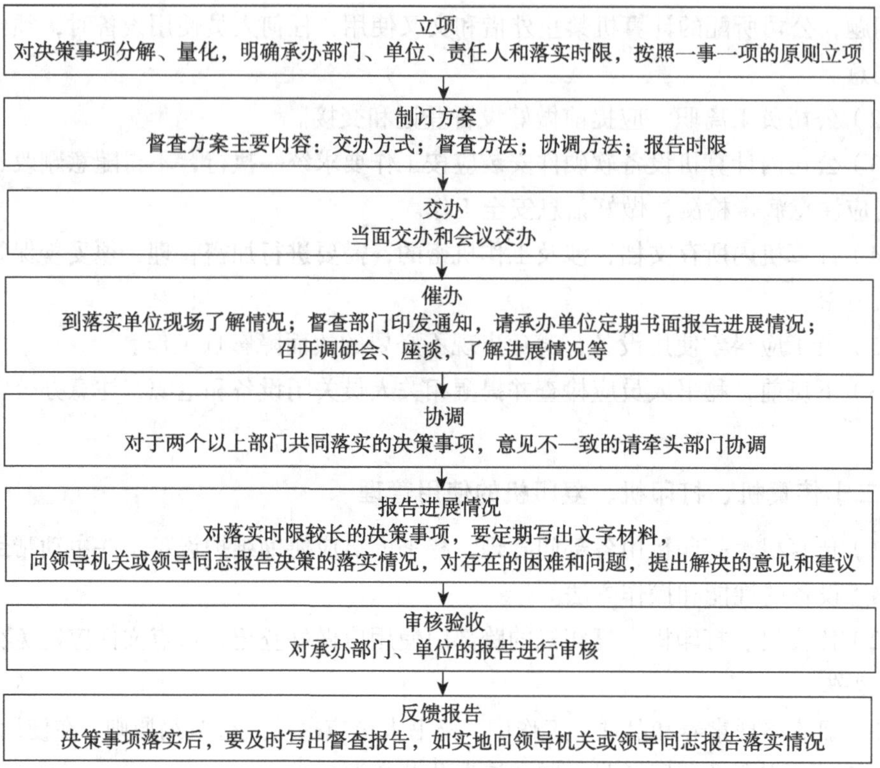

```
┌─────────────────────────────────────────────────────────────┐
│                          立项                                │
│   对决策事项分解、量化，明确承办部门、单位、责任人和落实时限，│
│   按照一事一项的原则立项                                      │
└─────────────────────────────────────────────────────────────┘
┌─────────────────────────────────────────────────────────────┐
│                        制订方案                              │
│   督查方案主要内容：交办方式；督查方法；协调方法；报告时限   │
└─────────────────────────────────────────────────────────────┘
┌─────────────────────────────────────────────────────────────┐
│                          交办                                │
│              当面交办和会议交办                              │
└─────────────────────────────────────────────────────────────┘
┌─────────────────────────────────────────────────────────────┐
│                          催办                                │
│   到落实单位现场了解情况；督查部门印发通知，请承办单位定期  │
│   书面报告进展情况；召开调研会、座谈，了解进展情况等         │
└─────────────────────────────────────────────────────────────┘
┌─────────────────────────────────────────────────────────────┐
│                          协调                                │
│   对于两个以上部门共同落实的决策事项，意见不一致的请牵头部门协调│
└─────────────────────────────────────────────────────────────┘
┌─────────────────────────────────────────────────────────────┐
│                       报告进展情况                           │
│   对落实时限较长的决策事项，要定期写出文字材料，向领导机关  │
│   或领导同志报告决策的落实情况，对存在的困难和问题，提出解  │
│   决的意见和建议                                             │
└─────────────────────────────────────────────────────────────┘
┌─────────────────────────────────────────────────────────────┐
│                        审核验收                              │
│         对承办部门、单位的报告进行审核                       │
└─────────────────────────────────────────────────────────────┘
┌─────────────────────────────────────────────────────────────┐
│                        反馈报告                              │
│   决策事项落实后，要及时写出督查报告，如实地向领导机关或领  │
│   导同志报告落实情况                                         │
└─────────────────────────────────────────────────────────────┘
```

图 5-12　决策督查的程序

三、督查工作的方法

（一）现场督查

为掌握第一手材料，督查人员要深入实际，到承办部门、到现场检查，了解决策事项的落实情况，是最直接、最有效的工作方法，通常可以了解最真实、最可靠的情况。

（二）会议督查

召集有关人员，听取事项落实情况的汇报，进行问题的询问讨论，督促承办单位抓紧落实决策事项。

（三）书面督查

通过书面通知，请有关部门、单位报告决策事项的进展情况，对承办单位进行督促。

（四）电话督查

通过电话向承办部门、单位了解决策事项落实的进展情况，督促承办单位抓紧落实。督查工作要坚持实事求是，上为领导分忧，下为干部、群众服务的原则。要实现

"两个转变",一是实现角色的转变,既要当指挥员,又要当战斗员,在督查过程中,督查人员不能只坐在办公室,与基层文来文往,电话来电话去,一定要深入实际,调查研究,要将明察与暗访结合起来,适时进行突击检查,必要时与职能部门联合检查;二是实现思维方式的转变,从原来的"领导交办,办就办好"的思维方式向"怎样去办,怎样办好"的方式转变,围绕督查中心工作,做好全局工作计划,有安排、有检查,保证工作有条不紊,落到实处。

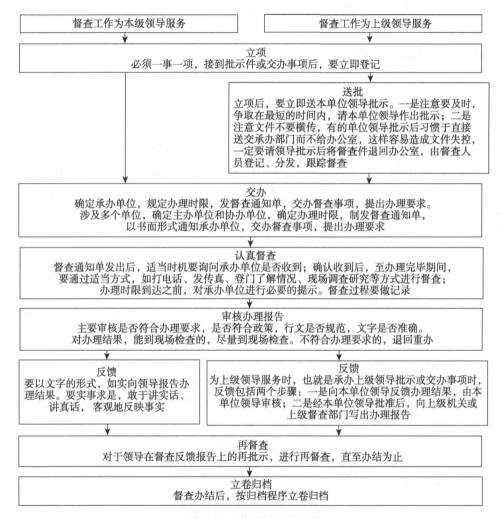

图 5-13 专项督查的程序

实训提高

实训目的

熟练掌握印信管理和督查管理的规定。

实训形式

情境模拟，案例分析

1. 案例分析。

秘书小张在致远公司负责印信管理工作，一天她最好的朋友小刘希望小张给她开具空白介绍信，并表示每次填表审批，找领导签字太麻烦了。小张很犹豫，但耐不住小刘一顿软磨硬泡，就给小刘开具了三张空白介绍信，并叮嘱小刘要小心使用。事后，小张很害怕，她找到办公室主任说明了这件事，并最终妥善解决此事。

情境演练：

请三名同学分别轮流扮演秘书小张、公司小刘、办公室主任。

注意：要体现印信管理的规定，认真体会角色心理。

2. 根据下列材料，制订督查计划。

光华公司是一家生产小家电的名牌企业，近来总有客户反映市场上存在很多质量低劣的光华公司产品，可是光华公司产品都是经过严格质检后才准许入市的，究竟是什么问题呢？公司领导责令办公室成立专项督查组，对产品质量问题进行督查。

任务一：请分析可能的原因，并有针对性地制订督查方案，注意是否需要协同其他部门。

原因	方案
1. _____	1. _____
2. _____	2. _____
3. _____	3. _____
4. _____	4. _____

任务二：如果经过调查，消费者反映的信息有误，市场上质量低劣的产品不是光华公司的产品，而是小公司仿造的假冒伪劣产品，请撰写督查报告，并进行交流讨论。

关于×××事项核查情况的报告

　　遵照_____即对×××事项进行了核查。现将核查情况报告如下：

一、×××事件基本情况

二、×××事件存在的主要问题

三、督查建议

特此报告

　　　　　　　　　　　　　　　　　　　　　　　　报告单位（人）
　　　　　　　　　　　　　　　　　　　　　　　　　年　　月　　日

实 训 总 结 表
实训心得：_____ _____ _____ 通过实训发现的问题：_____ _____ _____ 自我勉励：_____ _____ _____

课后拓展

◆ **技能训练**

请根据课程内容总结自编印信管理和督查口诀，交流背诵。

◆ **讨论思考**

督查工作可能遇到的问题及应对。

◆ **现身说法**

做好党委、政府督查工作的三点体会

程远

济南市委督查室副处长

我从事督查工作近 10 年了，在此谈谈我的体会。

行政之要，重在落实；落实之法，贵在督查。"督查"一词，顾名思义，就是指督促检查，这是各级领导推动工作，确保决策落实、政令畅通必不可少的重要手段，也是秘书工作的重要内容。结合抓督查工作的体会，就如何做好督查工作谈几点想法。

一要围绕中心工作抓督查。督查工作要把握大局，善谋大事，学会"弹钢琴"，围绕党委、政府的中心工作、重大事项，以点带面地抓好落实。比如当前，应对国际金融危机、促进经济发展是各级党委、政府的重要任务。督查工作就要围绕中央和省、市"保增长、保民生、保稳定"的一系列重大决策部署，制定出台当年度的督查工作实施意见，把党委、政府的全年工作部署分解成个若干项重点工作，分别落实到各单

位和部门，明确责任，严格时限，确保把重点工作完成好、落实好。

二要围绕热点、难点抓督查。比如，城区旧村改造、居民群众的医疗保险、城乡环境综合治理、暖电油气等，这些问题都是关系群众切身利益的突出问题，也是领导关注的重点问题，具有政策性强、办理难度大、急事要事多的特点。这些问题解决得如何，直接体现督查工作水平，也是对督查人员能力的综合考验。因此，要主动分析这些重点问题的成因，找准解决问题的突破口，及时开展跟踪督办，办理结果迅速地向领导反馈，向有关方面通报，为领导进行决策提供参考依据，从而推动工作向纵深开展。

三要善于运用方式方法。督查的方式方法多种多样，其中全面督查、重点督查、实地督查、催报材料、明察与暗访、联合督查等工作方法和运作机制，都在实践中取得了很好的工作成效。特别是实地督查这种方式，把督查工作推进到现场，延伸到实地，对于了解和掌握第一手资料，为确保工作真正落实发挥了重要作用。比如，对于领导批示交办的重要事项，不能仅仅停留在事情的表象，而要根据实际情况，以实地查看、电访沟通等方式回访当事人，核实情况。对需进一步落实的问题，再提出明确要求，限期完成，力争做到办理结果事实清楚、结论正确、处理得当，做到件件有着落、事事有回音。

延伸阅读

思考题

扫描此码　即测即评

目标 六

线上线下　周全高效
——会议管理能力全面提升

"办会"是秘书工作的重要组成部分。优秀的秘书必须熟练掌握会议管理的相关技能，学习组织会议的方法和注意事项，熟悉和了解会议活动的基本常识，提高自身的从业素质和技能。

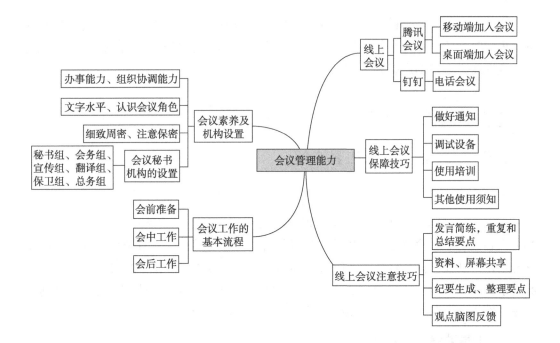

任务一　线上会议管理能力

情景导入

非常时期的工作智慧

新冠病毒肆虐全球，线下会议几乎全部停办，很多单位选择使用线上的非接触会议。小莉是明华公司的总经理秘书，过去习惯组织线下会议，现在组织线上会议时，她感到很多问题很难协调：首先，要选择适合的会议平台；其次，要让与会者从技术上解决参会的流程和技术问题，按时进入会议；再次，要提前做好设备和技术检查，避免出现领导说话时各种技术故障，如影像和声音等各种问题；最后，线上会议难以了解开会效果，要及时传送会议纪要，并请大家作出会后的反馈。这些环节，小莉一开始总是忘东忘西，出现了很多问题，慢慢地，她不断汲取经验教训，并自学研究了各大会议平台，制定了公司的线上会议流程，并主动组织大家进行线上会议技能的培训。领导赞赏小莉说："小莉迅速适应了后疫情时代的工作模式，给大家做出了表率。"

解析

特殊时期，人们不得不采取多种办公形式，因为线上会议的存在，不用接触就可以实现实时交流，可以说为很多工作提供了便利，这就需要我们及时掌握相关的技术，熟练实现线上会议的组织和管理。

理论与方法精讲

◆ 知识点一　线上会议工具介绍

一、腾讯会议

腾讯会议是腾讯云旗下的一款音视频会议软件，于2019年12月底上线。具有300人在线会议、全平台一键接入、音视频智能降噪、美颜、背景虚化、锁定会议、屏幕水印等功能。该软件提供实时共享屏幕、支持在线文档协作。2020年1月24日起腾讯会议面向用户免费开放300人的会议协同能力，直至疫情结束。此外，为助力全球各地抗疫，腾讯会议还紧急研发并上线了国际版应用。

（一）移动端加入会议

方式一：通过会议ID入会

（1）打开腾讯会议App，单击"加入会议"按钮，输入会议号，并输入会议密码。

（2）设置开启/关闭摄像头和麦克风，再单击"加入会议"按钮即可成功入会。

方式二：通过分享链接入会

（1）如果您本地已安装腾讯会议，当您收到的邀请信息为链接形式，则可以点击邀请链接，验证身份后即可直接进入会议。

（2）点击链接进入会议详情页面后，如果会议创建者创建的会议类型为预定会议，则下方会显示"添加到我的会议"，您可以单击，将这个会议添加到您的会议列表，防止您后续入会时忘记会议号。

方式三：通过小程序扫码入会

（1）点击邀请人分享的会议链接，进入页面后，单击"使用小程序入会"。

（2）使用手机识别小程序码，即可一键加入会议。

方式四：通过手机一键拨号入会

（1）通过邀请人发送的电话入会信息，使用手机一键拨号入会。

（2）按照页面提示，根据您的位置拨打电话+输入会议号并按"#"可跳转入会。

（二）桌面端加入会议

（1）打开腾讯会议桌面端，单击"加入会议"按钮。

（2）输入会议号，并输入您的名称，可设置开启/关闭摄像头和麦克风选项。

（3）单击"加入会议"按钮，即可成功加入一场会议。

（4）当您进入会议中后，会提示您选择音频接入方式，分别为"电话拨入"和"电脑音频"，您可以选择任意一种作为您在会议中的通话方式。

二、钉钉

（一）钉钉的使用

钉钉（DingTalk）是阿里巴巴集团专为中国企业打造的免费沟通和协同的多端平台，提供PC版、Web版、Mac版和手机版，支持手机和电脑间文件互传。钉钉因中国企业而生，帮助中国企业通过系统化的解决方案（微应用），全方位提升中国企业沟通和协同效率。

（二）电话会议如何使用

（1）消息界面-右上角"电话图标"-"通讯录"-"选择2个人或以上"即可发起。

（2）手机钉钉群聊界面中，可以单击右上角"电话按钮"，选择2个或以上成员，单击"电话会议"按钮发起。

（3）直接在联系人界面搜索某人，单击"电话图标"，单击面板上的"+"按钮，添加其他成员后，单击"电话会议"。

温馨提示：

（1）在会议的过程中，发起方可在自己的电话会议界面添加或删除与会人员。

（2）电话会议最大支持人数：团队最高9人，认证企业最高16人，企业付费充值电话会议时长后人数自动扩容至 30 人。

（3）拨打手机通讯录保存的手机号码：未认证团队：需要添加对方好友。认证企业：手机号需要打开"允许钉钉访问手机通讯录"的权限，并且打开允许好友推荐的功能，可不加好友。

◆ 知识点二　线上会议效果保障技巧

一、线上会议前需要注意的技巧

（一）做好通知

线上视频会议，可以节约资源，适合特殊时期使用。视频会议系统互通对接的实现，搭建起了一套实时信息共享平台，解决了传统开会方式效率低、参加人员范围受限，费用庞大、部署工作难的问题，拉近了上级与基层的距离。有的视频会议系统能够实时语音互动功能的实现，不仅能够在短时间内召集全体会议，更能让与会者面对面地进行讨论和交流。在收看上级会议的同时，对于需要立即执行的工作任务，可以实时进行统一部署，实现了更有效的分享信息，使领导作出的决策更加科学，制定出最优化的工作方案。作为秘书要提前做好开会通知，样例如下：

××省××局关于召开××会的通知

各市××局：

　　为确保××工作顺利完成，省局拟于近期召开视频培训会，并对××工作进行部署。有关要求通知如下：

　　一、会议内容

　　1. ××工作部署

　　2. ××管理培训

　　二、时间、地点

　　1. 省局设主会场，各市、县（区）局设分会场。

　　2. 时间安排：

7月10日上午9点。各单位参加会议人员应于7月10日上午8：50前入场完毕。

　　三、参加人员

　　省局有关人员，各市局、县（区）局负责人、负责技术管理的技术人员。

　　四、有关要求

　　（一）各单位要组织好有关人员参加会议，不得无故缺席。

　　（二）参加会议人员要严格遵守会场纪律。

　　（三）7月9日15：00起，省局组织进行视频会议技术调试，本次会议采用双流模式。各单位要按照视频会议的相关要求，做好准备工作，安排专人值班，确保线路畅通。

省局视频会议联系人：×××，视频会议技术联调电话：×××××××。

2022 年 7 月 6 日

（二）调试设备

1. 外置设备调试

首先调试音频采集设备，我们只要做到以下两个方面就可以了。

一方面就是确定音频采集设备能收集到声音，现在很多视频会议系统都带有麦克风音量大小的进度条，我们可以通过声音进度条的变化来观察声音是否能进入麦克风里面，从而判断麦克风是否接收正常，如出现声音接收不正常，我们可以看看是否开了静音，或是否没有插对麦克风的接入孔。

另一方面，我们还需要调试回声消除，回声会影响视频会议的声音效果，因此一般视频会议系统都提供回声消除器，但有一些视频会议系统没有提供回声消除，如一些软件视频会议系统，其回声消除的效果比较差，这样我们还必须配备带有回声抑制器的麦克风。

2. 网络调试

线上会议主要是通过网络进行连接，因此网络传输的好坏决定了线上会议的质量，我们应这样进行网络调试。

首先，调试 MCU（微控制单元）服务器的网络，有时候需要配置视频会议 MCU 穿透 NAT（网络地址转换）和防火墙，需要对服务器的端口进行设置。

其次，确定视频会议终端是否和服务器连接，如果到服务器的网络不通，需要网管人员参与调试网络。如视频会议终端到服务器的网络是联通的，我们还需要调试网络的带宽是否合适于视频会议传输，因此我们可以把视频的帧数和质量设置为较高，然后测试图像的帧数和质量是否正常，来判断网络带宽是否足够。

3. 系统整体调试

前面我们只是调试了外置设备、网络，但由于视频会议与硬件、网络关系很大，因此我们必须在进行视频会议之前做一次整体的模拟实际环境的调试，我们必须把相应的设备全部进行连接，按实际的环境下进行，如果在整体调试的时候，发现外置设备或者网络不足以支持视频会议，我们需要及时更换外置设备或提高网络传输率。

（三）使用培训

下面以腾讯会议 2022 版为例，讲一下具体的使用流程。

1. 预定会议

为了防止不相关的人误入会议，可在预定会议时设置会议密码，开启等候室，并开启共享屏幕水印,保证机密信息不泄露。

路径:预定会议>开启会议密码或等候室,设置会议水印(图6-1)。

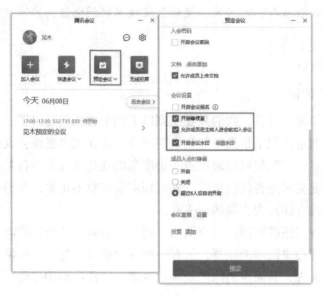

图 6-1　开始屏幕水印

2. 会前准备

提前设置好虚拟背景、美颜,呈现出更好的形象,打造专注的会议环境。

路径:头像>设置>设置虚拟背景及视频美颜(图6-2~图6-4)。

图 6-2　进行设置

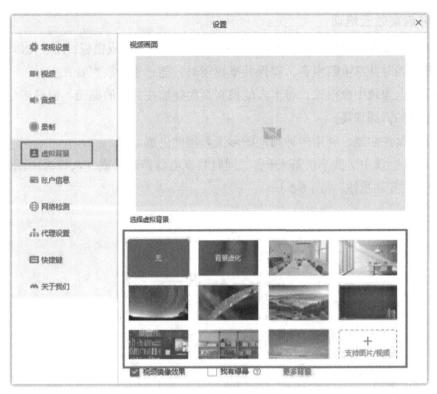

图 6-3　设置虚拟背景

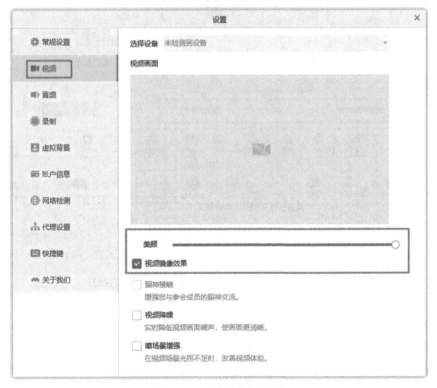

图 6-4　可进行美颜设置

3. 开启高效云培训

（1）当需要讲解课件或黑板演示时，可以使用共享屏幕或白板，并进行以下操作：

①开启同时共享电脑声音，确保共享视频时，能正常播放声音；

②开启人像画中画模式，将本人的视频画面叠加在共享的桌面、窗口或白板上，打造更生动的讲课现场；

③使用批注功能，利用多种画笔图形工具辅助讲解。

路径：（会议中）共享屏幕>开启"同时共享电脑声音"或"人像画中画">确认共享>开启"互动批注"（图6-5）。

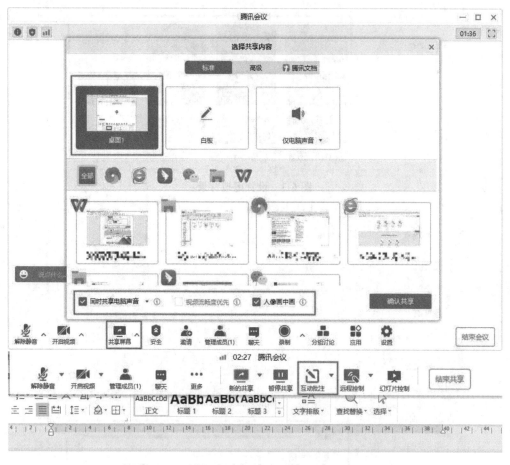

图6-5 可进行共享电脑声音，人像叠加和开启批注

（2）将培训录下来存档，方便学员日后回看复习，推荐使用云录制功能，支持手机和电脑录制，录制完毕后，自动生成回放链接，分享给他人也更便捷。

路径：（会议中）更多>录制>云录制（图6-6）。

图 6-6 可进行云录制

4. 维持会议秩序

主持人可以通过以下方式，维护会议秩序：

（1）点击管理成员，一键全体静音，防止误开麦，维护会议秩序；

（2）若误开摄像头，可以点击管理成员，关闭某个成员的摄像头。

路径：（会议中）管理成员>全体静音（图 6-7）。

图 6-7 可以设置全体静音

（会议中）管理成员>选择某个成员>更多>移出会议（图6-8）。

图6-8　可进行会议管理

5. 确认签到情

会议结束后，会议预定人可以通过历史会议导出参会人员列表。

路径：历史会议>详情>下载（图6-9）。

图6-9　可进行会议签到

（四）其他使用须知

1. 会议准备工作

（1）开会前找领导确认参会人员名单，提前一天成立线上软件会议群，注意群的重命名，提前 10 分钟进行会议调试。

（2）制作电子签到表。表格人员和内容由会议准备人提前一天制作好，内容包括序号、姓名、职务。

（3）制作会议人员发言顺序及内容。（不清楚发言内容可以提前沟通，确实不便联系可不写内容。）

2. 会议进行中

（1）线上会议注意录音保存，会后制作会议纪要，并请部门领导转发至参会领导；会议纪要内容应发至群中供大家查看。

（2）会议纪要原则上要包括主要发言人、领导的发言和指示。

（3）发言内容原则上保留原汁原味的表述，但方言、口语、口头禅、多次同义反复等可进行书面语二次处理。

3. 会议结束后

（1）原则上当天晚上制作宣传稿。内容包括说明时间、参会领导以及会议达成的主要事项、配图可将电子签到表、发言顺序名单、会议纪要、参会人员视频或音频人员名单截屏等组成插图状态，类似九宫格。

（2）要特别重视宣传工作，关乎会议质量和对外部门形象问题。宣传中杜绝错别字、原则性表述错误等低级错误。至少查看 3 遍，确保无误可发至群中，发群对象要和群中人员相关。要限定群范围。

二、线上会议中需要注意的技巧

（一）发言精练

线上会议，要注意发言简洁，同时注意发言的完整性。说话前的引子要有，讲完话的收尾词也不能落下。

（二）重复和总结要点

（1）摘要记录。记录会上报告了什么事情，讨论了什么问题，通过了什么决议。

（2）详细记录。要把每一个人的发言都记下来。

（3）为了提高记录速度，可以适当使用一些自己熟悉的简称、代号、符号，待会议间歇或会后整理时再补上全称或原称。必要时可以学习速记法。

(三)资料、屏幕共享

视频会议中,选择屏幕下方的"共享窗口",即可实现桌面共享,把需要共享的文档/视频在桌面打开,即实现了会议中的文档/视频共享。电脑端"屏幕共享"页面和手机端"屏幕共享"页面操作路径:"视频会议"-"更多"-"屏幕共享"。

三、线上会议后需要注意的技巧

(一)纪要生成

(1)先写标题,再写开头,包括会议形式、背景、会议名称、地点、时间、主题、评价、参会人员及指导思想和目的。

(2)文号和行文时间,文号写在标题的正下方,由年份、序号组成,也可以写在正文的右下方、主办单位的下面。

(3)正文要纪实会议内容,概括会议决定,反映会议全貌,并写出段落开头语和引用性文字,列出决议的事项,结尾一般以会议为主题,发出号召和贯彻落实会议精神,强调会议中心思想和核心问题,并对会议作出简要评价。

(二)及时整理要点

1. 做好事前准备

通常情况下,举办或召开一次会议,都涉及会议的组织筹备事宜,包括会议主题的确定、议题的收集、议程的安排及相关背景材料的准备等。有时候这些工作负责会议记录或整理纪要者自身会全程或部分参与,有时候则有专门人员分工。但无论是何种情况,主笔者都要尽可能地在事前多了解掌握相关情况,根据会议确定的议题,备齐有关背景资料,掌握会议将要研究的主要问题,以便记录整理时心中有数、查找方便。

2. 忠于会议原意

记录是纪要之基,是起草纪要的蓝本和依据,因此完整、准确、清晰是其基本要求。做好会议纪要,首先必须忠实地记下会议的整个原貌,包括时间、地点、参加对象、会议议题和议程、与会者的讲话内容要点、会议总结或议定的事项等;尤其是要认真领会并忠实记录好主要领导的讲话原意,不可随意偏废。对于每一个参加会议人员的姓名、职务,都要认真落实清楚,原本标记。有时候参加会议的对象较多、内容较广,议程也较分散,记录时就要注意分门别类地按所定议题予以记录清楚。对一些不明事项,则应在会后即行予以核实,以免产生遗漏。

3. 把握会议要点

会议纪要的精髓在于"要",准确把握会议的要点是整理会议纪要的关键。要掌握会议的要点,又关键在于能抓住与会人员达成的共识和议定的事项,也就是要特别注意围绕主题,从与会者的发言中提炼出会议的观点、主张和结论。其具体要做到"四个善于":一是善于区分讨论性意见和表态性、结论性意见的差别;二是善于抓住主管领导、重点部门或某些权威人士发言的实质;三是善于领会把握会议主持人的总结性发言;四是善于统合大多数与会者形成共识的意见。可以说,把握了以上四点,就等于把握了会议纪要的基本框架。

4. 确定纪要形式

根据会议纪要的特点,其正文的写法通常有四种,即综述式、分类式、条款式和摘编式,具体视会议内容而定。如果会议只有一项议题,可采用综述式,即把会议主题、与会人员的统一认识和看法、会议决定的事项等综合在一起,用概述式的方法进行阐述和说明。如果会议规模较大或议题在两个以上,通常用分类式或条款式。分类式即把会议的主要内容依其内在联系归纳成几个方面,然后逐层逐段地将会议涉及的问题分别予以阐述明白,可以分条撰写或加用小标题。涉及重大或重要的会议如座谈会、学术研讨会等,也会使用摘编式,即将与会者在会上的重要性发言,以摘编摘录的形式在会议纪要上体现出来。

5. 加工处理文字

一般可采取以下文字加工处理办法。一是理顺。理顺,一个是根据讲话内容划分不同的部分,让读者看后能够明确会议纪要的主旨和内容;再一个就是要将前后交叉、重复的内容进行分类合并,使纪要提纲挈领、简明扼要。二是修改。在语言上,应尽量去除"口语";在内容上,要去掉"虚"的部分;在秩序安排上,则要注意"主次分明,以主为先"。三是补删。从"补"的方面来说,分为"补缺"和"延伸"。补缺,就是对应讲未讲、有必要补充的问题,整理时要予以补上去;延伸,就是对讲得不够透彻、容易使人产生误解的问题,整理时要适当补充和深化,使之更为合理、充实和完善。从"删"的方面来说,删去那些多余的话和不可操作性的内容,特别要注意删除那些政治敏锐性比较强、不宜大范围知晓的内容。

6. 用好规范语言

会议纪要十分讲究表述层次,先写什么、后写什么要非常明确,语言要十分规范,要少用修饰词,不讲含糊不清、模棱两可的话。要站在会议的高度,综合全局的意见,而不能突出个人的意志。通常这种层次是用一些约定俗成的专用语言来表达的,如常用的规范语言有"会议听取了""会议认为""会议指出""会议要求""会议强调""会议议定""会议原则同意"等。此外,由于会议纪要属于法定公文范畴,所以整理成文后还涉及会审、签发、分送等问题。它与其他法定公文的显著区别在于,一是文末不落款,二是不署日期,三是不缮印。同时使用统一规定的版式,不能以"红头文件"

代替。这些都是需要在实际工作中加以注意的。

(三)观点脑图反馈

线上会议比起线下会议,议程和内容的印象不够深刻。因而,会后除了提供会议纪要之外,秘书可以提供脑图,让大家对整个会议内容有明晰的了解(图6-10)。

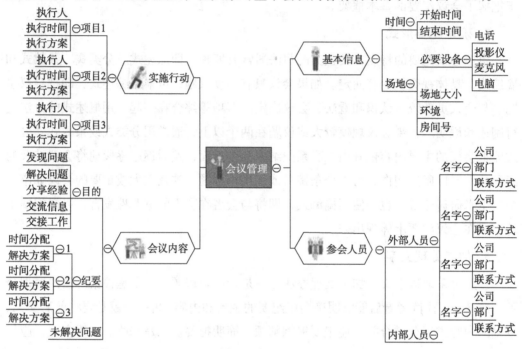

图6-10 观点脑图反馈

实训提高

实训目的

实践和掌握线上会议的基本知识。

实训形式

讨论、发言。

请用钉钉或腾讯会议模拟一次线上会议,做好会议准备工作,并在会议完成时做好总结。

案例:

嘉尚集团是一家以外贸业务为主的公司,需要利用钉钉或者腾讯会议开展一次线上会议。

如果你是一名秘书,你会怎样通知大家,并且教会大家利用网络实现实时会议呢?

1. 请根据你对秘书这一职业的了解,详细描述如何开展线上会议。
2. 拟定会议注意事项。

目标六　线上线下　周全高效——会议管理能力全面提升

实训总结表

实训心得：_____
_____
_____

通过实训发现的问题：_____
_____
_____

自我勉励：_____
_____
_____

课后拓展

◆ **技能训练**

采访一名秘书，找出开展线上会议遇上的三个难题，并提出解决方法。

受访者	受访时间
难题一：	解决办法：
难题二：	解决办法：
难题三：	解决办法：

（示例）

◆ **讨论思考**

在这样一个特殊时期，有企业因员工工资发放问题而伤神，而有的企业却因招不到员工而发愁。对于旅游、餐饮、酒店行业而言，劳务闲余，而对于一些加工制造业、线上配送、运输行业来说，这一时期的繁忙程度达到峰值。如何平衡这一时期劳务市场的需求，是一大难题。

2021年2月3日，盒马联合云海肴、西贝、探鱼、青年餐厅等餐饮品牌达成"共享员工"的合作，这是早期网络热度最高的"共享员工"事件，阿里和盒马也因此举收获了一片舆论点赞声，"共享员工"带来的新用工模式也引发关注。

所谓"共享员工"，即指在新冠肺炎疫情持续影响下，一些暂时难以复工的中小企业将员工以共享模式进行短期人力输出的合作用工方式。共享员工的做法让员工在企业之间临时流动，实现人力资源的再分配。

随着复工复业的推进，一些行业面临短期歇业的现状，而"用工荒"的局面也存在于一些行业中，在这样的矛盾现实下，"员工共享"的模式受到舆论关注。被称为目前企业积极"自救"的一次创新之举，央视新闻、中国新闻网、新华视点等媒体对这一模式进行了传播和普及。

讨论： 疫情期间企业该如何寻求自我发展？作为秘书人员，你会给出怎样的意见辅助决策，请模拟会议发言情况。

◆ 现身说法

为什么线上会议如此普及

杜云聪
新媒体部总监
山东耘耔文化发展有限公司

随着视频会议的问世，企业可以更方便地解决应急问题，进行员工的培训及面试问题，更好地实现领导与员工可视化的无障碍交流，但是随着视频会议的不断向前发展，市场上出现了各式各样的视频会议软件，那么我们该如何去选择这类软件呢？

稳定性、安全性： 在选择时首先要考虑的就是稳定性和安全性这两个因素，只有系统的稳定和安全才能保证最基本的要求。

产品品质： 可以说产品品质表现在图画的清晰程度和声音上，只有满足这两个加上演讲者的激情才能激发人们的兴趣更好地认真听讲。

数据传输的功能： 视频会议中经常需要共享、传输、接收与展示文件，因而，要保持传输文件的顺畅与高效，且保证呈现的效果，使双方能及时同步会议内容，保障会议的沟通效果。

兼容性： 使用视频软件进行会议时，为了达到最佳效果，需要参会人员提前确认视频会议使用的软件，保证双方都能兼容，及时升级更新，且版本一致，确保新功能的同步使用，让线上会议更加高效。

网络适应能力：会议主要是通过网络来传输的，因此对网络的音频、图像要保证清晰度，而且传输速度、传输大小都要有很高的要求。

视频会议的作用就是把分散在不同地域、处在各个决策层面的人汇集在一个虚拟空间中，缩短距离，加快信息与知识的交流传播，促进团队合作，催化决策速度，提高工作效率，并大幅压缩费用。

具体来看，线上会议的优点十分突出：

（1）无须离开办公室，就可以频繁地联络同事、合作伙伴、供应商和客户；

（2）可以迅速召开特别会议，以便讨论紧急事务和立即采取措施；

（3）逼真的音频和视频效果让您好像是在参加一个实际的会议；

（4）通过节约时间、资源和资金，可以提高工作效率和生活质量；

（5）运用视频会议优化企业信息沟通模式，能加快信息传递速度，缩短决策周期和执行周期，减少时间成本，节省企业内部培训、招聘、会议等成本费用；

（6）便于进行新员工培训等工作，在不增加成本的情况下提高参与程度。

延伸阅读

任务二 线下会议管理能力

一、会议素养及机构设置

（一）会议工作对秘书的基本要求

（1）较强的办事能力和组织协调能力，较高的文字水平。

（2）正确认识自己在会议中的角色，摆正位置，提供最优质的服务。

（3）工作要细致周密。

会议工作出了问题，消极影响面广而且难以消除，因此，工作要责任到人，尽可能周密，部署的工作一定要亲自把关检查，如会场布置好了，会前要去看看，会标、座签摆放是否合适，音响、麦克风是否正常，发现问题要及时纠正，会议工作最忌讳粗枝大叶。

（4）要注意保密。

多数会议都带有机密性，对会议的内容，包括时间、地点、与会人员、议题和日程安排及文件资料都要保密。有些会议，会上保密，会后内容是否可以公开及何时公开，公开多少都要请示领导，不要擅自做主。

2018年1月，某自治州无业人员蒋某以找工作为名进入某宾馆，误入该州委全会会议现场，并趁机窃取2份机密级会议文件。此后至2019年8月期间，蒋某冒充该州委、州政府工作人员，多次进入州委、州政府机关驻地会议室等场所，秘密窃取党政机关文件资料300余份和涉密文件U盘1个（存有机密级文件5份，秘密级文件1份）。2020年6月，审判机关以非法获取国家秘密罪判处蒋某有期徒刑1年。

资料来源：https://zhuanlan.zhihu.com/p/490325618.

2020年8月，某网站刊登某国有企业涉密文件。经查，该企业召开电视电话会议，传达上级机关涉密文件精神并就贯彻落实进行安排部署。会议期间，某分公司通过互联网音频会议软件接入，导致会议内容被网络窃取。案发后，会议召集人、该公司党委副书记黄某被给予党纪处分，并对公司年度绩效考核保密项进行扣分处理。

资料来源：https://zhuanlan.zhihu.com/p/490325618.

（二）会议秘书机构的设置和工作人员的调配

规模较大的会议，单靠几个人很难组织好，一般都成立会议秘书处，由专人负责。

秘书处下设几个组：

秘书组：负责值班、组织协调、印发文件；

会务组：负责会场的布置、管理、服务；

宣传组：负责宣传报道和对记者的组织管理；

翻译组：负责翻译成几种文字；

保卫组：负责安全警卫；

总务组：负责接送、食宿、文娱活动、医疗保健等。

如果会议规模小，可以由会务组统一安排。

二、会议工作的基本流程（会前、会中、会后）

（一）会前准备

会议的准备是否充分，直接影响会议的质量和效果。

1. 拟订会议计划书（工作方案）

会议计划书确定必须做的事项以满足会议的需要并达到会议确定的目标，包括会议名称、会议内容、会期、会议的规模、日程、议程、会议的开法、会议的组织领导、宣传报道、会议文件准备、经费预算、食宿安排、保卫和保密工作等（表6-1）。

表 6-1　北京××公司会议计划书

一、会议日程安排
　　1. 会议时间：202×年6月15日—6月18日（三晚）。
　　2. 会议日程：15日代表全天报到，16日全天会议，17日到西柏坡考察，18日返程（17日会有一些代表提前返程）。
二、会议人数
　　共计120～150人。
三、会议各项收费标准
　　1. 会议用房：标准间42间，豪华标间33间。
　　2. 会议用餐：全天80元/人（中餐+海鲜火锅+酒水，菜单见附件A、B、C）三餐费用标准：早餐10元/人，中餐、晚餐35元/人。
　　3. 会议室使用：可容纳200人的大型会议室，设施齐全。地点：海天大酒店三楼308室。收费标准：2 000元/天，含投影仪、音响设备、茶水及会议服务等。
　　4. 会议条幅：共两个条幅，主楼配欢迎条幅，会场配会议条幅。条幅制作由宣传部完成，制作周期是3天。
　　5. 会议摄影：安排在16日上午会议结束后进行。和美摄影协会的吴敏为会议代表摄影，收费标准为1元/寸。
　　6. 用车安排：55座金龙客车三辆。
　　7. 考察计划：17日到西柏坡考察。
四、接待工作
　　1. 报到接待：宾馆在总服务台设4人台作为报到服务用桌，并在报到时协助安排住宿。17日晚如有退房，负责安排合房工作，避免出现空余床位。
　　2. 订票工作：负责给与会人员预定返程车票。
　　3. 会议提示：住宿楼门口均设置会议地点、就餐地点等提示。
　　4. 领导接待：会议期间，宾馆提供会场就近套间1间，作为专家临时休息场所（房间配有水果、茶水、矿泉水、饮料、香烟等）。
　　5. 联欢会：16日晚餐结束后，安排一次联欢会，以游戏、唱歌为主，原则上不产生任何费用。

会议筹备组
×年×月×日

2. 选定会议议题

会议的议题就是会议需要研究解决的问题，准备工作要围绕议题来进行。会议的议题要和会议的内容相适应，议题可以是一个，也可以是多个。如联合国大会第六十四届会议议题重点集中在千年发展目标上、世界金融和经济危机及其对发展的影响及气候变化等。

3. 拟定会议议程、日程

会议议程：会议解决问题的大致安排即会议进行的程序、讨论哪些议题、按什么顺序讨论、是否进行表决等。对会议议程的拟定，秘书要听取领导意见并送领导处审核，避免顺序和人员安排有误（表6-2）。

表 6-2　××公司年终总结大会会议议程

主题：表彰先进，总结过去，展望未来
参加人：全体员工
时间：上午 9:00—11:30
地点：新华大厦四楼一号报告厅
会议内容：
一、主持人××经理宣布会议开始，介绍来宾
二、总经理致辞
三、管理委员会×主任宣布年度受表彰人员名单
四、颁奖仪式
五、××代表受表彰人员发言
六、××董事长总结发言
七、会议聚餐

会议日程：会议进程的具体安排，一般用日程表来表达（表 6-3）。

表 6-3　博鳌亚洲论坛 2010 年——会议日程（节选）

4月8日（星期四）	
07:00—22:00	注册（海口美兰机场）
16:00—17:30	博鳌亚洲论坛理事会会议（国际会议中心一层孔雀 4 厅）
18:00—19:00	博鳌亚洲论坛会员大会（国际会议中心一层东屿宴会大厅 A）
19:30—21:00	博鳌亚洲论坛会员和赞助商欢迎晚宴（索菲特酒店一层中餐厅）

资料来源：http://news.10jqka.com.cn/content/623/463/073/62346373.shtml.

4. 准备会议文件

准备好高质量的会议文件是保证会议质量的重要举措，会议的文件有主要文件、参考文件、阅读文件。一般说来，领导讲话和工作报告是主要文件（表 6-4）。

表 6-4　领导讲话稿的写作

领会领导意图	把握受众心理
——为什么要讲？	——我能知道什么？
——要讲什么？	——与我有什么关系？
——想怎样讲？	——下一步该怎么办？

5. 确定出席、列席会议人员

对会议出席和列席的人员名单，秘书要提前请示领导，并逐一落实，还要明确会议的贵宾及重要人员。

6. 与会人员编组

如会议需要讨论，则要进行人员的编组工作。编组的方法，一是按照地域分组；二是按行业分组；也可以既按地域又按系统行业分组，小组召集人要指定职务较高，组织能力较强的同志担任，分组名单上要注明小组负责人及讨论地点。

7. 选定、布置会场

会场的布置直接影响会议的效果，会场的布置要与会议的规模和内容相适应（图6-11）。

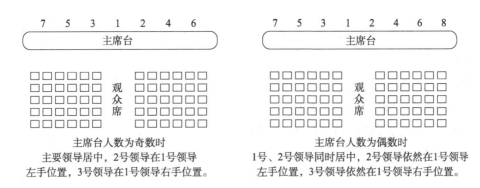

图6-11 会场布置

1）会场气氛

不同的会议气氛要求不一样，如党的代表大会要朴素大方、人民代表大会庄严隆重、庆祝大会要喜庆热烈、追悼大会要肃穆庄严、座谈会要和谐融洽、纪念性会议要隆重典雅、工作会议要简单舒适等。要根据需要悬挂会徽、会标及横幅等，但要注意装饰应适当烘托，不要太烦琐艳丽，避免喧宾夺主。

2）主席台

主席台要排座次、放名签，以便对号入座。要反复核对，不要出现错字错位。发言者发言时不宜就座于原处发言，发言席的常规位置在主席台的正前方或右前方。观众席座次根据需要可划分座区。

主席台座次：前排高于后排、中央高于两侧、左侧高于右侧。

3）常见十种会议室的台型摆设

通常会议室最常见的摆台形式有如下几种：剧院式、教室式（课桌式）、方形中空式（回形摆法）、U形、鸡尾酒会式、宴会式、圆桌型、交叉型、讨论会型、马蹄型、T型台、椭圆形、长方形。

（1）剧院式。

桌形摆设：会议厅内面向讲台摆放一排排的座椅，中间留有较宽的过道（图 6-12）。

特点：在留有过道的情况下，最大限度地摆放座椅，最大限度地将空间利用起来，在有限的空间里可以最大限度容纳人数。

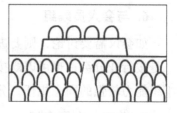

图 6-12　剧院式

（2）教室式（课桌式）。

桌形摆设：会议室内将桌椅按排端正摆放或成 V 形摆放，按教室式布置会议室，每个座位的空间将根据桌子的大小而有所不同（图 6-13）。

特点：此种桌型的摆设可针对会议室面积和观众人数在安排布置上具有一定的灵活性；参会者可以有放置资料及记笔记的桌子，还可以最大限度容纳人数。

图 6-13　教室式（课桌式）

（3）方形中空式（回形摆法）。

桌形摆设：将会议室里的桌子摆成方形中空，前后不留缺口，椅子摆在桌子外围，桌子围上桌布，中间放置较矮的绿色植物，投影仪会有一个专用的小桌子放置在最前端（图 6-14）。

特点：此种类型的摆桌常用于学术研讨会一类形的会议，前方设置主持人的位置，可分别在各个位置上摆放麦克风，以便不同位置的参会者发言。此种台型容纳人数较少，对会议室空间有一定的要求。

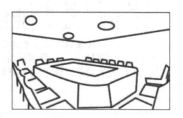

图 6-14　方形中空式
（回形摆法）

（4）U 形。

桌形摆设：将桌子连接着摆放成长方形，在长方形的前方开口，椅子摆在桌子外围，通常开口处会摆放放置投影仪的桌子，中间会放置绿色植物做装饰（图 6-15）。

特点：不设会议主持人的位置以营造比较轻松的氛围；多摆设几个麦克风，以便自由发言；椅子套上椅套能显示出较高的档次。

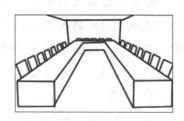

图 6-15　U 形

（5）鸡尾酒会式。

桌形摆设：以酒会式摆桌，只摆放供应酒水、饮料及餐点的桌子，不摆设椅子，这是以自由交流为主的一种会议摆桌形式，自由的活动空间可以让参会者自由交流，构筑轻松自在的氛围（图 6-16）。

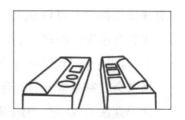

图 6-16　鸡尾酒会式

特点：自在、轻松，便于交流互动。

（6）宴会式。

桌形摆设：以自由交流为主的一种会议摆桌形式，自由的活动空间可以让参会者自由交流，构筑轻松自由的氛围（图6-17）。

特点：便于轮流发言、头脑风暴，既规范又灵活。

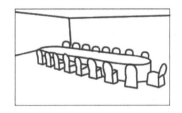

图6-17　宴会式

（7）圆桌型。

桌形摆设：这种摆设形式在与会者地位都平等的会议中使用会有最好的效果。圆桌型的、自助餐型的桌子布置多用于有关酒会等与饮食结合在一起的会议。在中间的圆桌上可以放上鲜花或其他展示物。（图6-18）。

特点：气氛平和中正，便于相邻相对人员随时交流，更适合小型会议。

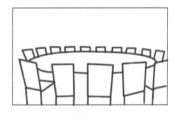

图6-18　圆桌型

（8）交叉型。

桌形摆设：此种布置会改善坐在会场后面参加者的视线，并使其在实训活动中更有参与感。与所选定的会议室工作人员沟通以确保场地能配合所想要的布置。事前勘查将要用来做各种不同活动的场地，要记住在全会与实训活动中所要使用的视觉辅助及器材（图6-19）。

特点：适合教学实训活动，确保更多人参与的良好体验。

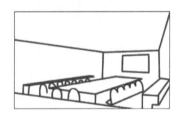

图6-19　交叉型

（9）讨论会型。

桌形摆设：用两张长桌并列成长方形讨论桌的形式。一般有方形、圆形和椭圆形几种桌形，多用于讨论会，也可用于宴会等（图6-20）。

特点：这种布置可以鼓励小组讨论，也能让参与者在活动中扮演主角色。会议桌上一般要求有台布，而椅子应与台布接近。

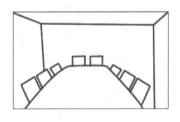

图6-20　讨论会型

（10）马蹄型。

桌形摆设：此种适合小型聚会，较不拘束的摆设让参加者能做笔记和参与小组讨论，这种布置能鼓励与会者更积极地参与（图6-21）。

特点：适合小型研讨论证类会议，便于发言与互动。

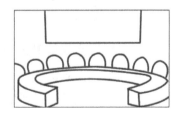

图6-21　马蹄型

8. 制作会议证件

会议证是出席会议的凭证，上面标明会议名称，使用者姓名、性别、发证日期、号码，有的还要贴照片。大型会议又分出席证、工作证、记者证，可用不同颜色区别。

9. 发会议通知

会议准备工作基本就绪后，要尽早发出通知，以便与会人员提前做好准备，通知可以发书面通知，也可以电话通知，但比较稳妥的是二者的结合使用。

书面通知由标题、正文、落款三部分组成（图6-22）。

图 6-22　会议通知

10. 制定会议须知

会议须知如图6-23所示。

11. 负责会议报到

提前到位，礼貌周到，必要时设置指示牌或导引员。用不同符号标记报到情况如"√"表示到会；"×"表示缺席；"〇"表示请假；"？"表示待核实等。

12. 申请会议经费

会议预算表如表6-5所示。

13. 安排好会议值班工作

会议值班工作非常重要，一定要提前安排好，并送领导和办公室各一份，秘书处备份留底，保证人员到岗到位（表6-6）。

（二）会中工作

会议进行阶段，要按照各自分工，做好会务工作和各项服务工作，确保会议的顺利进行。秘书通常要负责会议记录和撰写会议简报及会议的值班工作。

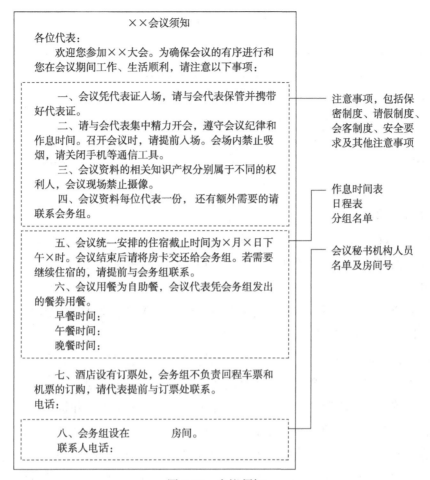

图 6-23　会议须知

表 6-5　××公司会议经费预算表

承办单位（盖章）

项　　目	内　　容						
会议名称（内容）							
会议时间	年　　　月　　　日至　　　月　　　日						
会议地点							
参加会议对象							
参加会议人数	其中：工作人员　　　人；驻地代表　　　人						
会议经费预算	合计	住宿	伙食补助	场租费	交通费	印刷费	公杂费
审批意见	年　　月　　日						
备注	1. 各部门应提前15天将本表报经费主管部门审批。 2. 住宿费的人数不包括驻地代表，含部分工作人员。 3. 本表一式两份，经审批单位审核后退原单位一份。						

表 6-6　值班记录表

NO：_____

岗　　位		时间　年　月　日　00：00—00：00	
值班情况			值班人：
交接班	交班人：	时间：	
	接班人：	时间：	

1. 会议记录

要按照会议的真实情况，忠实记录，听不清的要核对，耳要明，手要快，可运用速记，择要而记，记录抓主要观点、精辟论述、结论性意见以及有争议的问题，重要会议可录音。

大型的会议，为了便于参会人员了解会议全貌，掌握会议进程，及时发现问题和留有必要记录，一般都出简报。

写简报，一是简报要简，突出重点，精练内容；二是要快，一般当天一定要写出来，第二天上午要给到与会人员；三是真实客观，包括人名、地名、时间、数字、引文，都要准确无误，不能把自己的观点强加于人。四是突出重点和特点，要舍弃一般的内容，在开头简单写明主持人及发言人，然后开门见山，把最精辟的内容写出来。如辽宁省第十届人大四次会议的各市代表团曾接到大会会议简报组的通知：上报材料中主要汇集来自人大代表的最真实的呼声，包括对政府工作的意见、建议等实实在在的良策，一些没有实质内容的"代表一致认为""全省发展形势良好"等客套话一概全免（表 6-7、表 6-8）。

表 6-7　会议简报范文

政协××市六届×次会议
简报
（第××期）

大会秘书处　　　　　　　　　　　　　　　　　　　　　×年×月×日

今年政府应办几件实事

××委员说：建议市长要有相应的任期目标，要像×××那样一年办几件实事，年终总结，有哪些完成，有哪些没完成，为什么。改为"三公开一监督"为好。

×××委员说：报告在谈到廉政建设时，提出实行"两公开一监督"，我们认为应改为"三公开一监督"，即再增加公开市、县两级主要领导的经济收入，以便接受人民群众的监督。不能再走大投入低效益之路。

表 6-8　××集团公司财务工作会议简报（第××期）

在清产核资工作全面展开、新的《企业会计制度》即将实施、主辅分离逐步开展的形势下，6月1日至3日，集团公司在××楼召开了××集团2022年度财务工作会议，各子分公司总会计师、财务科长、决算人员、审计人员，各指挥部办事处财务主管等130余人参加了会议。

集团公司总会计师××出席会议并做了重要讲话，在讲话中，××从认清新的财务形势、树立新的财务理念、完善成本管理机制、规范资金运作、实施新《企业会计制度》、做好清产核资工作、做好财务预算工作、做好审计工作、加强会计基础工作、加强财会队伍建设等十个方面做出重要指示，为集团公司下一步的财务工作指明了方向。

集团公司副总会计师、财会部部长××总结了2021年度××集团公司财务工作情况，并对下一年度××集团公司的财务工作做出了安排布置，提出了2022年度财务工作九个方面的要点：加强内部资金管理，提高信用意识；加大成本管理工作，探索有效的成本管理途径；严格执行财务预算制度，加大对资本运营中的监控；做好清产核资工作，为全面执行《企业会计制度》奠定基础；执行《企业会计制度》，完善相关的财务配套制度；结合"主辅分离"，紧缩经费支出；开展财会信息化建设，促进财会管理水平的提高；继续加强财会队伍的建设，提高公司的财务管理水平；加强财会学会建设，充分发挥财会学会的作用。

此次财务工作会议全面布置了2021年度财务决算编制工作，提出了2022年财务预算的编制要求，明确了清产核资的步骤和方法，解答了汇总纳税及青藏退税的有关问题。为下一步做好财务决算编制工作，提高财务预算的编制水平，加强国有资产的监控管理，合理筹划纳税工作，全面实施《企业会计制度》打下了基础，做好了准备。

2. 会议值班

认真负责，坚守岗位，有情况灵活处理，及时汇报。对于紧急电话，可通过纸条方式迅速告知当事人。防止闲杂人员混入场内，如有异常，要及时联系安保人员。做好值班电话记录、值班接待记录、值班日记及信息传递工作。

（三）会后工作

（1）清理文件，及时收回不能带走的文件。整理好会议文件，及时登记归档。

（2）安排离会。热情送客，提供票务及必要的交通服务。

（3）修订文件。对会议形成的文件，有些需要会后修改定稿印发。

（4）撰写纪要。会议纪要是记载和传达会议情况与议定事项使用的一种行政公文，要尽可能快速完成并报领导审核定稿下发（表6-9）。

表 6-9　会　议　纪　要

为了……×年×月×日召集有关单位人员召开会议，就×××一事进行了研究讨论，现将会议内容纪要如下。

一、

二、

三、

四、

（5）结算会议经费。

清点费用支出发票并核实发票，填写报销单，通常将发票贴于报销单背面，请领导者审核签字后到财务部门报销，报销后尽快与相关部门及人员结清费用。

如需与会者交款，则应将项目与数额详细列出在会议通知中或预定的表格中，并注明交款的时间和方式，在会议报到时就应做好会议收费的相关工作，并做好发票的开具等工作。

会议的付款工作则要根据预算列出明细，做好记录，通常情况下有的费用是要事先商定好，在活动之后交付给本人的，如嘉宾出席或演讲人的费用；有的则在会议前协商预定，交付了定金，会后再结清，如会场费用、餐饮费用、音响等辅助设备等（表6-10）。

表 6-10　会议经费结算表

××公司会议结算表（　月　日）

会议收入由以下部分构成					
房款收入		房款支出		房款节余	
餐费收入		餐费支出		餐费节余	
考察A线		考察人数		返款数额	
考察B线		考察人数		返款数额	
考察C线		考察人数		返款数额	
报到人数		收费标准		收款总额	
合计					
会议支出由以下部分构成					
发票费用		发票数量		费用总额	
合计					

经过双方核对，此次会议结束后，××公司支付会议款_____元给_____，签字后即付款，签字后视双方此次会议费用结算完毕。

经办人：　　　　　　　收款人：

（6）会议效果的评估

会后应对会议效果进行评估，积累经验，明确不足（表6-11）。

表6-11　会议评估表

会前效果评估	会中效果评估	会后效果评估
目标明确吗	外界有干扰吗	会议记录完整翔实吗
是否有议程	与会者离题了吗	决议落实情况如何
与会人员适当吗	主持人主持效果好吗	与会者反应如何
会议时间、地点是否适当	有没有必要留在会场的人吗	会议费用及时结清了吗
开会的通知时间恰当与否	资料是否充足	会议文件回收入档了吗
会议通知的内容周详与否	讨论效果如何	会议达到预期目标了吗
会议场地设备如何	会议气氛如何	哪些没有达成
与会者有没有做充分准备	发生不必要的争论了吗	为什么没有达成
会议时间分配合理吗	视听器材使用效果好吗	组织会议的每一个人是否感到尽力和满意
	会议按时开始和结束了吗	

实训提高

实训目的

熟练掌握会议管理技能

实训形式

案例分析、写作、讨论

大成公司公关部定于7月11日（星期二）下午2:30在公司会议室召开会议，讨论公司人员编制和工作绩效评估问题。此次会议内容重要，请有关人员务必准时出席。能否参加，要于7月10日（星期一）之前打电话告知秘书李丽，电话：61425643。会议将研究公关部工作下一季度的目标以及人员的招聘、公关二部经理人选等问题，在会上，还将进行南部地区市场公关工作情况的总结、公关一部要就内部沟通问题进行发言。

1. 请根据以上信息，编写会议通知。

_____会议通知

2. 如果你是秘书，请根据会议内容，制定一个会议议程表。
3. 情境演练：请几名同学担任总经理，听取汇报，并指出问题。

明达广告公司要召开大型业务洽谈咨询会，如果你是秘书，全面负责会议的筹备工作，请撰写会议筹备计划书，并向总经理汇报。

会议议程表	会议筹备计划书

实训总结表

实训心得：_____
_____
_____

通过实训发现的问题：_____
_____
_____

自我勉励：_____
_____
_____

课后拓展

◆ **技能训练**

观察学校中召开的大会，注意会场布置特点及主席台的座次安排等。

◆ **讨论思考**

如何高效办会，节约会议成本？

◆ 现身说法

如何组织开好工作会议

王宏田

办公室调研员

济南市人力资源和社会保障局

政府机关会议多，很多决策都需要召开会议来进行安排部署。如何开好一次工作会议是一门艺术、一项技术，是需要讲究方法的。

一、开会需要注意的几个问题

（1）会议的根本目的：开会不是走形式，也不是完成任务，会议的根本目的是要解决问题。如每天的晨会是要明确当天的工作任务和目标，周会是要总结一周的工作成绩和问题，表扬大会就是树立榜样、塑造典型、激励大家。

（2）会议气氛的控制：会议气氛的控制也相当重要，在一个良好、热烈的氛围中召开的会议，会充分调动大家的积极性，激发大家的主人翁精神，增强责任心；相反，如果会议死气沉沉，成了"一言堂"，这个会议也是起不到应有效果的。

（3）会议决议的形成：开会的目的是要解决问题，那么会议就要会而要议、议而要决，但在现实中，往往都是会而不议、议而未决。笔者参加过很多领导开的会议，都是会是开了，但却未形成什么决议，开会到最后，与会者还是不知道最后的结论是什么、分工是什么、该怎么办，结果是会开完了，没办法，还是要再跑到领导办公室去问。这样的会议是一点成效也没有的，开了等于没开，开得多了，会议的作用价值就会越来越小，再开会，员工就会从心理上不重视，反对开会，所以，既然要开会，就一定要形成明确的决议，要么就别开。

二、一个成功会议的基本流程

（1）会前准备：不打无准备之仗，会议亦如此。无论是大的、小的、正式的、非正式的会议，要通知与会人员会议时间、会议主题和准备事宜。现实中我们看到的往往都是开会前才通知，除例会之外，基本上会议只有召集人知道会议的主题和内容，与会者一无所知，什么准备都没有，全凭临场发挥。这样的会议，其质量与充分准备过的会议是相差甚远的，执行力、管理效果的流失，也许正是从这些细节中一点点漏掉的。

（2）会中控制：开会时，会议发起人一般是会议的主持人（当然也有特殊情况，如秘书通知）。会议发起人的准备工作是最为重要的。开会过程中，应该由会议发起人主持各与会人发言，要求每位与会人员都表达自己的想法。一般而言，开会经常都会出现争论比较激烈的情况，这时候会议主持人的会议控制就非常重要了，既要让与会人员发言，又要避免争论过于激烈，所以需要适时提醒与会人员发表看法，但在争论过激时则要适时打断。会议过程中，还应该有会议内容记录人员，对讨论的重点进行记录。开会时极有可能出现的问题是，当讨论中由于与会人员对问题思考不够清晰时，进入讨论的僵局，这时候千万不要在这些问题上做过多的停留，否则将严重影响会议效率。会议主持人应提出将该问题暂时搁置，会后再思考，并约定时间进一步讨论。在会议即将结束时，会议主持人应该对会议讨论内容作出总结，并提出未澄清的问题，并再次强调下次开会时间，或如果不再开会讨论，明确问题的解决办法。

（3）会后跟进：会议开完了，形成决议，并不意味着会议就结束了。会议形成的决议最终要执行下去，落实到位，会议的效果才能真正显现出来。所以对会议形成决议的执行情况、执行成绩，以及存在问题也要及时进行了解，并根据情况适当调整，会后的跟进才是保证会议效果的根本和重中之重。

三、会议大忌

（1）冗长无果：笔者遇到过这样一位主管，每次开会都几乎冗长无比，且每次都没有明确结果。本来一个小时的事情，在他的会上，说着说着，就说成了别的事情，而且是七嘴八舌、议论纷纷，他自己也说得不亦乐乎，结果时间一分一秒地过去了，要下班了，才发现会议问题还没有讨论完，他说什么，下面的人，无一票否决，全票通过，最后的结果呢？可想而知。所以领导者一定要注意会议时间，既要放得开，也要拿得住。

（2）老生常谈：会议多了，就要增强会议的新鲜性，避免老生常谈，没有新鲜。当然，如果每次会议，都是谈论同一个问题，那么，这个领导肯定也是存在问题的，一个问题怎么可以多次谈论而未得到解决呢？同一个问题，出现一次两次可以原谅，三次、四次，甚至不断说，不断重复发生，就不正常了。

思考题

职业拓展篇

"力不足者,中道而废",秘书要想成为领导的"智囊"和"臂膀",就要广泛学习与工作内容相关的专业知识,所谓技多不压身,在职场中站得更高、看得更远,才能做得更好。

目标 七

统筹管理　助力发展
——秘书实用管理常识

> 秘书在联结资源方面起到上传下达、整合协调的作用，能够帮助企业提高管理水平。高级秘书要懂得常用的管理学知识，提升科学高效的管理技能。

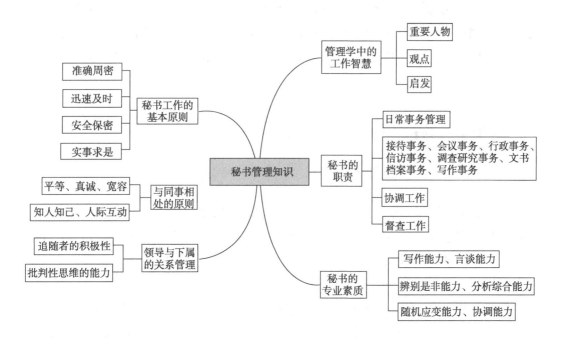

任务一　管理学中的工作智慧

情景导入

晓松大学毕业，应聘到一家大型企业做秘书。工作半年多，晓松觉得自己考虑问题的高度不够，很多事都需要领导反复提醒；协助领导管理团队，面对各部门间的沟通也常出问题……经理告诉晓松：秘书工作不是简单的事务，要做好领导的助手，需要懂得一些管理学的知识，学会像领导一样思考。晓松恍然大悟，开始系统学习管理学知识，一边学习一边思考，什么是领导？管理的核心是什么？如何管理和激励团队？慢慢地，晓松感到自己的工作思路清晰起来，领导对他的工作也给予了赞赏和肯定。

解析

被誉为"现代管理学之父"的彼得·德鲁克认为，管理者的首要任务就是管理好自己，晓松有意识地针对问题提升自我能力的行为就是重要的自我管理。秘书是领导的参谋和助手，既要心思缜密，也需宏观把控，很多情况需要具备管理者的心胸和见识。

理论与方法精讲

◆ 知识点一　什么是管理学

管理学是对管理工作的思考和改进，既包含了对好的管理工作中规律、方法的提炼和总结，也包含了对各种不良管理行为引发问题的反思和解决。作为一门综合性应用学科，从19世纪末发展至今，管理学发展过程中总结了大量具有指导意义和实操价值的原理与方法。

管理学的本质，是针对问题的研究，是整合各种人、财、物等资源实现的"布局"和"破局"。管理学要帮助人们在特定情境中，培养出识别、思考、解决问题的能力。

管理学涵盖的问题非常广泛，主要集中在以下三个方面。

一是组织本身的持续优化。比如：组织的发展方向是否正确？目标是否明晰？人员架构是否合理？岗位职责是否清晰？资源配置是否适配发展需求？组织文化是否具有感召力和凝聚力？

二是工作中具体问题的动态管理和有效解决。比如：工作效率低，项目进度缓慢怎么办？产品研发脱离市场怎么办？营业额持续下滑怎么办？领导和下属关系该怎么处理？团队成员责任心不强，推诿扯皮怎么办？

三是组织领导者与管理者的"修己"与"治人"。只有管好自己，才能管好他人。优秀的领导者与管理者首先要通过自我管理，提升素养，树立具有感召力和凝聚力的组织领导者形象，提高管理的科学与艺术化水平，从而达到提高管理效率与效果的目的。

◆ 知识点二　管理学发展过程中的重要人物、观点及启发

管理学发展过程中，出现了众多学派和代表人物，从秘书工作需要了解的管理学知识角度出发，选取下面的几位，供大家了解和学习。

一、弗雷德里克·温斯洛·泰勒（Frederick Winslow Taylor）

被尊称为"科学管理之父"。泰勒在他的主要著作《科学管理原理》（1911年）中提出了科学管理理论，即管理要科学化、标准化。泰勒认为只有用科学化、标准化的管理替代传统的经验管理，才是实现最高工作效率的手段。比如，要对操作动作进行研究，进行动作和流程的拆解，让每个人都熟知操作规范。在这一理念的影响下，世界上第一条福特汽车流水生产线诞生，大幅提高了劳动生产率，出现了高效率、低成本、高工资和高利润的局面。

启示：如何在混乱中找到提升工作效率的"破局点"？

统一标准，分解动作，制定流程，管理进度，这些都是在秘书管理工作中经常用到的方法。

二、亨利·劳伦斯·甘特（Henry Laurence Gantt）

人际关系理论的先驱者之一，科学管理运动的先驱者之一，甘特图（Gantt chart）即生产计划进度图的发明者。甘特强调管理中对人的尊重是极其重要的。在他的著作《工作、工资和利润》这本书中，他指出，我们的努力必须符合人性，我们不能只是驱策员工，我们要引导他们发展。暴利时代必然会让位于知识时代，未来的政策一定是教育、领导，要尊重人们的诉求。另外，他在100年前就强调企业社会责任的重要性，认为盈利的企业要回报社会，促进福利社会发展。

启示：在管理工作中，秘书不要只是动嘴，还要勤于动手，要学会绘制一些直观的图表，帮助领导直观地掌握工作的进度和各种情况。

甘特图条形进度表：横轴表示时间，纵轴表示要安排的活动，线条表示在整个期间上计划的和实际的活动完成情况。甘特图直观地表明任务计划在什么时候进行，以及实际进展与计划要求的对比。改进后的甘特图条形进度表还可以通过标注差距等增强各种功能（图7-1）。

甘特图						
	任务目标	差距分析	一月	二月	三月	四月
目标一	1.填写调查问卷		计划			
	2.书面报告			实际		
目标二	3.会议准备					
目标三	4.项目进度					

图 7-1　甘特图条形进度表

负荷图：在跨部门协调交叉工作时，可使用甘特图改进的"负荷图"，让管理者及时了解每个人所负责的事情，明确在什么时间段内，由于配合人员负荷过重，可能导致项目拖延，及时作出调整和准备（图 7-2）。

负荷图					
	一月	二月	三月	四月	五月
一			目标一		
二		目标二		目标三	
三					
四					

图 7-2　负荷图

三、哈罗德·孔茨（Harold Koontz）

美国管理学家，管理过程学派的主要代表人物之一。孔茨把管理揭示为通过别人使事情做成的各项职能，至于管理的各项职能，应划分为计划、组织、人事、指挥和控制五项。有效的管理总是一种随机制宜的或因情况而异的管理。他认为，在新经济迎面而来的时候，如何对知识型员工进行激励显得格外重要。

启示：一个组织的管理是各个职能部门协同发挥合力的过程。秘书应该对各职能部门的业务范围、岗位职责和基本流程有清晰的了解，才可能有效统筹安排各项工作。

四、乔治·埃尔顿·梅奥（George Elton Mayo）

美国管理学家，原籍澳大利亚，早期的行为科学—人际关系学说的创始人。从 1924 年开始到 1932 年，哈佛大学商学院教授梅奥进行了著名的霍桑实验。霍桑实验通过改善照明和福利等一系列实验，得出了改善工作环境和人际关系可以提高员工的士气、提升生产效率的结论。霍桑实验发现，企业内部存在着非常复杂的人际关系，包括非正式的组织，这些关系和组织具有独特的权力，这些关系最后会对企业的生产率产生非常巨大的影响。非正式组织的共同利益，才是决定生产效率最核心的东西，而不是每个人的能力和组织事先定下的目标。与工人谈话有助于提升归属感，解除不必要的心理负担，调整态度及情绪，有助于人际关系的协调。如果员工的不满情绪能够及时得到排解，他们的生产率是会提升的；反之，则会下降，因为负面情绪会通过很多渠道，包括不易被管理者察觉的渠道快速传播和感染其他人，影响整个组织的工作质量和工作效率。梅奥提出了人际关系的重要性，这是一个经理人员是否成熟的一个重要标志，也是一个组织是否有效的一个重要标志。

启示：秘书常常协助领导进行管理工作。要重视组织内人际环境的建设，多进行员工访谈，争取各部门人员的信任和支持，是工作有效开展和落实的重要保障。

五、亚伯拉罕·哈罗德·马斯洛（Abraham Harold Maslow）

美国社会心理学家、比较心理学家，人本主义心理学的主要创建者，也对管理学中的人际关系学派有重大影响。马斯洛认为，人的需求分成五个层次，从生理需求到安全需求到社会交往的需求，再到受到尊重的需求以及自我实现的需求。在低级需求被满足的情况下，人们会格外重视受到尊重的需求和自我实现的需求。今天的管理工作，不能仅仅从生产线的角度去考虑管理，而要从人性出发去建设富有弹性、利于正向激励、利于员工遵守并能自我实现的制度。

启示：现代职场中，秘书在工作中，要注意工作方法，学会尊重别人的感受。要给他人发挥主观能动性的机会，要让配合工作的各个部门员工及时受到正向激励，良好的情绪是实施有效管理、提升工作质量的关键要素。管理制度的制定要考虑员工是否处在良好的"自尊"状态下。

六、哈伯特·西蒙（Herbert A. Simon）

美国经济学家、政治学家、认知科学家，1978年诺贝尔经济学奖得主、1975年图灵奖得主。决策理论学派代表人物。西蒙的研究给管理者更好地理解"决策"提供了借鉴。他提出了"过程理性"和"有限理性"原则。西蒙认为，人的行为取决于产生它的过程，涉及人们在过程中的思考。人在进行选择的时候，本质上是做比较。人们首先根据自己能够接受的满意程度划定一个标准，然后，对各种选项进行比较，决策就是一个筛选和放弃的过程。决断力的本质是一种比较的能力。西蒙认为，有关决策的合理性理论必须考虑人的基本生理限制以及由此引起的认知、动机及其各种因素相互影响带来的限制。人的理性是有限的、过程合理的，不是全知全能、本质合理的。决策者在决策之前必须进行方案搜索和信息收集，决策过程受决策者的学识背景、经验知识、搜索方案、个性特征等因素影响，最终寻求的不是最优方案，而是可以接受的满意方案。对管理者来说，在作出选择的时候，不是一个"点"的决策，而是一条"线"的思考，提前做好补救方案，也是决策力的体现。

启示：秘书在工作中常常面临选择，要注意用宏观、发展的眼光动态思考一个问题，要提前跟领导沟通满意的标准，不要固执于一点，有时要顾全大局，讲究效率，边做边调整，而不是单纯追求一时一地的"最优完美决策"。

七、富兰克·奈特（Frank Hyneman Knight）

芝加哥学派创始人、芝加哥大学教授，20世纪最有影响的经济学家之一，也是西方最伟大的思想家之一，1930年获得美国著名的古根海姆奖。在《风险、不确定性和利润》一书中，奈特提出"不确定性"概念，他认为理论条件下竞争与实际条件下竞争具有不一致性，因而，企业的利润就来自不确定性，而真正的不确定性是无法用概率来衡量的。在市场上，企业面临的真正的不确定性，不知道有多少概率可能赚钱、有多少概率会赔钱。因而，企业家精神中有敢于冒险的冲动和面对不确定的勇气。处理不确定性的能力，是利润的来源，也是对企业家的报酬。

启示：秘书工作中，也常常需要面对来自领导意图的不确定性的压力，要理解市场的变化、领导决策的调整都是工作的一部分。因而，优秀的秘书要理解领导的决断情境，要提升自己的决断力，就要提升预见和补救的能力，选择和取舍的能力，富有勇气应对不确定局面的能力。

八、彼得·德鲁克（Peter F. Drucker）

现代管理学之父，影响了数代追求创新以及最佳管理实践的学者和企业家，包括英特尔公司创始人安迪·格鲁夫、微软董事长比尔·盖茨、通用电气公司前CEO（首席执行官）杰克·韦尔奇，他们在管理思想和管理实践方面都受到了德鲁克的启发和影响。德鲁克的管理学思想博大精深，我们在此选取对秘书工作有启发的四点。

（一）目标管理

德鲁克认为，目标管理的主要贡献在于，我们能够以自我控制的管理方式来取代强制式的管理。

德鲁克在《管理的实践》中提出：每位经理人必须自行发展和设定单位的目标。高层管理者需要保留对目标的同意权，但发展这些目标是经理人的职责所在。经理人只有参与感还不够，他必须负起真正的责任。经理人设定的目标，一定要反映企业需要达到的目标，而不是上级主管的需求。经理人必须态度积极，认同企业的目标，了解企业的目标是什么，企业对他有什么样的期望，为什么企业对他有这样的期望，企业用什么指标来衡量他的业绩。目标管理的最大好处是：经理人因为这个方法可以自我控制业绩了。自我控制意味着更强烈的工作动机：他们想要有更好的表现，而不仅仅是达到目标，他们会因"目标管理"而制定出更高的业绩目标和更宏伟的愿景。

德鲁克认为，靠压力进行管理，压力消失之后的三周，事情将会退回到原来的样子。目标管理的本质，是下级作为执行者也要对目标的达成有主动的意愿和责任，上下级一起理解和制定公司的愿景与目标，据此一起制订业绩目标。在这个过程中，执行者应努力达成目标的主人翁，上级是帮助下级达成目标和超越目标的协助者与支持者。

启示：秘书应对领导目标有明晰的理解，并竭尽全力激发自身潜能，协调各方资源和力量，对目标负责。

（二）内、外成长

德鲁克把成长分为内在的成长和外在的成长。德鲁克认为，内在的成长，是一个人内在能力和做事的技术的成长；外在的成长，则是因为我们的能力提升，能够担当任务和使命，得到组织赏识和领导认可，职务晋升，收获更多机遇。一个人的职业生涯是一种螺旋式循环上升的过程。"专注工作""负起责任"和"拥有自信"，是职业生涯循环中的三个核心要素。德鲁克在《管理的实践》一书中，特别强调：管理者除了拥有专业能力之外，还必须担负起他们应该担负的责任。德鲁克在回忆美国总统的时候，他说：我最喜欢的总统是杜鲁门。因为，杜鲁门总统在白宫的椭圆形办公室里写下了一句座右铭："责任在此，把责任推到这里，到此为止。"

启示：秘书要把内在成长作为自身发展的第一位，从专注工作，胜任岗位开始，逐步担负更多责任，获得自信和机遇。

（三）认同与信任

德鲁克特别强调团队成员对领导者的认同和信任。健康的团队关系在于，团队成员信任领导者的诚实、正直和领导力，并能追随领导者，在追随中，团队成员之间又彼此发展出认同和信任。信任，是一个团队凝聚力的根本保障。信任，不管来自反复打交道的熟人关系、个性魅力，还是制度保证，领导者自身所具备的品格和能力都是最重要的黏合剂和引领团队发展的力量。

启示：秘书要协助领导通过企业文化等方式加强团队成员对组织领导和目标的认同与信任。

（四）观察能力

德鲁克认为，理论和体系化的知识，只是一种分类和整理，而真正有价值的是对事情全貌和局部的观察与思考。级别越高的领导者越要看到事情的全貌，从全局来理解和安排局部。

经理人五大核心工作：设立目标、任务分派、激励沟通、绩效评估、培育人才。领导者应该引导属下做正确的事，因为领导才华是以领导者做事的成果来判定的。不能把失败归咎于部下的无能或偶然状况。其实，失败是系统存在缺陷的征兆。有效的管理就是关注时间管理，关注系统思考，关注培养接班人。一个有效的CEO（或高层管理者）从不进行微观管理。

有效的管理者应该着眼于全局，而不是让自己成为一个"全能"的领导。

德鲁克在《卓有成效的管理者》一书中提出每个人应常常问自己的三个问题：

不做当下这件事，又会怎样？

这件事，别人做，会不会更好？

有哪些事情，就是交给别人做，也毫无意义？

启示：秘书要学会像领导者一样思考全局，从全局看某一件事，可能会有另外的理解和处理方式，切忌"只见树木，不见森林"。

九、罗伯特·西蒙斯（Robert Simons）

哈佛大学商学院的教授。他在《控制》一书中提出了在管理过程中如何进行有效的控制。

他认为，组织要实现发展目标，就要有一套有效的控制体系，分为四类：信仰体系、边界体系、指标体系和交互体系。

信仰体系：伟大的企业都是有愿景的企业。信仰体系是不断反思和询问企业的发展方向和定位，比如，"10年后，要成为一家什么样的企业？"

边界体系：与战略定位有关的控制体系，也就是企业围绕着自己的战略目标在发展中要自我设限，以此集中力量，保留企业的有生力量，为大发展创造机会。也就是"有所为，有所不为"。

指标体系：企业发展不仅要有目标，而且管理者要善于把目标变成具体可控的数字化任务，便于有据可循，跟进进度，定期检查项目分解后目标的实现情况，发现和预估未来要持续解决的问题。

交互体系：市场环境随时可能发生变化，企业的发展过程总是面临各种不确定因素，因而指标体系需要通过与市场和用户进行更有效的互动、沟通、对话，不断进行完善和调整。管理者要思考，企业的竞争力，核心资源以及可控和不可控的各种风险因素。

启示：秘书在协助领导工作时要考虑到各种控制因素，理解领导行为背后的意图，给予有效的支持与助力。

十、石川馨（Ishikawa Kaoru）

日本式质量管理的集大成者，是20世纪60年代初期日本"质量圈"运动最著名的倡导者。他认为"标准不是决策的最终来源，客户满意才是"。他所推行的日本质量管理是经营思想的一次革命，其内容可以归纳为：质量第一；面向消费者；下道工序是顾客；用数据、事实说话；尊重人的经营；机能管理。他发明了旨在直观呈现因果关系的"石川图"，也叫"鱼骨图"，他强调在工作中使用有效工具进行小组讨论，找出各种因素之间的关联，并能条理清晰且深入探究提升质量管理的途径，如图7-3所示。

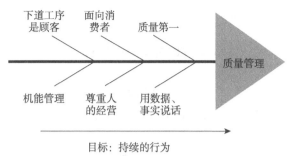

图 7-3 石川图

实训提高

实训目的

理解管理学中蕴藏的智慧,在实训中提升日常工作中的管理能力。

实训形式

读书沙龙:阅读清华大学出版社出版的《秘书工作手记》,想象自己如果是一名初创公司的总裁秘书,你应该担负起哪些辅助管理的工作呢?

实训总结表
实训心得:_____
通过实训发现的问题:_____
自我勉励:_____

课后拓展

阅读一本企业家或管理学大师的传记类著作,如《乔布斯传》《我曾走在崩溃的边缘》《鞋狗》《刷新》等,画一画他们的人生轨迹图,重点学习他们如何进行自我管理,如何面对个人和企业发展中的各种问题。

◆ **技能训练**

使用甘特图进行自我管理的尝试。

◆ **讨论思考**

分享你最喜欢的管理学大师及其智慧

◆ 现身说法

乔布斯给我的启示

徐劲松
国家税务总局山东省税务局货物和劳务税处

读完《乔布斯》传后,掩卷长思,斯人已逝,光辉长存。他山之石可以攻玉,乔布斯的智慧我们虽然不可能全部学到手,但是可以借鉴,在此谈谈个人几点浅见。

一是善于发现人才。IT(互联网技术)行业,人才绝对是第一生产力,乔布斯虽然个性偏执,经常在形式上不尊重手下的人,但掩盖不了他慧眼识人的能力,年轻时便是如此,从最初的伙伴沃兹尼亚克,到众多技术大咖,再到库克,无不如此。

二是技术和艺术相连接,才能创造一流的产品。乔布斯的艺术气质和悟性很高,这一点从他的生活方式和兴趣我们可以明确感受到。他曾指出,研究 Mac 的初始团队拥有人类学、艺术、历史和诗歌等跨学科的人文教育背景。细细想来,确实如此,艺术本来就是生活的一部分,产品也是生活的一部分。

延伸阅读

三是化繁为简,去伪存真的能力至关重要。乔布斯无论是对技术方向,还是对人,都具有直击本质的能力。当乔布斯最初看见图形用户界面(GUI)的例子,他知道这是计算的未来,他必须把它造出来,这后来成为"麦金托什"(Macintosh Computer);包括他三言两语说服别人,化解危机的事情在书中列举了很多。这种能力当然有天赋的成分,但更多的是思考和锻炼的结果。

四是如果有决心、毅力和远见,凡事皆有可能。史蒂夫·乔布斯是有史以来最伟大的 CEO,但是他毕竟只是一个凡人。他是丈夫、父亲、朋友,就像你我一样,也有这样那样的弱点。当乔布斯 20 世纪 90 年代回到苹果时,苹果距离破产只有几周之遥。但是,他凭借远见、毅力和决心,将苹果打造成世界上最杰出的公司。如果我们将这些经验加以效仿和应用,相信我们也能在自己的事业上有一番作为。

任务二 认知秘书管理与工作

情景导入

用管理思维做秘书工作

小刘原来是某文化发展公司总经理办公室的一个普通文员,由于勤快热情,不久前被安排给常务副总经理做专职秘书，负责处理他的日常杂务。在做文员时，这个请她复印，她满口答应；那个找她扫描，她毫不犹豫……现在她的工作变了，成了副总的专职秘书，工作量自然多了起来，而且现在身份变了，再给同事们"打杂"，心里自然有些不乐意，但又不好意思直接拒绝，于是，在帮别人办事上，速度越来越慢，还经常不了了之。时间久了，同事们发现她总是敷衍别人，找她帮忙的人就越来越少了。这天上午一上班，老总跟小刘要几个财务数据，小刘马上给财务部门打电话，可财务部门的人口头上说马上去找，但打几次电话去催时，却不是说具体经办人不在，就是说正在忙做报表……快下班了数据还没有要到，老总只好亲自给财务部打电话。不久，老总就把小刘换了。

🔍 解析

社会上的工作门类有很多，但工作性质一样，都是为他人服务。服务是一切工作的根本，离开了这个根本，再简单的工作也做不好。例如为客人泡茶，强烈的服务意识会使茶水散发出沁人馨香，而冷淡的态度会使茶水"淡而无味"。秘书工作的根本属性是辅助性，以服务为根本宗旨。案例中的秘书小刘没有认清这一点，最终导致同事埋怨、领导不满的结局。

◆ 知识点一 认知秘书管理

一、什么是秘书管理

秘书管理属于组织管理系统不可分割的构成部分，属于管理决策层的辅助层次。由于秘书处于组织管理体系中的枢纽位置，属于管理决策层的辅助层次。因此，秘书管理必须与组织管理运行机制协调一致，秘书工作方法必须与领导工作方法相契合、与秘书工作职能相匹配。

二、秘书的职责

日常事务管理（办公室管理、通信管理、值班事务、日程管理、印章管理）。

接待事务（来访接待、安排服务等）。

会议事务（会议安排、会场布置、会议服务、会议文件的处理等）。

行政事务。

信访事务（群众的来信来访或顾客的投诉处理等）。

调查研究事务（收集信息，提供可行性的方案供领导选择）。

文书档案事务（文书撰写、制作、处理和档案管理）。

写作事务（各种文体的写作）。

协调工作（政策、工作、地区、部门、人际关系等）。

督查工作（督促、检查领导交办批办工作的落实情况）。

其他领导临时交办的任务。

三、秘书具备的专业素质

（一）写作能力

文字表达能力是秘书非常重要的基本功。秘书从事各种应用文的写作，要求熟练掌握各种应用文体的写作技巧，迅速准确地撰写出观点正确、内容充实、结构严谨、表达流畅、格式规范、文笔精练的各类应用文。一定要掌握各类文稿格式、行文和内容要求，从谋篇布局、遣词造句、行文格式，甚至是标点符号，都要认真揣摩、细致研究，逐字逐句推敲，力争做到完美。

（二）言谈能力

语言能力是秘书的基本功之一。秘书语言能力的基本要求是：鲜明准确，简练明晰，口齿清楚，语速适中，措辞得体，切合身份。

（三）辨别是非能力

秘书工作于领导身边，又介于领导和群众之间，在提供信息、综合协调、接待来访、解决问题等方面，必须明辨是非、处理得当。

（四）分析综合能力

分析综合，就是要善于透过现象看本质，从个别的事物中找出它们的内在联系和规律性。秘书能否较好地发挥参谋助手的作用，很大程度上取决于分析综合能力的强弱。因此，秘书要自觉以科学的理论来指导自己的工作，提高思维能力，善于从多种思路、多种方法来探求同一种事物，尽量做到举一反三、触类旁通。

（五）随机应变能力

秘书承担大量事务性工作，常会出现一些意外的情况，这就要求秘书有遇事不慌、处事冷静的应变能力，处理问题既要符合原则又要机动灵活。

（六）协调能力

搞好协调是秘书的一项经常性工作。秘书的协调能力是指在领导的交办下，积极主动地沟通信息，调节关系，统一步调，促进工作灵活运行，提高工作效率。一是对上协调，树立全局意识。要站得高、看得远、想得深；二是横向协调，树立商量意识。凡是由秘书办的事情，在酝酿、处理、决策之前，都要注意及时与有关部门协商沟通。三是对下协调，要树立服务意识。在协调中要谦虚谨慎、摆正位置，搞好服务、出好主意。

◆ 知识点二　秘书的管理工作

一、秘书管理工作的基本原则

（一）准确周密

准确周密是对秘书工作的质量要求。因为秘书工作是直接为各级党委和人民政府以及企事业单位、社会团体的领导工作服务的，它与领导工作活动有着密切的联系。所以，秘书必须以高度负责的精神，尽最大努力高质量地完成工作任务。

（二）迅速及时

迅速及时是对秘书工作的时效性要求。秘书在现实工作中，必须讲求时效，力求以最小的投入、最少的时间，取得最好的效果。

（三）安全保密

由于秘书部门属于机关的核心要害部门，其职责范围和工作职能决定了秘书涉密最频繁、知密最广泛、懂密最深刻。这也意味着秘书部门的人员比其他部门的工作人员更加需要重视保密工作。如果秘书因为思想意识方面的疏忽导致重大机密泄露，势必严重危害党和国家的安全，危害人民的利益，给我国社会主义现代化建设事业造成重大损失。即使是对于单位内部或社会生活管理方面的文件、资料，秘书也不能放松思想戒备，要时刻牢记保密原则对于秘书工作的重要性和必要性。

（四）实事求是

实事求是是一切工作必须遵守的基本原则，而对于直接为领导工作服务，为领导提供决策依据的秘书工作来说，更应当严格坚守。这一原则在秘书工作中的具体体现就是要坚持原则、说真话、说实话，为领导和人民办实事，一切从实际出发，按照实事求是的思想路线来开展工作，思考和处理问题。这是因为，我们的党和人民政府是代表广大人民利益、为人民服务的，而作为直接为各级领导机关服务的秘书队伍，要通过为领导工作的顺利运转服务，来实现为人民服务的宗旨。

二、秘书与同事相处应遵循的原则

（1）平等。

（2）真诚。

（3）宽容。

（4）知人知己。

（5）人际互动。

三、与领导相处的方法与技巧

（一）基本原则及注意事项

（1）摆正位置：要维护领导的威信，要尊重领导的意见和决策，要尊重领导的职权，要体谅领导的困难。

（2）正确领会、贯彻、执行领导意图。

（3）提高自身素养，增强办事能力。

（4）树立沟通意识，学会进谏：适时，适地，适人，适言。

（二）领导与下属的关系管理

1992 年，管理学家凯利用坐标图的方式总结了五种追随者的风格。凯利通过对大量领导者和追随者的访谈，采用了两个标准作为坐标的维度：

1. 追随者的积极性

工作中是否具有高度的主动性和积极性，具有独立思考和批判性思维的能力；是否能勇于担责、敢于提出不同的意见和科学的建议，富有创造性地全身心投入组织目标的实现中。

2. 批判性思维的能力

思维过程中是否能有效地收集信息，态度客观公正，是否能够高效地洞察情况的变化、富有逻辑清晰地展开分析、评估、权衡和判断。

凯利使用这两个标准的坐标维度，把追随者分成了五类人，见图 7-4。

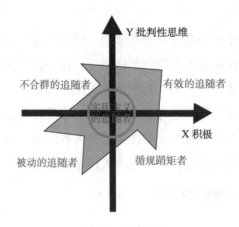

图 7-4　坐标图

第一象限是"有效的追随者"。这类下属是最值得领导者信赖的对象，既能主动积极开展工作，全身心投身推动组织目标的实现，又具有独立客观的判断力和分析力，敢于担责，敢于给出不同意见和科学建议。好的富有进取心的组织和领导者的重要标志是能够拥有与培养更多"有效的追随者"。

第二象限是"不合群的追随者"。这类下属具有独立的分析和批判性思考的能力，能够发表独立的意见，但出于各种原因容易陷入个人情绪和利益中，态度消极，常常抱怨，对于组织有一定的破坏性。

第三象限是"被动的追随者"。这类下属得过且过，对组织要求敷衍应付，不具备独立思考、独立判断的能力，无法积极主动参与组织目标的推动，因而，对组织和领导者来讲，是基本没有价值的下属。

第四象限是"循规蹈矩者"。这类下属能够投身于工作中，但缺乏独立思考和判断力，总是盲从和附和他人，没有独立见解和创造性。

中间的原点附近是"实用主义的生存者"。这些下属的特点是善于变通和自保，逃避风险，在组织里注重人缘和关系，左右逢源、见风使舵，善于隐蔽自己。

领导者可以逐一观察和思考自己各个下属的行为与工作状态，根据这两个标准进行分析评估，根据结果，确定一名下属在坐标图中的位置。需要注意的是，得分依据应是下属的一贯性行为，而非偶然事件。领导者在评估时要尽量从组织目标出发客观公正地进行判断。见表7-1。

表7-1 工作状态评估表

积极性的衡量内容	权重	评分	加权评分
1. 工作完成率	40%	2	0.8
2. 上下级关系	30%	3	0.9
⋮	⋮	⋮	⋯
加总得分		2	

评估完成后，根据图表对组织团队进行整体评估。同时，针对关键下属，领导者需要具体思考和回答下面的问题以提升领导对下属的领导能力：

具体是什么行为和工作表现导致了一个人分数高？

具体是什么行为和工作表现导致了一个人得分低？

这些行为和表现是否可以有效施加影响而得到提升和改善？

通过什么方法和关键行动可以提升其得分？

如何有效发挥影响力推动更多的下属进入第一象限？

对第一象限下属该如何持续激励和珍惜？

对第二象限下属该如何有效沟通，激发积极潜能？

对第三象限下属如果无法改善该进行何种措施？

对第四象限下属该如何进行岗位调配和意见反馈？

对原点附近的"实用主义者"如何识破，并在企业文化中减少此类做人做事的风气？

实训提高

实训目的

理解和掌握秘书管理的重要性,在实训中掌握秘书管理的工作要则。

实训形式

讨论发言:模拟秘书,把自己当作一名正在工作的秘书,新人来讨教经验,如何快速清晰地将秘书管理工作的基本原则简短透彻地予以告知?

实训总结表

实训心得:_____

_____

通过实训发现的问题:_____

_____

自我勉励:_____

_____

课后拓展

◆ **技能训练**

采访一名从业多年的秘书,找出秘书管理的三个问题并解决。

受访者	受访时间
难题一:	解决办法:
难题二:	解决办法:
难题三:	解决办法:

(示例)

◆ **讨论思考**

管理素养在秘书工作中的重要性。

◆ 现身说法

如何成为一名合格的秘书

李光

董事长秘书

徐州旭阳文化发展有限公司

作为一名秘书要具备清晰的逻辑思维能力、表达能力、协调能力、问题解决能力，助力公司决策。

任何一个企业或者团队，均由若干人和一项或多项业务组成。在业务进行过程中，基层掌握底层技术，但对公司宏观发展方向把握不准；中层以上管理层，每个人的阅历见识造就每个人不同的思维；在项目或业务进展遇到不同问题时，我通常采取的方法基本就两步：先民主，后集中，这也是我从部队学到的经验，项目相关人员与会，明确当前发展阶段与当下遇到的问题，头脑风暴，各抒己见；确定已提建议，分析利弊，优化并取舍，辅助拍板决定。

如何成为一名好秘书呢？分为以下五点。

一、尊重而不迎合

尊重领导是秘书应有的品德。怎样尊重，有个"度"的问题。我认为，尊重领导的根本，一是维护领导的威信，从内心里敬重领导；二是给领导补台，尽力协助领导做好工作。在为若干领导服务中，要从维护领导的团结和威信出发，一视同仁，不能看人行事、厚此薄彼。不能在这个领导面前说那个领导的短处，更不能把某些领导的缺点散布到群众中去。但也不能把为领导服务庸俗到溜须拍马、巴结讨好的程度。

二、服从而不盲从

秘书工作和领导工作在目标上是一致的。所以，秘书对领导的指挥必须服从。秘书的每一个行动必须与领导合拍，为领导决策的每一个环节进行有效的服务。要做到服从而不盲从，一是认真领会、忠实体现领导意图；二是要恰如其分地为领导拾遗补阙。但要注意，服从不是人身的依附，不是唯唯诺诺地趋附。

三、参与而不干预

秘书参与决策，必须在自己的职权范围内、在领导授予的权限内决定和办理事项，提出建议或方案。即使所提的建议或方案被采纳，秘书也不能认为这是在决策，更不能产生这是与领导共同决策的错觉。这种错误思维会使自己错位，甚至干预、干扰领导的决策。也不能以秘书工作的主动性和超前性为借口，把超前的服务当成超前的决策，而只能看作领导决策前的服务。

四、辅佐而不自作主张

秘书在为领导决策服务的过程中,要办理很多有关事务。在办文时,不能不经领导同意,擅自加进个人意见。特别是领导决定了的事项,不能再做修改。秘书如感到必须修改,须请示主管领导同意。在办事时,也只能按领导的授权和意图办。在办理过程中,根据实际情况,有些地方需改变领导意图的,必须报经领导同意,绝不能自作主张。

五、代理不等于职权

秘书常常在领导授权下,代理领导处理一些日常事务或工作事项。这容易使秘书产生自己与领导同样有权的错觉。必须明白,代理不等于职权。即使是领导授权办理的事情,遇到问题时,也应该及时请示,办完后及时汇报。办理中出现的差错,要耐心听取领导的批评和指导。

延伸阅读

思考题

扫描此码　即测即评

目标 八

知法懂法 长治久安
——秘书实用法务常识

秘书要知晓法律知识,增强法治观念,学会用法律人的思维严谨做事,把服务水平提到一个新的高度。法治社会,法治观念强不强,是衡量一个秘书素质高不高的重要特征。

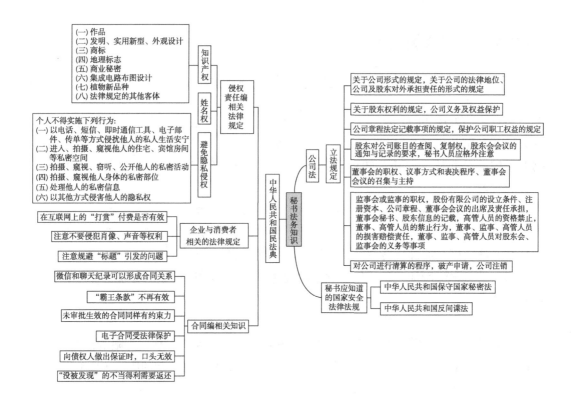

情景导入

秘书工作中的违法行为

小高是一家私营煤矿的老总秘书。该煤矿的规模虽然很大，但在安全生产方面存在着违反法律、法规、规章、标准、规程和管理制度规定的情况，可能导致不安全事件。老总对安全隐患的危害性、破坏性及可能造成的严重后果估计不足，总是抱着侥幸的心理。这天老总接到通知，有关部门要组织安全生产大检查，让小高赶紧准备一套材料应付检查组，小高为了不影响自己的职业发展，便按照领导的要求照做了。在之后的公司发展中，小高甚至帮助老总对相关部门人员行贿，以谋求更大的利益。然而，天网恢恢，疏而不漏，他们的行为遭到了知情人士的匿名举报，最终受到法律制裁。

解析

作为一名秘书，应该知法守法，秘书是离领导最近的人，更要帮助领导以身作则、清正廉明，做一名合格的秘书应该知法懂法，这样公司才可以长治久安。

理论与方法精讲

◆ 知识点一 秘书应该了解的《公司法》相关知识

2023年12月29日，十四届全国人大常委会第七次会议表决通过新修订的《中华人民共和国公司法》(以下简称《公司法》)，于2024年7月1日起施行。作为秘书要了解《公司法》的相关知识，此处择取与秘书实务工作相关的重要部分以方便掌握和学习。

《公司法》第一章总则的第一条就说明了公司法的立法目的：

第一条 为了规范公司的组织和行为，保护公司、股东和债权人的合法权益，维护社会经济秩序，促进社会主义市场经济的发展，制定本法。

第二条 本法所称公司是指依照本法在中华人民共和国设立的有限责任公司和股份有限公司。

本条是关于公司形式的规定。

有限责任公司是指公司的股东对公司以其认缴的出资额为限承担有限责任的公司；股份有限公司是指公司的资本划分为等额股份，公司股东以其认购的股份为限对公司承担有限责任的公司。

第三条 公司是企业法人，有独立的法人财产，享有法人财产权。公司以其全部财产对公司的债务承担责任。公司的合法权益受法律保护，不受侵犯。

第四条 有限责任公司的股东以其认缴的出资额为限对公司承担责任；股份有限

公司的股东以其认购的股份为限对公司承担责任。公司股东对公司依法享有资产收益、参与重大决策和选择管理者等权利。

第五条　设立公司应当依法制定公司章程。公司章程对公司、股东、董事、监事、高级管理人员具有约束力。

第六条　公司应当有自己的名称。公司名称应当符合国家有关规定。公司的名称权受法律保护。

相关案例

侵害公司合法权益的行为终被制止

[贵州省××县人民法院（20×6）黎民（1）初字第××号]

20×4年，A公司竞标得到某大厦工程，该工程对外以A公司的名义由甲（该公司法定代表人）、乙二人共同出资联合开发，并于20×4年8月11日签订联合开发经营合同。在联合开发期间，丙于20×5年4月向省工商局提供虚假材料，骗取A公司股东、法定代表人的变更登记，将A公司的法定代表人更换为丙。之后，甲即以A公司法定代表人的身份与乙共同开展某大厦的开发活动。20×5年5月，甲得知丙以欺诈、私刻印章、假冒法人代表签名等手续，到省工商管理部门更换A公司法人代表，改变股东性质，更换了公司在农行账户印鉴章，并伙同乙欺骗购房客户，重新签订房地产买卖合同，严重影响该项目开发经营活动，致使联合经营开发合同不能正常履行。遂以A公司名义，以侵害公司合法权益为由，向人民法院提起诉讼，请求判令被告乙、丙停止侵害。乙辩称自己没有违约行为，故不承担任何责任。丙则辩称甲不是A公司的法定代表人，无权提起诉讼。法院认为，20×5年4月至12月，丙以A公司法定代表人的身份对某大厦项目进行了一系列的房地产开发活动，使A公司对该项目不能正常经营，银行不能按揭，售房活动受阻，项目停滞。经营权是一种与财产所有权有关的财产权。丙的行为明显对A公司的合法权益构成侵犯。乙作为该项目的投资人之一，其行为受其参与签订的联合开发经营合同约束，其是否违约不属于本案审理的范围。被告乙的行为对A公司的经营管理权不构成侵犯。综上所述，公司的合法权益受法律保护，任何单位和个人不得以任何形式侵害公司的合法权益。

资料来源：中国法制出版社. 中华人民共和国公司法：案例注释版. 第5版. 北京：中国法制出版社，2021. 得到电子书：https://d.dedao.cn/DIem5ZQPTdk9FxLN.

第十六条　公司应当保护职工的合法权益，依法与职工签订劳动合同，参加社会保险，加强劳动保护，实现安全生产。公司应当采用多种形式，加强公司职工的职业教育和岗位培训，提高职工素质。

第十七条　公司职工依照《中华人民共和国工会法》组织工会，开展工会活动，维护职工合法权益。公司应当为本公司工会提供必要的活动条件。公司工会代表职工就职工的劳动报酬、工作时间、休息休假、劳动安全卫生和保险福利等事项依法与公司签订集体合同。

公司依照宪法和有关法律的规定，建立健全以职工代表大会为基本形式的民主管理制度，通过职工代表大会或者其他形式，实行民主管理。

公司研究决定改制、解散、申请破产以及经营方面的重大问题、制定重要的规章制度时，应当听取公司工会的意见，并通过职工代表大会或者其他形式听取职工的意见和建议。

第二十条　公司从事经营活动，应当充分考虑公司职工、消费者等利益相关者的利益以及生态环境保护等社会公共利益，承担社会责任。国家鼓励公司参与社会公益活动，公布社会责任报告。

相关案例

公司未依法与职工签订劳动合同被判支付双倍工资

[上海市青浦区人民法院（20×8）青民三（民）初字第××号]

原告张某于20×7年6月4日入职于被告公司，填写了入职登记表。原告担任操作员，每月工资人民币1 100元，被告发放工资的形式为在工资单上签名后领取现金，双方未签订劳动合同。20×8年5月15日被告以工作调整为由辞退原告。原告为此于20×6年6月3日向某区劳动争议仲裁委员会提出仲裁申请，因该委员会未能在60日内审结，故向法院起诉。

法院认为，劳动者的合法权益受法律保护。被告辞退原告，原告在辞退证明上签名并与被告结算了工资，可视为双方协商一致解除劳动关系，被告应按原告的工作年限和解除劳动合同前12个月的月平均工资给予原告经济补偿。被告在20×8年1月以后未与原告签订劳动合同，依法应双倍支付原告工资。原告主张其入职时间为20×7年6月4日，工资每月1 100元，入职登记表和工资单可以证明，但为被告持有。用人单位对职工入职登记表和工资发放凭证负举证责任，被告未提供入职登记表和工资单，故法院采信原告主张的入职时间和工资额数。被告经本院合法传唤未到庭，视为放弃抗辩。据此判决支持原告的诉讼请求。

综上所述，与职工签订书面劳动合同是用人单位的法定义务，公司作为我国最主要的企业类型，更应当依法履行上述业务，否则将承担支付职工双倍工资的法律责任。

资料来源：中国法制出版社. 中华人民共和国公司法：案例注释版. 第5版. 北京：中国法制出版社，2021. 得到电子书：https://d.dedao.cn/DIepQUXs0879aflK.

第二十四条　公司股东会、董事会、监事会召开会议和表决可以采用电子通信方式，公司章程另有规定的除外。

第二十五条　公司股东会、董事会的决议内容违反法律、行政法规的无效。

第二十六条　公司股东会、董事会的会议召集程序、表决方式违反法律、行政法规或者公司章程，或者决议内容违反公司章程的，股东自决议作出之日起六十日内，可以请求人民法院撤销。但是，股东会、董事会的会议召集程序或者表决方式仅有轻微瑕疵，对决议未产生实质影响的除外。未被通知参加股东会会议的股东自知道或者应当知道股东会决议作出之日起六十日内，可以请求人民法院撤销；自决议作出之日起一年内没有行使撤销权的，撤销权消灭。

第二十七条　有下列情形之一的，公司股东会、董事会的决议不成立：

（一）未召开股东会、董事会会议作出决议；

（二）股东会、董事会会议未对决议事项进行表决；

（三）出席会议的人数或者所持表决权数未达到本法或者公司章程规定的人数或者所持表决权数；

（四）同意决议事项的人数或者所持表决权数未达到本法或者公司章程规定的人数或者所持表决权数。

第二十九条　设立公司，应当依法向公司登记机关申请设立登记。

法律、行政法规规定设立公司必须报经批准的，应当在公司登记前依法办理批准手续。

第三十二条　公司登记事项包括：

（一）名称；

（二）住所；

（三）注册资本；

（四）经营范围；

（五）法定代表人的姓名；

（六）有限责任公司股东、股份有限公司发起人的姓名或者名称。

公司登记机关应当将前款规定的公司登记事项通过国家企业信用信息公示系统向社会公示。

第三十三条　依法设立的公司，由公司登记机关发给公司营业执照。公司营业执照签发日期为公司成立日期。公司营业执照应当载明公司的名称、住所、注册资本、经营范围、法定代表人姓名等事项。公司登记机关可以发给电子营业执照。电子营业执照与纸质营业执照具有同等法律效力。

第三十五条　公司申请变更登记，应当向公司登记机关提交公司法定代表人签署的变更登记申请书、依法作出的变更决议或者决定等文件。公司变更登记事项涉及修改公司章程的，应当提交修改后的公司章程。公司变更法定代表人的，变更登记申请书由变更后的法定代表人签署。

第三十六条　公司营业执照记载的事项发生变更的，公司办理变更登记后，由公司登记机关换发营业执照。

第三十七条　公司因解散、被宣告破产或者其他法定事由需要终止的，应当依法向公司登记机关申请注销登记，由公司登记机关公告公司终止。

第三十八条　公司设立分公司，应当向公司登记机关申请登记，领取营业执照。

第三十九条　虚报注册资本、提交虚假材料或者采取其他欺诈手段隐瞒重要事实取得公司设立登记的，公司登记机关应当依照法律、行政法规的规定予以撤销。

第四十条　公司应当按照规定通过国家企业信用信息公示系统公示下列事项：

（一）有限责任公司股东认缴和实缴的出资额、出资方式和出资日期，股份有限公司发起人认购的股份数；

（二）有限责任公司股东、股份有限公司发起人的股权、股份变更信息；

（三）行政许可取得、变更、注销等信息；

（四）法律、行政法规规定的其他信息。

公司应当确保前款公示信息真实、准确、完整。

第四十二条　有限责任公司由一个以上五十个以下股东出资设立。

第四十三条　有限责任公司设立时的股东可以签订设立协议，明确各自在公司设立过程中的权利和义务。

第四十七条　有限责任公司的注册资本为在公司登记机关登记的全体股东认缴的出资额。全体股东认缴的出资额由股东按照公司章程的规定自公司成立之日起五年内缴足。法律、行政法规以及国务院决定对有限责任公司注册资本实缴、注册资本最低限额、股东出资期限另有规定的，从其规定。

第四十八条　股东可以用货币出资，也可以用实物、知识产权、土地使用权、股权、债权等可以用货币估价并可以依法转让的非货币财产作价出资；但是，法律、行政法规规定不得作为出资的财产除外。对作为出资的非货币财产应当评估作价，核实财产，不得高估或者低估作价。法律、行政法规对评估作价有规定的，从其规定。

第五十八条　有限责任公司股东会由全体股东组成。股东会是公司的权力机构，依照本法行使职权。

第五十九条　股东会行使下列职权：

（一）选举和更换董事、监事，决定有关董事、监事的报酬事项；

（二）审议批准董事会的报告；

（三）审议批准监事会的报告；

（四）审议批准公司的利润分配方案和弥补亏损方案；

（五）对公司增加或者减少注册资本作出决议；

（六）对发行公司债券作出决议；

（七）对公司合并、分立、解散、清算或者变更公司形式作出决议；

（八）修改公司章程；

（九）公司章程规定的其他职权。

股东会可以授权董事会对发行公司债券作出决议。

对本条第一款所列事项股东以书面形式一致表示同意的，可以不召开股东会会议，直接作出决定，并由全体股东在决定文件上签名或者盖章。

第六十条　只有一个股东的有限责任公司不设股东会。股东作出前条第一款所列事项的决定时，应当采用书面形式，并由股东签名或者盖章后置备于公司。

第六十一条　首次股东会会议由出资最多的股东召集和主持，依照本法规定行使职权。

第六十二条　股东会会议分为定期会议和临时会议。

定期会议应当按照公司章程的规定按时召开。代表十分之一以上表决权的股东、三分之一以上的董事或者监事会提议召开临时会议的，应当召开临时会议。

第六十三条　股东会会议由董事会召集，董事长主持；董事长不能履行职务或者不履行职务的，由副董事长主持；副董事长不能履行职务或者不履行职务的，由过半数的董事共同推举一名董事主持。

董事会不能履行或者不履行召集股东会会议职责的，由监事会召集和主持；监事会不召集和主持的，代表十分之一以上表决权的股东可以自行召集和主持。

第六十四条　召开股东会会议，应当于会议召开十五日前通知全体股东；但是，公司章程另有规定或者全体股东另有约定的除外。股东会应当对所议事项的决定作成会议记录，出席会议的股东应当在会议记录上签名或者盖章。

第六十五条　股东会会议由股东按照出资比例行使表决权；但是，公司章程另有规定的除外。

第六十六条　股东会的议事方式和表决程序，除本法有规定的外，由公司章程规定。

股东会作出决议，应当经代表过半数表决权的股东通过。

股东会作出修改公司章程、增加或者减少注册资本的决议，以及公司合并、分立、解散或者变更公司形式的决议，应当经代表三分之二以上表决权的股东通过。

第一百三十八条　上市公司设董事会秘书，负责公司股东会和董事会会议的筹备、文件保管以及公司股东资料的管理，办理信息披露事务等事宜。

第一百四十条 上市公司应当依法披露股东、实际控制人的信息，相关信息应当真实、准确、完整。禁止违反法律、行政法规的规定代持上市公司股票。

第一百七十八条 有下列情形之一的，不得担任公司的董事、监事、高级管理人员：

（一）无民事行为能力或者限制民事行为能力；

（二）因贪污、贿赂、侵占财产、挪用财产或者破坏社会主义市场经济秩序，被判处刑罚，或者因犯罪被剥夺政治权利，执行期满未逾五年，被宣告缓刑的，自缓刑考验期满之日起未逾二年；

（三）担任破产清算的公司、企业的董事或者厂长、经理，对该公司、企业的破产负有个人责任的，自该公司、企业破产清算完结之日起未逾三年；

（四）担任因违法被吊销营业执照、责令关闭的公司、企业的法定代表人，并负有个人责任的，自该公司、企业被吊销营业执照、责令关闭之日起未逾三年；

（五）个人因所负数额较大债务到期未清偿被人民法院列为失信被执行人。

违反前款规定选举、委派董事、监事或者聘任高级管理人员的，该选举、委派或者聘任无效。

董事、监事、高级管理人员在任职期间出现本条第一款所列情形的，公司应当解除其职务。

第二百零七条 公司应当依照法律、行政法规和国务院财政部门的规定建立本公司的财务、会计制度。

第二百零八条 公司应当在每一会计年度终了时编制财务会计报告，并依法经会计师事务所审计。

财务会计报告应当依照法律、行政法规和国务院财政部门的规定制作。

第二百零九条 有限责任公司应当按照公司章程规定的期限将财务会计报告送交各股东。

股份有限公司的财务会计报告应当在召开股东会年会的二十日前置备于本公司，供股东查阅；公开发行股份的股份有限公司应当公告其财务会计报告。

第二百一十六条 公司应当向聘用的会计师事务所提供真实、完整的会计凭证、会计账簿、财务会计报告及其他会计资料，不得拒绝、隐匿、谎报。

第二百一十七条 公司除法定的会计账簿外，不得另立会计账簿。

对公司资金，不得以任何个人名义开立账户存储。

第二百五十条 违反本法规定，虚报注册资本、提交虚假材料或者采取其他欺诈手段隐瞒重要事实取得公司登记的，由公司登记机关责令改正，对虚报注册资本的公司，处以虚报注册资本金额百分之五以上百分之十五以下的罚款；对提交虚假材料或者采取其他欺诈手段隐瞒重要事实的公司，处以五万元以上二百万元以下的罚款；情节严重的，吊销营业执照；对直接负责的主管人员和其他直接责任人员处以三万元以上三十万元以下的罚款。

第二百五十八条　公司登记机关违反法律、行政法规规定未履行职责或者履行职责不当的，对负有责任的领导人员和直接责任人员依法给予政务处分。

第二百六十五条　本法下列用语的含义：

（一）高级管理人员，是指公司的经理、副经理、财务负责人，上市公司董事会秘书和公司章程规定的其他人员。

（二）控股股东，是指其出资额占有限责任公司资本总额超过百分之五十或者其持有的股份占股份有限公司股本总额超过百分之五十的股东；出资额或者持有股份的比例虽然低于百分之五十，但依其出资额或者持有的股份所享有的表决权已足以对股东会的决议产生重大影响的股东。

（三）实际控制人，是指通过投资关系、协议或者其他安排，能够实际支配公司行为的人。

（四）关联关系，是指公司控股股东、实际控制人、董事、监事、高级管理人员与其直接或者间接控制的企业之间的关系，以及可能导致公司利益转移的其他关系。但是，国家控股的企业之间不仅因为同受国家控股而具有关联关系。

◆ 知识点二　秘书应该了解的《中华人民共和国民法典》的相关法律知识

2020年5月28日下午，中华人民共和国成立以来第一部以"法典"命名的法律——《中华人民共和国民法典》（以下简称《民法典》）于第十三届全国人民代表大会第三次会议表决通过实施。《民法典》是与生产生活息息相关的法典。其中所涉及的人格权编、合同编、物权编、婚姻家庭编、继承编、侵权责任编的法律规定，成为我们做人做事的行为准则。现代组织，包括企事业单位，面临着复杂的发展环境，秘书，是能够为领导科学规范的管理出谋划策的人。日常工作时，领导身边不可能时时刻刻跟随着法务人员，秘书需要认真学习《民法典》中与组织发展相关的法律知识，以便在关键时刻能够帮助组织和领导维护正当权益，规避法律风险，指导自己和他人正确地做事，做正确的事，《民法典》的丰富内容也有助于秘书成为"百科全书式"的专业人员。

一、秘书应了解的侵权责任编相关法律规定

（一）避免侵犯知识产权和姓名权等合法权益

我国的《民法典》是目前世界上第一个对虚拟财产作出规定的法典，随着《民法典》的颁布实施，以及民商事法律对虚拟财产规定的不断细化，符合法律规定的网络

虚拟财产如果被侵权，同样可以通过提起诉讼要求侵权人承担侵权责任。

《民法典》第一百二十七条　法律对数据、网络虚拟财产的保护有规定的，依照其规定。

《民法典》第二百零七条　国家、集体、私人的物权和其他权利人的物权受法律平等保护，任何组织或者个人不得侵犯。

《民法典》第二百三十八条　侵害物权，造成权利人损害的，权利人可以依法请求损害赔偿，也可以依法请求承担其他民事责任。

知识产权作为民事权利的一种，是指权利人依法就知识产权客体享有的专有的权利。为了加强对知识产权的保护，促进科技创新，建设创新型国家，《中华人民共和国民法总则》（以下简称《民法总则》）第一百二十三条规定，民事主体对作品，发明、实用新型、外观设计，商标，地理标志，商业秘密，集成电路布图设计，植物新品种及法律规定的其他客体依法享有知识产权。

《民法典》沿用了《民法总则》关于知识产权的规定。

《民法典》第一百二十三条　民事主体依法享有知识产权。

知识产权是权利人依法就下列客体享有的专有的权利：

（一）作品；

（二）发明、实用新型、外观设计；

（三）商标；

（四）地理标志；

（五）商业秘密；

（六）集成电路布图设计；

（七）植物新品种；

（八）法律规定的其他客体。

《民法典》第一千一百八十五条　故意侵害他人知识产权，情节严重的，被侵权人有权请求相应的惩罚性赔偿。

《民法典》中明确了地理标志是知识产权的客体之一，是否侵犯证明商标权利，以被控侵权行为是否容易导致相关公众对商品的原产地等特定品质产生误认作为判断标准。

我国越来越重视对知识产权及人格权的保护，企业在注册商标时应该避免使用地理标志或明星相近名称对消费者造成误导，避免可能承担的侵权责任。

《民法典》第一千零一十三条　法人、非法人组织享有名称权，有权依法决定、使用、变更、转让或者许可他人使用自己的名称。

《民法典》第一千零一十四条　任何组织或者个人不得以干涉、盗用、假冒等方式侵害他人的姓名权或者名称权。

《民法典》第一千零一十七条 具有一定社会知名度，被他人使用足以造成公众混淆的笔名、艺名、网名、译名、字号、姓名和名称的简称等，参照适用姓名权和名称权保护的有关规定。

（二）避免隐私侵权

随着《民法典》的颁布，对个人信息的保护力度必将进一步加大。

《民法典》第一千零三十二条 自然人享有隐私权。任何组织或者个人不得以刺探、侵扰、泄露、公开等方式侵害他人的隐私权。

隐私是自然人的私人生活安宁和不愿为他人知晓的私密空间、私密活动、私密信息。

《民法典》第一千零三十三条 除法律另有规定或者权利人明确同意外，任何组织或者个人不得实施下列行为：

（一）以电话、短信、即时通信工具、电子邮件、传单等方式侵扰他人的私人生活安宁；

（二）进入、拍摄、窥视他人的住宅、宾馆房间等私密空间；

（三）拍摄、窥视、窃听、公开他人的私密活动；

（四）拍摄、窥视他人身体的私密部位；

（五）处理他人的私密信息；

（六）以其他方式侵害他人的隐私权。

《民法典》第一千零三十四条 自然人的个人信息受法律保护。

个人信息是以电子或者其他方式记录的能够单独或者与其他信息结合识别特定自然人的各种信息，包括自然人的姓名、出生日期、身份证件号码、生物识别信息、住址、电话号码、电子邮箱、健康信息、行踪信息等。

个人信息中的私密信息，适用有关隐私权的规定；没有规定的，适用有关个人信息保护的规定。

同时，《中华人民共和国刑法》第二百五十三条之一规定 违反国家有关规定，向他人出售或者提供公民个人信息，情节严重的，处三年以下有期徒刑或者拘役，并处或者单处罚金；情节特别严重的，处三年以上七年以下有期徒刑，并处罚金。

违反国家有关规定，将在履行职责或者提供服务过程中获得的公民个人信息，出售或者提供给他人的，依照前款的规定从重处罚。

窃取或者以其他方法非法获取公民个人信息的，依照第一款的规定处罚。

单位犯前三款罪的，对单位判处罚金，并对其直接负责的主管人员和其他直接责任人员，依照各该款的规定处罚。

对侵权信息需要及时删除。

《民法典》第一千一百九十五条　网络用户利用网络服务实施侵权行为的，权利人有权通知网络服务提供者采取删除、屏蔽、断开链接等必要措施。通知应当包括构成侵权的初步证据及权利人的真实身份信息。

网络服务提供者接到通知后，应当及时将该通知转送相关网络用户，并根据构成侵权的初步证据和服务类型采取必要措施；未及时采取必要措施的，对损害的扩大部分与该网络用户承担连带责任。

权利人因错误通知造成网络用户或者网络服务提供者损害的，应当承担侵权责任。法律另有规定的，依照其规定。

二、企业与消费者相关的法律规定

目前，很多组织和企业都有互联网相关业务，秘书应熟悉与之相关的法律规定。

（一）在互联网上的"打赏"付费是否有效

目前出现了多起儿童用父母的钱打赏主播的案例。《民法典》沿用了《民法总则》2017年10月1日起实施的《民法总则》将限制民事行为能力人的年龄下限从10周岁降至8周岁的规定。有利于未成年人从事与其年龄、智力相适应的民事活动，更好地尊重未成年人的自主意识，保护其合法权益。法律规定，限制民事行为能力人，只能独立实施纯获利益的民事法律行为或者与其年龄、智力相适应的民事法律行为，与其年龄、智力不匹配的打赏行为属于效力待定民事行为，是否有效有待其父母事后追认，若不追认，则打赏无效，网络平台及主播有义务退款。

《民法典》第十九条　八周岁以上的未成年人为限制民事行为能力人，实施民事法律行为由其法定代理人代理或者经其法定代理人同意、追认；但是，可以独立实施纯获利益的民事法律行为或者与其年龄、智力相适应的民事法律行为。

《民法典》第一百四十五条　限制民事行为能力人实施的纯获利益的民事法律行为或者与其年龄、智力、精神健康状况相适应的民事法律行为有效；实施的其他民事法律行为经法定代理人同意或者追认后有效。

相对人可以催告法定代理人自收到通知之日起三十日内予以追认。法定代理人未作表示的，视为拒绝追认。民事法律行为被追认前，善意相对人有撤销的权利。撤销应当以通知的方式作出。

《民法典》第一百五十七条　民事法律行为无效、被撤销或者确定不发生效力后，行为人因该行为取得的财产，应当予以返还；不能返还或者没有必要返还的，应当折价补偿。有过错的一方应当赔偿对方由此所受到的损失；各方都有过错的，应当各自承担相应的责任。法律另有规定的，依照其规定。

（二）注意不要侵犯肖像、声音等权利

《民法典》第一千零一十八条　自然人享有肖像权，有权依法制作、使用、公开或者许可他人使用自己的肖像。

肖像是通过影像、雕塑、绘画等方式在一定载体上所反映的特定自然人可以被识别的外部形象。

《民法典》第一千零一十九条　任何组织或者个人不得以丑化、污损，或者利用信息技术手段伪造等方式侵害他人的肖像权。未经肖像权人同意，不得制作、使用、公开肖像权人的肖像，但是法律另有规定的除外。

未经肖像权人同意，肖像作品权利人不得以发表、复制、发行、出租、展览等方式使用或者公开肖像权人的肖像。

《民法典》第一千零二十条　合理实施下列行为的，可以不经肖像权人同意：

（一）为个人学习、艺术欣赏、课堂教学或者科学研究，在必要范围内使用肖像权人已经公开的肖像；

（二）为实施新闻报道，不可避免地制作、使用、公开肖像权人的肖像；

（三）为依法履行职责，国家机关在必要范围内制作、使用、公开肖像权人的肖像；

（四）为展示特定公共环境，不可避免地制作、使用、公开肖像权人的肖像；

（五）为维护公共利益或者肖像权人合法权益，制作、使用、公开肖像权人的肖像的其他行为。

《民法典》第一千零二十一条　当事人对肖像许可使用合同中关于肖像使用条款的理解有争议的，应当作出有利于肖像权人的解释。

《民法典》第一千零二十二条　当事人对肖像许可使用期限没有约定或者约定不明确的，任何一方当事人可以随时解除肖像许可使用合同，但是应当在合理期限之前通知对方。

当事人对肖像许可使用期限有明确约定，肖像权人有正当理由的，可以解除肖像许可使用合同，但是应当在合理期限之前通知对方。因解除合同造成对方损失的，除不可归责于肖像权人的事由外，应当赔偿损失。

《民法典》第一千零二十三条　对姓名等的许可使用，参照适用肖像许可使用的有关规定。

对自然人声音的保护，参照适用肖像权保护的有关规定。（参考资料：李胜先，袁延顶　主编. 民法典时代：你不可不知的法律常识. 北京：清华大学出版社，2021.）

很多企业喜欢用知名主播形象或者具有代表性和标识度的声音进行广告推销，需要特别注意以上规定。

(三)注意规避"标题"引发的问题

自《民法典》生效后,"标题党""跟风党"或将面临承担民事责任的法律风险。

《民法典》第一千零二十五条 行为人为公共利益实施新闻报道、舆论监督等行为,影响他人名誉的,不承担民事责任,但是有下列情形之一的除外:

(一)捏造、歪曲事实;

(二)对他人提供的严重失实内容未尽到合理核实义务;

(三)使用侮辱性言辞等贬损他人名誉。

《民法典》第一千零二十六条 认定行为人是否尽到前条第二项规定的合理核实义务,应当考虑下列因素:

(一)内容来源的可信度;

(二)对明显可能引发争议的内容是否进行了必要的调查;

(三)内容的时限性;

(四)内容与公序良俗的关联性;

(五)受害人名誉受贬损的可能性;

(六)核实能力和核实成本。

三、合同编相关知识

(一)微信和聊天记录可以形成合同关系

自 2020 年 5 月 1 日起施行的《最高人民法院关于民事诉讼证据的若干规定》中细化了电子数据的种类,包括五大类各种形式,其中第二项中明确规定即时通信等网络应用服务的通信信息可以认定为电子数据,微信聊天记录可以作为"呈堂证供"。

《民法典》第四百六十九条 当事人订立合同,可以采用书面形式、口头形式或者其他形式。

书面形式是合同书、信件、电报、电传、传真等可以有形地表现所载内容的形式。

以电子数据交换、电子邮件等方式能够有形地表现所载内容,并可以随时调取查用的数据电文,视为书面形式。

(二)"霸王条款"不再有效

《民法典》第四百九十六条 格式条款是当事人为了重复使用而预先拟定,并在订立合同时未与对方协商的条款。

采用格式条款订立合同的,提供格式条款的一方应当遵循公平原则确定当事人之间的权利和义务,并采取合理的方式提示对方注意免除或者减轻其责任等与对方有重大利害关系的条款,按照对方的要求,对该条款予以说明。提供格式条款的一方未履行提示或者说明义务,致使对方没有注意或者理解与其有重大利害关系的条款的,对方可以主张该条款不成为合同的内容。

《民法典》第四百九十七条 有下列情形之一的，该格式条款无效：

（一）具有本法第一编第六章第三节和本法第五百零六条规定的无效情形；

（二）提供格式条款一方不合理地免除或者减轻其责任、加重对方责任、限制对方主要权利；

（三）提供格式条款一方排除对方主要权利。

（三）未审批生效的合同同样有约束力

《民法典》第五百零二条 依法成立的合同，自成立时生效，但是法律另有规定或者当事人另有约定的除外。

依照法律、行政法规的规定，合同应当办理批准等手续的，依照其规定。未办理批准等手续影响合同生效的，不影响合同中履行报批等义务条款以及相关条款的效力。应当办理申请批准等手续的当事人未履行义务的，对方可以请求其承担违反该义务的责任。

依照法律、行政法规的规定，合同的变更、转让、解除等情形应当办理批准等手续的，适用前款规定。

（四）电子合同受法律保护

《民法典》第四百九十一条 当事人采用信件、数据电文等形式订立合同要求签订确认书的，签订确认书时合同成立。

当事人一方通过互联网等信息网络发布的商品或者服务信息符合要约条件的，对方选择该商品或者服务并提交订单成功时合同成立，但是当事人另有约定的除外。

《民法典》第五百一十二条 通过互联网等信息网络订立的电子合同的标的为交付商品并采用快递物流方式交付的，收货人的签收时间为交付时间。电子合同的标的为提供服务的，生成的电子凭证或者实物凭证中载明的时间为提供服务时间；前述凭证没有载明时间或者载明时间与实际提供服务时间不一致的，以实际提供服务的时间为准。

电子合同的标的物为采用在线传输方式交付的，合同标的物进入对方当事人指定的特定系统且能够检索识别的时间为交付时间。

电子合同当事人对交付商品或者提供服务的方式、时间另有约定的，按照其约定。

（五）向债权人做出保证时，口头无效

第三人单方向债权人做出保证时，口头无效，应要求其以书面形式保障且应注明所担责任。

《民法典》第六百八十五条 保证合同可以是单独订立的书面合同，也可以是主债权债务合同中的保证条款。

第三人单方以书面形式向债权人作出保证，债权人接收且未提出异议的，保证合同成立。

《民法典》第六百八十六条　保证的方式包括一般保证和连带责任保证。

当事人在保证合同中对保证方式没有约定或者约定不明确的，按照一般保证承担保证责任。

《民法典》第六百八十八条　当事人在保证合同中约定保证人和债务人对债务承担连带责任的，为连带责任保证。

连带责任保证的债务人不履行到期债务或者发生当事人约定的情形时，债权人可以请求债务人履行债务，也可以请求保证人在其保证范围内承担保证责任。

（六）"没被发现"的不当得利需要返还

《民法典》第九百八十五条　得利人没有法律根据取得不当利益的，受损失的人可以请求得利人返还取得的利益，但是有下列情形之一的除外：

（一）为履行道德义务进行的给付；

（二）债务到期之前的清偿；

（三）明知无给付义务而进行的债务清偿。

《民法典》第九百八十六条　得利人不知道且不应当知道取得的利益没有法律根据，取得的利益已经不存在的，不承担返还该利益的义务。

《民法典》第九百八十七条　得利人知道或者应当知道取得的利益没有法律根据的，受损失的人可以请求得利人返还其取得的利益并依法赔偿损失。

◆ 知识点三　秘书应知道的国家安全法律法规

秘书工作统揽组织全局，内外交互的信息量巨大，要时刻谨记"机要保密"和"信息安全"的要求，了解国家安全相关的法律法规，依法办事。

《中华人民共和国保守国家秘密法摘要》

1988年9月5日第七届全国人民代表大会常务委员会第三次会议通过，2010年4月29日第十一届全国人民代表大会常务委员会第十四次会议修订。

第一章　总则

第一条　为了保守国家秘密，维护国家安全和利益，保障改革开放和社会主义建设事业的顺利进行，制定本法。

第二条　国家秘密是关系国家安全和利益，依照法定程序确定，在一定时间内只限一定范围的人员知悉的事项。

第三条　国家秘密受法律保护。

一切国家机关、武装力量、政党、社会团体、企业事业单位和公民都有保守国家秘密的义务。

任何危害国家秘密安全的行为，都必须受到法律追究。

第二章 国家秘密的范围和密级

第九条 下列涉及国家安全和利益的事项，泄露后可能损害国家在政治、经济、国防、外交等领域的安全和利益的，应当确定为国家秘密：

（一）国家事务重大决策中的秘密事项；

（二）国防建设和武装力量活动中的秘密事项；

（三）外交和外事活动中的秘密事项以及对外承担保密义务的秘密事项；

（四）国民经济和社会发展中的秘密事项；

（五）科学技术中的秘密事项；

（六）维护国家安全活动和追查刑事犯罪中的秘密事项；

（七）经国家保密行政管理部门确定的其他秘密事项。

政党的秘密事项中符合前款规定的，属于国家秘密。

第十条 国家秘密的密级分为绝密、机密、秘密三级。

绝密级国家秘密是最重要的国家秘密，泄露会使国家安全和利益遭受特别严重的损害；机密级国家秘密是重要的国家秘密，泄露会使国家安全和利益遭受严重的损害；秘密级国家秘密是一般的国家秘密，泄露会使国家安全和利益遭受损害。

第十五条 国家秘密的保密期限，应当根据事项的性质和特点，按照维护国家安全和利益的需要，限定在必要的期限内；不能确定期限的，应当确定解密的条件。

国家秘密的保密期限，除另有规定外，绝密级不超过三十年，机密级不超过二十年，秘密级不超过十年。

机关、单位应当根据工作需要，确定具体的保密期限、解密时间或者解密条件。

机关、单位对在决定和处理有关事项工作过程中确定需要保密的事项，根据工作需要决定公开的，正式公布时即视为解密。

第十六条 国家秘密的知悉范围，应当根据工作需要限定在最小范围。

国家秘密的知悉范围能够限定到具体人员的，限定到具体人员；不能限定到具体人员的，限定到机关、单位，由机关、单位限定到具体人员。

国家秘密的知悉范围以外的人员，因工作需要知悉国家秘密的，应当经过机关、单位负责人批准。

第十七条 机关、单位对承载国家秘密的纸介质、光介质、电磁介质等载体（以下简称国家秘密载体）以及属于国家秘密的设备、产品，应当做出国家秘密标志。

不属于国家秘密的，不应当做出国家秘密标志。

第十八条 国家秘密的密级、保密期限和知悉范围，应当根据情况变化及时变更。

国家秘密的密级、保密期限和知悉范围的变更，由原定密机关、单位决定，也可以由其上级机关决定。

国家秘密的密级、保密期限和知悉范围变更的，应当及时书面通知知悉范围内的机关、单位或者人员。

第三章　保密制度

第二十一条　国家秘密载体的制作、收发、传递、使用、复制、保存、维修和销毁，应当符合国家保密规定。

绝密级国家秘密载体应当在符合国家保密标准的设施、设备中保存，并指定专人管理；未经原定密机关、单位或者其上级机关批准，不得复制和摘抄；收发、传递和外出携带，应当指定人员负责，并采取必要的安全措施。

第二十二条　属于国家秘密的设备、产品的研制、生产、运输、使用、保存、维修和销毁，应当符合国家保密规定。

第二十三条　存储、处理国家秘密的计算机信息系统（以下简称涉密信息系统）按照涉密程度实行分级保护。

涉密信息系统应当按照国家保密标准配备保密设施、设备。保密设施、设备应当与涉密信息系统同步规划，同步建设，同步运行。

涉密信息系统应当按照规定，经检查合格后，方可投入使用。

第二十四条　机关、单位应当加强对涉密信息系统的管理，任何组织和个人不得有下列行为：

（一）将涉密计算机、涉密存储设备接入互联网及其他公共信息网络；

（二）在未采取防护措施的情况下，在涉密信息系统与互联网及其他公共信息网络之间进行信息交换；

（三）使用非涉密计算机、非涉密存储设备存储、处理国家秘密信息；

（四）擅自卸载、修改涉密信息系统的安全技术程序、管理程序；

（五）将未经安全技术处理的退出使用的涉密计算机、涉密存储设备赠送、出售、丢弃或者改作其他用途。

第二十五条　机关、单位应当加强对国家秘密载体的管理，任何组织和个人不得有下列行为：

（一）非法获取、持有国家秘密载体；

（二）买卖、转送或者私自销毁国家秘密载体；

（三）通过普通邮政、快递等无保密措施的渠道传递国家秘密载体；

（四）邮寄、托运国家秘密载体出境；

（五）未经有关主管部门批准，携带、传递国家秘密载体出境。

第二十六条　禁止非法复制、记录、存储国家秘密。

禁止在互联网及其他公共信息网络或者未采取保密措施的有线和无线通信中传递国家秘密。

禁止在私人交往和通信中涉及国家秘密。

第二十七条　报刊、图书、音像制品、电子出版物的编辑、出版、印制、发行，广播节目、电视节目、电影的制作和播放，互联网、移动通信网等公共信息网络及其他传媒的信息编辑、发布，应当遵守有关保密规定。

第二十八条　互联网及其他公共信息网络运营商、服务商应当配合公安机关、国家安全机关、检察机关对泄密案件进行调查；发现利用互联网及其他公共信息网络发布的信息涉及泄露国家秘密的，应当立即停止传输，保存有关记录，向公安机关、国家安全机关或者保密行政管理部门报告；应当根据公安机关、国家安全机关或者保密行政管理部门的要求，删除涉及泄露国家秘密的信息。

第二十九条　机关、单位公开发布信息以及对涉及国家秘密的工程、货物、服务进行采购时，应当遵守保密规定。

第三十条　机关、单位对外交往与合作中需要提供国家秘密事项，或者任用、聘用的境外人员因工作需要知悉国家秘密的，应当报国务院有关主管部门或者省、自治区、直辖市人民政府有关主管部门批准，并与对方签订保密协议。

第三十一条　举办会议或者其他活动涉及国家秘密的，主办单位应当采取保密措施，并对参加人员进行保密教育，提出具体保密要求。

第三十二条　机关、单位应当将涉及绝密级或者较多机密级、秘密级国家秘密的机构确定为保密要害部门，将集中制作、存放、保管国家秘密载体的专门场所确定为保密要害部位，按照国家保密规定和标准配备、使用必要的技术防护设施、设备。

第三十三条　军事禁区和属于国家秘密不对外开放的其他场所、部位，应当采取保密措施，未经有关部门批准，不得擅自决定对外开放或者扩大开放范围。

第三十四条　从事国家秘密载体制作、复制、维修、销毁，涉密信息系统集成，或者武器装备科研生产等涉及国家秘密业务的企业事业单位，应当经过保密审查，具体办法由国务院规定。

机关、单位委托企业事业单位从事前款规定的业务，应当与其签订保密协议，提出保密要求，采取保密措施。

第五章　法律责任

第四十八条　违反本法规定，有下列行为之一的，依法给予处分；构成犯罪的，依法追究刑事责任：

（一）非法获取、持有国家秘密载体的；

（二）买卖、转送或者私自销毁国家秘密载体的；

（三）通过普通邮政、快递等无保密措施的渠道传递国家秘密载体的；

（四）邮寄、托运国家秘密载体出境，或者未经有关主管部门批准，携带、传递国家秘密载体出境的；

（五）非法复制、记录、存储国家秘密的；

（六）在私人交往和通信中涉及国家秘密的；

（七）在互联网及其他公共信息网络或者未采取保密措施的有线和无线通信中传递国家秘密的；

（八）将涉密计算机、涉密存储设备接入互联网及其他公共信息网络的；

（九）在未采取防护措施的情况下，在涉密信息系统与互联网及其他公共信息网络之间进行信息交换的；

（十）使用非涉密计算机、非涉密存储设备存储、处理国家秘密信息的；

（十一）擅自卸载、修改涉密信息系统的安全技术程序、管理程序的；

（十二）将未经安全技术处理的退出使用的涉密计算机、涉密存储设备赠送、出售、丢弃或者改作其他用途的。

有前款行为尚不构成犯罪，且不适用处分的人员，由保密行政管理部门督促其所在机关、单位予以处理。

第四十九条　机关、单位违反本法规定，发生重大泄密案件的，由有关机关、单位依法对直接负责的主管人员和其他直接责任人员给予处分；不适用处分的人员，由保密行政管理部门督促其主管部门予以处理。

机关、单位违反本法规定，对应当定密的事项不定密，或者对不应当定密的事项定密，造成严重后果的，由有关机关、单位依法对直接负责的主管人员和其他直接责任人员给予处分。

第五十条　互联网及其他公共信息网络运营商、服务商违反本法第二十八条规定的，由公安机关或者国家安全机关、信息产业主管部门按照各自职责分工依法予以处罚。

第五十一条　保密行政管理部门的工作人员在履行保密管理职责中滥用职权、玩忽职守、徇私舞弊的，依法给予处分；构成犯罪的，依法追究刑事责任。

秘书在涉外工作中，要时刻绷紧国家安全这根弦。

《中华人民共和国反间谍法摘要》

（2014年11月1日第十二届全国人民代表大会常务委员会第十一次会议通过）

第一章　总则

第一条　为了防范、制止和惩治间谍行为，维护国家安全，根据宪法，制定本法。

第二条　反间谍工作坚持中央统一领导，坚持公开工作与秘密工作相结合、专门工作与群众路线相结合、积极防御、依法惩治的原则。

第三条　国家安全机关是反间谍工作的主管机关。

公安、保密行政管理等其他有关部门和军队有关部门按照职责分工，密切配合，加强协调，依法做好有关工作。

第四条　中华人民共和国公民有维护国家的安全、荣誉和利益的义务，不得有危害国家的安全、荣誉和利益的行为。

一切国家机关和武装力量、各政党和各社会团体及各企业事业组织，都有防范、制止间谍行为，维护国家安全的义务。

国家安全机关在反间谍工作中必须依靠人民的支持，动员、组织人民防范、制止危害国家安全的间谍行为。

第五条　反间谍工作应当依法进行，尊重和保障人权，保障公民和组织的合法权益。

第六条　境外机构、组织、个人实施或者指使、资助他人实施的，或者境内机构、组织、个人与境外机构、组织、个人相勾结实施的危害中华人民共和国国家安全的间谍行为，都必须受到法律追究。

第七条　国家对支持、协助反间谍工作的组织和个人给予保护，对有重大贡献的给予奖励。

《中华人民共和国反间谍法实施细则》（2017年11月22日中华人民共和国国务院令第692号公布，自公布之日起施行）中第三章《公民和组织维护国家安全的义务和权利》第十七条　《反间谍法》第二十四条所称"非法持有属于国家秘密的文件、资料和其他物品"是指：

（一）不应知悉某项国家秘密的人员携带、存放属于该项国家秘密的文件、资料和其他物品的；

（二）可以知悉某项国家秘密的人员，未经办理手续，私自携带、留存属于该项国家秘密的文件、资料和其他物品的。

第四章　法律责任

《中华人民共和国反间谍法实施细则》（2017年11月22日中华人民共和国国务院令第692号公布，自公布之日起施行）中第四章《法律责任》第十九条规定，实施危害国家安全的行为，由有关部门依法予以处分，国家安全机关也可以予以警告；构成犯罪的，依法追究刑事责任。

此处相关法律条目参考的是：中国法制出版社.中华人民共和国公安法律法规全书（含规章及法律解释）（2022年版）.北京：中国法制出版社，2021.

实训提高

实训目的

理解和掌握法律对秘书的重要性，在实训中掌握法律的实用性。

实训形式

讨论发言：模拟秘书，把自己当作一名正在工作的秘书，突然公司领导要了解一些关于法律方面条例，列举出公司领导可能需要的法律条文。

实训总结表

实训心得：_____

_____

通过实训发现的问题：_____

_____

自我勉励：_____

_____

课后拓展

◆ **技能训练**

采访一名在律师事务所工作的秘书，找出在法律方面对于秘书的难题。

受访者	受访时间
难题一：	解决办法：
难题二：	解决办法：
难题三：	解决办法：

（示例）

◆ **讨论思考**

谈谈法律秘书工作中的重要性。

◆ 现身说法

术业有专攻，知法懂法，
切实保护好企业和员工的利益

李光
董事长秘书
徐州旭阳文化发展有限公司

和大多数创业公司一样，我所在的企业曾经也是长期没有法务的，但近几年来公司内外发生的一些事情，让我们都不得不重视法务的重要性，之前偶尔出现涉法等问题，临时找律师咨询，涉事被动，单次成本高，于是我司于2019年起正式启动了与法律顾问的合作。

2019年，公司既有业务发展迅猛，新项目逐渐启动，然而对于公司新老业务商业秘密的管控、相关知识产权的保护等，我们向合作的法律顾问提出相关诉求，得到法务相关协议制定的提供助力；目前，疫情仍然严峻，居家隔离中后期对员工薪酬、企业运营都提出了极大的考验，在多次咨询法务后，完成符合《中华人民共和国劳动法》企业相关制度规定的定制和实施。

2021年，新公司新项目逐渐落地，法务顾问协助完成代理商、合作机构多方合作协议的制定，员工保密和竞业限制与保护等工作。

秘书工作作为一种古老的社会职业，历来领导者对秘书的综合辅助和服务都极为重视。随着现代社会制度的逐步完善，对秘书法律素质的要求越来越高。可以说，需要秘书的面扩大了，对其法律素质的要求也更高了。自我国进入改革开放的新时期，依法治国就成为我国政治经济形势发展的历史要求。法律素质是一个国家、民族发展过程中的国民素质、民族素质的重要组成部分，是社会文明进步的重要标志。而市场经济一定意义上讲就是法制经济，对法律素质的要求首当其冲，随着社会主义市场经济体制在我国的逐步完善，秘书作为领导最直接的助手和最具影响力的参谋者，要熟练地驾驭秘书工作过程，为领导工作提供优质服务，就必须不断提升法律素质。领导干部是各项事业的组织者、管理者、实践者。在贯彻依法治国方略形势下，依法执政、依法行政、依法办事成为各级领导干部的基本要求，成为领导干部执政能力的重要组成部分。而基于秘书的特殊地位和作用，如何在建设有中国特色的社会主义市场经济中履行好秘书的职责，真正落实"依法治国"的战略方针则显得尤为重要，其中提高法律素质就是新时期秘书的迫切要求。

秘书要紧跟时代步伐，通过学习法律知识，不断增强法治观念，

延伸阅读

把服务水平提高到一个新的高度。法治社会，秘书的法治观念强不强，是否能够协助领导和企业规避法律风险，知法懂法，是衡量一个秘书素质高不高的重要特征。

思考题

扫描此码　即测即评

目标 九

通晓财税　精打细算
——秘书实用财税常识

作为领导者的助手，秘书要学会精打细算，具备基本的财税常识，协助上司在企业经营过程中，掌握经营动态，迎接挑战，抓住机遇。

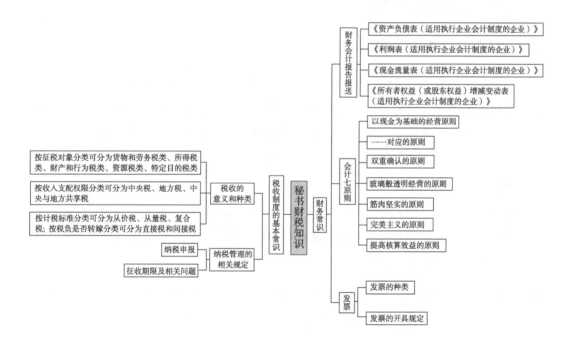

情景导入

做秘书必不可缺的会计能力

作为秘书的小张遇到了一些难题，会计小李马上就要休产假了，职位可能会有三个月的空缺，再招人可能对于公司来说不太划算，毕竟3个月后小李就会回来，这时有个助理秘书说她学过会计，可以试着让她做一下能不能做得来，教了几天后，小李果然上手很快，小张和助理秘书都得到了领导的肯定。

解析

作为秘书，技多不压身，在会计部也学到了更多有用的技能，得到了领导的赏识。

理论与方法精讲

◆ 知识点一　财务常识

作为秘书应具备一定的财务常识。虽然在公司内部，一般都设有财务部门专门负责财务方面的工作，但为了让上司在企业经营过程中，掌握企业的经营动态，通过财务报表了解企业经营状况，作为秘书对财务知识要有些了解，必要的时候，可以协助领导通过财务报表知道企业的实际状况，对相关工作能做到心中有数。

一、财务会计报告报送

实行不同会计准则或制度的纳税人，依照执行的企业会计准则或制度，事先向税务机关备案，并分中期财务报表和年度财务报表，定期向税务机关报送财务报告。

执行企业会计制度的纳税人：

序号	材料名称	数量	备注
1	《资产负债表（适用执行企业会计制度的企业）》	1份	
2	《利润表（适用执行企业会计制度的企业）》	1份	
3	《现金流量表（适用执行企业会计制度的企业）》	1份	
4	《所有者权益（或股东权益）增减变动表（适用执行企业会计制度的企业）》	1份	

资产负债表：资产负债表主要是表现资金的使用情况。通过看这份表，就知道企业的资产，有多少是库存商品、有多少是固定资产，等等。通过了解各种资产结构，把握如何调度资金以及在运营过程中下一步应采取的措施等。

资产增长幅度较大→企业经营状况良好；

资产没有增长→企业经营状况不理想；

资产减少→检查公司运营方针、对投资方向和企业管理做出调整。

利润表：利润表主要是反映企业的盈利状况。通过这份表，能了解企业在一定时期内的"利润"情况。通过利润表可以看企业收入的构成，一般来说，营业收入增加，营业费用和利润也会相应增加。销售收入与销售进价之间的比率，反映了企业成本的构成。

现金流量表：现金流量表是财务报表的三个基本报告之一，所表达的是在一固定期间（通常是每季或每年）内，一家企业或机构的现金（包括银行存款）变动的情况。现金流量表反映出资产负债表各个项目对现金流量的影响，可用于分析一家企业或机构在短期内有没有足够现金去应付开销。

日本最大会计师组织 TKC 静冈地区副会长村田忠嗣认为，经营者就像驾驶飞机的飞行员，必须一边观察仪表盘一边操作，这里所说的"仪表盘"就是财务报表。会计必须成为经营者做好经营、过好人生的指南针，他提出的"会计七原则"值得借鉴。

（1）以现金为基础的经营原则。追求企业经营中会计的本质，以"作为人，何谓正确"进行判断，把焦点放在现金流上，关注"现金"，建立"水库式经营"模式，实事求是地经营企业。

（2）一一对应的原则。在企业经营活动中，保证钱、物与票据一一对应，从公司领导到所有员工都遵守一一对应原则，防止舞弊，增强每位员工对公司的信任度。

（3）双重确认的原则。让两个以上的人和部门互相审核、互相确认，防止错误的发生，让人没有犯错的机会，在更高层次的爱和利他心的基础上，顺利经营企业。

（4）玻璃般透明经营的原则。企业经营就是要全员都要了解经营目标和达成目标的具体措施，将反映公司真实状况的整体信息透明公开，全员都能及时有效地处理遇到的困难。

（5）筋肉坚实的原则。企业经营者必须塑造一个筋肉坚实的企业，克服虚荣心态，减少过度投资，即用即买，将不良资产作为费用计入损失。不投机，辛勤工作赚来的钱才是真正的利润。

（6）完美主义的原则。企业的领导者要百分之百地达成经营目标，就必须从生产现场出发，对于工作的进度和准确程度，包括各个环节中的相关资料，都要严格核查，以求完美。

（7）提高核算效益的原则。企业会计最重要的使命是帮助企业提高附加值，将单位时间效益核算注入企业全员的灵魂，创造出高价值产品，持续不断地创造高收益。

资料来源：村田忠嗣. 会计七原则实践[H]. 叶瑜译. 北京：机械工业出版社. 2021.

经营管理的根基——精心计划、谨慎实施，永远离不开高质量的会计信息。高质量的会计信息指的是会计信息必须准确、客观、全面地反映财务状况和经营成果，它不仅影响投资者、债权人、经营者的利益，而且也影响到整个社会的经济秩序。

资料来源：简·R，威廉姆斯，苏珊·F，哈卡，马克·S，贝特纳等. 会计学：企业决策的基础. 张银德，沈维华，周彦等译.17 版. 北京：机械工业出版社，2017.

二、发票

发票是指一切单位和个人在购销商品、提供劳务或接受劳务、服务以及从事其他经营活动，所提供给对方的收付款的书面证明。发票是财务收支的法定凭证，会计核算的原始依据，也是审计机关、税务机关执法检查的重要依据。

（一）发票的种类

目前，发票从介质来分，可以分为纸质发票和电子发票；从传统增值税角度来分，可分为普通发票和专用发票。税务机关根据纳税人申请核定票种，纳税人申领相关发票后即可开具。

（二）发票的开具

自 2024 年 12 月 1 日起，全国正式推广应用数电发票。数电发票与纸质发票具有同等法律效力。国家税务总局为推进发票电子化改革建设了全国统一电子发票服务平台，旨在为纳税人提供全面数字化的电子发票开具、交付、查验等服务。纳税人可以在电子发票服务平台上完成发票的开具、交付、查验等操作，无需登录多个平台。通过制发电子发票数据规范和出台电子发票国家标准，实现了数电发票的全流程数字化流转，简化了入账归档流程。

纳税人可以登录全国统一规范电子税务局，使用电子发票服务平台上的"发票业务"功能进行发票开具。平台支持多种开票渠道，包括电脑网页端、客户端、移动端手机 App 等。单位和个体工商户可以登录自有的税务数字账户，选择票据类别、发票来源、票种、发票号码等条件，查询、下载、打印、导出发票相关信息。自然人可以登录本人的个人所得税 App，点击底部导航栏的"办税"即可看到发票管理功能区，可以扫码开具电子发票，并对发票进行查询和管理。纳税人可以对发票进行用途类别的勾选，便于后续的财务管理和税务申报，如果在开票、受票过程中遇到问题时，还可以使用电子发票服务平台的"征纳互动"功能进行咨询。

电子发票服务平台不仅使用最新加密技术，保障了发票数据的安全性和隐私性，而且取消了特定版式，增加了 XML 的数据电文格式，同时保留 PDF、OFD 等格式，降低了发票使用成本。该平台的推广应用，极大地提升了发票管理的效率和便利性，同时也为税务机关提供了更高效的监管手段。

◆ 知识点二　税收制度的基本常识

一、税收的意义和种类

税收是国家为了满足社会公共需要，凭借政治权力，按照法定标准和程序，参与国民收入的分配，强制、固定、无偿取得财政收入的一种分配形式。它体现了国家与纳税人在征税、纳税利益分配上的一种特殊关系。税收收入是国家财政收入最主要的来源。是调节经济运行、收入分配的重要手段，也是维护国家权益，监督经济活动的重要保障。我国现行税制包括18个税种，按征税对象分类可分为货物和劳务税类、所得税类、财产和行为税类、资源税类、特定目的税类；按收入支配权限分类可分为中央税、地方税、中央与地方共享税；按计税标准分类可分为从价税、从量税、复合税；按税负是否转嫁分类可分为直接税和间接税。

纳税管理的相关规定

纳税申报

《中华人民共和国税收征收管理法实施细则》（2016年2月6日　国务院令第666号）

第四章　纳税申报

第30条　税务机关应当建立、健全纳税人自行申报纳税制度。纳税人、扣缴义务人可以采取邮寄、数据电文方式办理纳税申报或者报送代扣代缴、代收代缴税款报告表。

数据电文方式，是指税务机关确定的电话语音、电子数据交换和网络传输等电子方式。

第31条　纳税人采取邮寄方式办理纳税申报的，应当使用统一的纳税申报专用信封，并以邮政部门收据作为申报凭据。邮寄申报以寄出的邮戳日期为实际申报日期。

纳税人采取电子方式办理纳税申报的，应当按照税务机关规定的期限和要求保存有关资料，并定期书面报送主管税务机关。

第32条　纳税人在纳税期内没有应纳税款的，也应当按照规定办理纳税申报。

纳税人享受减税、免税待遇的，在减税、免税期间应当按照规定办理纳税申报。

第33条　纳税人、扣缴义务人的纳税申报或者代扣代缴、代收代缴税款报告表的主要内容包括：税种、税目，应纳税项目或者应代扣代缴、代收代缴税款项目，计税依据，扣除项目及标准，适用税率或者单位税额，应退税项目及税额、应减免税项目及税额，应纳税额或者应代扣代缴、代收代缴税额，税款所属期限、延期缴纳税款、欠税、滞纳金等。

第34条　纳税人办理纳税申报时，应当如实填写纳税申报表，并根据不同的情况相应报送下列有关证件、资料：

1. 财务会计报表及其说明材料；
2. 与纳税有关的合同、协议书及凭证；
3. 税控装置的电子报税资料；
4. 外出经营活动税收管理证明和异地完税凭证；
5. 境内或者境外公证机构出具的有关证明文件；
6. 税务机关规定应当报送的其他有关证件、资料。

第35条 扣缴义务人办理代扣代缴、代收代缴税款报告时，应当如实填写代扣代缴、代收代缴税款报告表，并报送代扣代缴、代收代缴税款的合法凭证以及税务机关规定的其他有关证件、资料。

第36条 实行定期定额缴纳税款的纳税人，可以实行简易申报、简并征期等申报纳税方式。

第37条 纳税人、扣缴义务人按照规定的期限办理纳税申报或者报送代扣代缴、代收代缴税款报告表确有困难，需要延期的，应当在规定的期限内向税务机关提出书面延期申请，经税务机关核准，在核准的期限内办理。

纳税人、扣缴义务人因不可抗力，不能按期办理纳税申报或者报送代扣代缴、代收代缴税款报告表的，可以延期办理；但是，应当在不可抗力情形消除后立即向税务机关报告。税务机关应当查明事实，予以核准。

（资料参考：法规应用研究中心. 税法一本通. 第8版. 北京：中国法制出版社，2021. 得到电子书：https://d.dedao.cn/ DIkk3NfaS1ersI0P）

针对很多网红主播不能依法纳税的情况，出台了《网络直播营销管理办法（试行）》（2021年4月23日）明确规定了直播营销平台的登记和纳税义务。

第16条 直播营销平台应当提示直播间运营者依法办理市场主体登记或税务登记，如实申报收入，依法履行纳税义务，并依法享受税收优惠。直播营销平台及直播营销人员服务机构应当依法履行代扣代缴义务。

（资料参考：法规应用研究中心. 税法一本通. 第8版. 北京：中国法制出版社，2021. 得到电子书：https://d.dedao.cn/ DIkcA0gAndDIXump）

二、征收期限及相关问题

1. 税收征收期限

纳税人、扣缴义务人按照法律、行政法规规定或者税务机关依照法律、行政法规的规定确定的期限，缴纳或者解缴税款。

纳税人因有特殊困难，不能按期缴纳税款的，经省、自治区、直辖市国家税务局、地方税务局批准，可以延期缴纳税款，但是最长不得超过3个月。

2. 滞纳金

纳税人未按照规定期限缴纳税款的，扣缴义务人未按照规定期限解缴税款的，税务机关除责令限期缴纳外，从滞纳税款之日起，按日加收滞纳税款万分之五的滞纳金。

3. 依法书面申请减税、免税

纳税人依照法律、行政法规的规定办理减税、免税。

地方各级人民政府、各级人民政府主管部门、单位和个人违反法律、行政法规规定，擅自作出的减税、免税决定无效，税务机关不得执行，并向上级税务机关报告。

纳税人有下列情形之一的，属于税收征管法第三十一条所称特殊困难：

（一）因不可抗力，导致纳税人发生较大损失，正常生产经营活动受到较大影响的；

（二）当期货币资金在扣除应付职工工资、社会保险费后，不足以缴纳税款的。

计划单列市国家税务局、地方税务局可以参照税收征管法第三十一条第二款的批准权限，审批纳税人延期缴纳税款。

以下为《中华人民共和国税收征收管理法实施细则》相关条例，秘书人员可根据需要进行学习。

第42条　纳税人需要延期缴纳税款的，应当在缴纳税款期限届满前提出申请，并报送下列材料：申请延期缴纳税款报告，当期货币资金余额情况及所有银行存款账户的对账单，资产负债表，应付职工工资和社会保险费等税务机关要求提供的支出预算。

税务机关应当自收到申请延期缴纳税款报告之日起20日内作出批准或者不予批准的决定；不予批准的，从缴纳税款期限届满之日起加收滞纳金。

第43条　享受减税、免税优惠的纳税人，减税、免税期满，应当自期满次日起恢复纳税；减税、免税条件发生变化的，应当在纳税申报时向税务机关报告；不再符合减税、免税条件的，应当依法履行纳税义务；未依法纳税的，税务机关应当予以追缴。

第44条　税务机关根据有利于税收控管和方便纳税的原则，可以按照国家有关规定委托有关单位和人员代征零星分散和异地缴纳的税收，并发给委托代征证书。受托单位和人员按照代征证书的要求，以税务机关的名义依法征收税款，纳税人不得拒绝；纳税人拒绝的，受托代征单位和人员应当及时报告税务机关。

第45条　税收征管法第三十四条所称完税凭证，是指各种完税证、缴款书、印花税票、扣（收）税凭证以及其他完税证明。

未经税务机关指定，任何单位、个人不得印制完税凭证。完税凭证不得转借、倒卖、变造或者伪造。

完税凭证的式样及管理办法由国家税务总局制定。

第46条　税务机关收到税款后，应当向纳税人开具完税凭证。纳税人通过银行缴纳税款的，税务机关可以委托银行开具完税凭证。

第47条 纳税人有税收征管法第三十五条或者第三十七条所列情形之一的,税务机关有权采用下列任何一种方法核定其应纳税额:

（一）参照当地同类行业或者类似行业中经营规模和收入水平相近的纳税人的税负水平核定;

（二）按照营业收入或者成本加合理的费用和利润的方法核定;

（三）按照耗用的原材料、燃料、动力等推算或者测算核定;

（四）按照其他合理方法核定。

采用前款所列一种方法不足以正确核定应纳税额时,可以同时采用两种以上的方法核定。

纳税人对税务机关采取本条规定的方法核定的应纳税额有异议的,应当提供相关证据,经税务机关认定后,调整应纳税额。

第48条 税务机关负责纳税人纳税信誉等级评定工作。纳税人纳税信誉等级的评定办法由国家税务总局制定。

相关案例

国家税务总局广东省税务局发布税务文书送达公告（2021年第8060号）

某通信系统工程有限公司2016—2020年存在以下违法行为:

一、通过个人账户收款,未申报纳税

1、2017—2020年1月,通过个人账户收取管理费1 824 000.00元。

2、2016—2017年，通过个人账户收取工程款 159 600.00 元。

3、2017 年 11 月，通过法定代表人现金收取治安监控工程收入 500 000.00 元。

上述收入未入账，未按规定申报缴纳增值税、附加税费，上述收入对应的成本费用无法准确核算，未按规定缴纳企业所得税。

二、未代扣代缴个税

2018 年 12 月支付员工黄某 125 000.00 元奖金，向股东苟某分红 325 000.00 元未按规定代扣代缴个人所得税。

三、9 份合同未申报印花税

序号	签订时间	合同	合同金额/元
1	2016.1.1	与个人签订房屋租赁合同	250 000.00
2	2016.3.26	与个人签订工程合同	1 560 000.00
3	2017.2.9	与某电信工程有限公司签订了某村钢绞线路有偿使用合同	159 600.00
4	2017.11.9	与某通信科技有限公司签订建立移动电话室内覆盖系统系协议	3 648 000.00
5	2017.11.27	与某水电安装工程队签订工程合同	500 000.00
6	2019.9.10	与个人签订机房改造工程合同	201 600.00
7	2019.2.21	与某装饰材料经营部签订购销合同	48 250.00
8	2019.2.21	与某建材装饰材料店签订购销合同	130 150.00
9	2019.2.21	与某五金装饰材料部签订购销合同	38 370.00
		合同	6 535 970.00

四、处罚决定

1、对该单位追缴税费合计 202 206.47 元；

2、从税款滞纳之日起至实际缴纳之日止按日加收万分之五的滞纳金。

处以少缴税款百分之五十的罚款。

资料来源：国家税务总局广州市税务局网站 https://guangdong.chinatax.gov.cn/gdsw/gzsw_ssgg/2021-06/23/content_c4b64ed556e043508aebb5b61349d3df.shtml。

通过以上案例，作为秘书应该知道税务监管越来越规范，随着大数据及监管技术的发展，任何不规范的行为，如案例中通过个人账户避税等手段都将承担严重的法律后果，诚信经营才能保障企业的发展。

课后拓展

◆ **技能训练**

模拟秘书，锻炼自己在财税方面的能力，提出三个疑问并解决。

受访者	受访时间
难题一：	解决办法：
难题二：	解决办法：
难题三：	解决办法：
	（示例）

实训总结表

实训心得：_____
_____

通过实训发现的问题：_____
_____

自我勉励：_____
_____

◆ 讨论思考

秘书为什么要懂得一些财税方面的知识？

◆ 现身说法

秘书要积极学习财税知识

李光

董事长秘书
徐州旭阳文化发展有限公司

在财税方面，作为秘书也要懂得一些。我在秘书这个行业已经做了很多年，在这方面也是摸索着前进，在摸索的过程中如果不注意学习，很容易出现一些问题，影响工作。

（1）低级错误：超期漏报。阶段性工作忙，也没有引起重视，导致超期未在网站提报，得到电话提醒并罚款。

（2）较多未开增值税专用发票合理抵税。忽略专用发票可抵扣应纳税额，每年造成大量增值税多交情况。

（3）漏开发票风险。客户不要发票，公司开票员就不开，漏开票查处越来越严，处罚力度也会越来越大，经过约每年1次的财税相关培训，已启用电子发票功能，提高效率，节约购买纸质发票及寄送快递等成本。

税务会计日常工作有哪些技巧？有什么需要注意？

1. 善于做笔记

毕竟企业日常涉及的税收业务会比较多，财会人不注意就会很容易出错。为了避免这个问题的发生，建议财会人自己对企业每月正常业务以及临时性业务都做一个笔记，将这些业务统一分清和记录下来，在每月结算的时候可以查看一下笔记，这样就可以防止错漏。

2. 发票份数要记清

企业日常的账务支出都会涉及发票，但发票也有很多种类，对于业务繁多、发票数多的企业如果不去分清楚，只能给财会人自己带来更多的麻烦。因此，像企业的专用发票、运费发票这些不同项目的发票，财会人一定要分清，最好把每个项目的发票份数都写在一个本子上，在核对清单时也方便做统计。

3. 盖章要清晰

财务会计其中一个工作事务，就是每月都需要在税务局开具通用税收缴款书，而当中就会涉及企业盖章的问题。假如缴款书上的印章盖得不清晰，大部分的银行看到这种情况都会拒收，从而会带来很多麻烦，所以为了保证事情能够一次性办妥，建议财会人在盖完章之后一定要检查好，看看印章是否清晰，然后再到税务局、银行办理相关手续。

延伸阅读

常言道，细节决定成败，尤其是财会行业涉及财务资金问题，作为财会人来说一定要加强自身的工作意识，降低出错风险。

思考题

参 考 文 献

[1] 中国法制出版社. 国家安全法律法规学习汇编（2022年版）[M]. 北京：中国法制出版社，2022.

[2] 法规应用研究中心. 税法一本通[M]. 8版. 北京：中国法制出版社，2021.

[3] 宁向东. 宁向东讲公司治理：共生的智慧[M]. 北京：中信出版集团，2021.

[4] 张楠. 管理学原来很有趣：16位大师的精华课[M]. 北京：清华大学出版社，2021.

[5] 脱不花. 沟通的方法[M]. 北京：得到图书，2021.

[6] 村田忠嗣. 会计七原则实践[M]. 叶瑜，译. 北京：机械工业出版社，2021.

[7] 中国法制出版社. 中华人民共和国公司法：案例注释版（第五版）[M]. 北京：中国法制出版社，2021.

[8] 木暮桂子. 职场形象管理：如何从人群中脱颖而出[M]. 北京：人民邮电出版社，2020.

[9] 像玉的石头. 秘书工作手记[M]. 北京：清华大学出版社，2019.

[10] 明托. 金字塔原理：思考、表达和解决问题的逻辑[M]. 汪洱，高愉，译. 北京：新经典文化，2019.

[11] 夏皮罗. 不妥协的谈判：哈佛大学经典谈判心理课[M]. 北京：中信出版集团，2019.

[12] 刘鹏飞. 律师进阶必备：11堂公司法业务课[M]. 北京：中国法制出版社，2018.

[13] 平克. 时机管理[M]. 张琪，译. 杭州：浙江教育出版社，2018.

[14] 熊浩. 熊浩的冲突解决课[M]. 北京：法律出版社，2017.

[15] 西奥迪尼. 影响力（经典版）[M]. 北京：中国人民大学出版社，2016.

[16] 斋藤孝. 开口就能说重点[M]. 林欣仪，译. 北京：紫图图书有限公司，2015.

[17] 穆利斯，奥洛夫. 世界上最简单的会计书[M]. 北京：机械工业出版社华章分社，2013.

[18] 金圣姬. 沈夫人致后辈书[M]. 关启锐，译. 北京：现代教育出版社，2010.

[19] 郭金山. 从EAP到HDP：员工帮助计划可以这样升级[J]. 国企，2021(7): 65-67.

[20] 程林盛. 废止职业准入制度背景下秘书学专业双证教育刍议[J]. 秘书之友，2016(9): 4-8.

教师服务

感谢您选用清华大学出版社的教材！为了更好地服务教学，我们为授课教师提供本书的教学辅助资源，以及本学科重点教材信息。请您扫码获取。

» 教辅获取

本书教辅资源，授课教师扫码获取

» 样书赠送

公共基础课类重点教材，教师扫码获取样书

 清华大学出版社

E-mail: tupfuwu@163.com
电话：010-83470332 / 83470142
地址：北京市海淀区双清路学研大厦 B 座 509

网址：http://www.tup.com.cn/
传真：8610-83470107
邮编：100084